Heinz Nußbaumer

Meine kleine große Welt

Begegnungen · Erfahrungen · Erinnerungen

Mit einem Vorwort
von Hugo Portisch

styria premium

Impressum

ISBN 978-3-222-13343-5

Bücher aus der Verlagsgruppe Styria gibt es
in jeder Buchhandlung und im Online-Shop
styriabooks.at

Lektorat: Reinhard Deutsch
Buchgestaltung: Bruno Wegscheider

Reproduktion: Pixelstorm, Wien
Druck: Druckerei Theiss GmbH,
St. Stefan im Lavanttal

Inhalt

Hugo Portisch

Rückblick auf die Gegenwart

Wie aufregend Weltpolitik sein kann, und wie sehr es selbst dem kleinen Land Österreich möglich war, sich in das große Weltgeschehen einzuschalten, das lässt uns Heinz Nußbaumer mit der Schilderung seiner Begegnungen, Erfahrungen und Erinnerungen verstehen und miterleben. Er war meist dabei, wenn es in der Welt um große Politik ging und Geschichte geschrieben wurde – in Kriegen, Bürgerkriegen und Revolutionen, bei den Gipfeltreffen der großen Kontrahenten unserer Zeit, und die meisten von ihnen traf er auch persönlich, im Weißen Haus, im Kreml, in Pekings Großer Halle des Volkes, in Jerusalem, in Teheran und in Kairo. Um nur die wichtigsten zu nennen.

Beispielhaft für guten Journalismus: Selbst dabei zu sein, nachzuprüfen, was wahr ist. Nicht nur zu sehen und zu hören, auch einzuschätzen, einzuordnen und informiert zu kommentieren. Auch weiterzugeben, wie in diesem Buch, keineswegs nur als Erinnerung, sondern auch damit wir verstehen, womit wir es heute in der Weltpolitik zu tun haben, vom arabischen Frühling bis zum europäischen Sommer. Oder ist es schon Herbst in Europa?

Das ist jedoch nur eine Seite dessen, was er uns in diesem Buch vorlegt, die journalistische. Heinz Nußbaumer verstand sich bei all seinen Einsätzen aber immer auch als ein Vertreter Österreichs, und er wurde von seinen Gesprächspartnern – Außenministern, Ministerpräsidenten, Präsidenten, Königen, Scheichs und Religionsführern – als ein Repräsentant dieses kleinen, doch immer wieder bedeutungsvollen Landes angesehen. Das lag in erster Linie an seinen eigenen nicht nur journalistischen, sondern auch diplomatischen Qualitäten. Und auch daran – wie uns Nußbaumer vor Augen führt –, dass sich dieses Österreich selbst ins Spiel brachte. Durch Politiker, die bereit waren, sich einzumischen und ihre Ansichten und Erfahrungen einzubringen, auch in Gesprächen mit den Großen dieser Welt, im Nahen Osten, in der UNO, im Europarat. Österreich bot sich auch an als Stätte wichtiger internationaler Begegnungen, Kennedy und Chruschtschow trafen sich hier, Breschnjew und Carter. Wien wurde zur dritten Heimstatt der UNO, zum Hauptquartier der OPEC, der „Organisation der Erdöl exportierenden Staaten", und Zentrum der „Organisation für Frieden und Zusammenarbeit in Europa", der OSZE.

Heute erscheint uns das alles als Selbstverständlichkeit. Das war es aber nie. Um diese Positionierung musste unsere Außenpolitik hart und viele Jahre lang ringen. Und das gelang auch nur, weil wir es verstanden, uns Gehör zu verschaffen – im Kalten Krieg eine wichtige Überlebensstrategie für ein kleines Land, eingeklemmt zwischen den Blöcken der Großmächte, und immer wieder konfrontiert mit den explosiven Umwälzungen in unseren unmittelbaren Nachbarstaaten, Ungarn, der Tschechoslowakei, Jugoslawien.

Damals wussten wir, dass wir nicht Voyeure, sondern Akteure der Weltpolitik zu sein hatten. Und wir waren es auch. Heinz

Nußbaumer ruft uns das mit den Schilderungen seiner Erlebnisse und Taten in diesem Buch in Erinnerung. Und trifft damit einen blank liegenden Nerv unseres heutigen Selbstverständnisses. Heute hängt kein Damoklesschwert eines Atomkrieges über uns, der, wie wir jetzt wissen, ohne Rücksicht auf Österreichs Neutralität auch auf unserem Boden ausgetragen worden wäre, an unseren Grenzen stehen keine Wachtürme mehr, gibt es keine Minenfelder und Stacheldrahtzäune, stattdessen haben wir freie Fahrt über alle unsere Grenzen hinweg. Heute gehören wir einer großen europäischen Gemeinschaft an, die den Frieden garantiert und uns früher nie denkbare wirtschaftliche Möglichkeiten eröffnet hat. Aber viele von uns reden, schreiben und benehmen sich so, als gehörten wir gar nicht dazu, als wäre die EU geradezu unser Feind und Brüssel eine ständige Bedrohung. Doch heute haben wir das Recht, mitzureden, auch mitzubestimmen, sind keineswegs ausgeliefert, so wir diese Rechte wahrnehmen. Wir müssen es nur tun!

Heinz Nußbaumer tritt da als Kronzeuge auf. Damals, als wir nirgendwo dazugehörten und jederzeit wieder rechtlos hätten werden können – siehe Ungarn, siehe die Tschechoslowakei –, verschafften wir uns Gehör, brachten uns ein, sprachen mit. Das Schicksal jedes Landes, nah oder fern, groß oder klein, ging uns etwas an. Und wo immer möglich boten wir auch Hilfe und unsere guten Dienste an. Nicht nur in Worten, auch in Taten. Ohne zu zögern öffneten wir unsere Grenzen sofort, durchaus im Bewusstsein des damit verbundenen Risikos, als unsere Nachbarn in Not gerieten, den Ungarn, den Tschechen, Slowaken und anderen.

Wie weit haben wir uns seither von uns selbst entfernt! Und wie schlecht tut uns das, das Versinken in Provinzialität, in Nabelbeschau, in kleinliches Gezänk, in Misstrauen und Intoleranz. Danke Heinz Nußbaumer, dass Du uns mit Deinem Buch in Erinnerung rufst, mit welchem Engagement wir allen Entwicklungen rund um uns gefolgt sind, welchen Stellenwert die Welt für uns und wir für die Welt hatten. Und wie viel der seriöse, gut informierte Journalismus dazu beigetragen hat, die Politiker zum Handeln zu ermutigen und sich nicht in der Geiselhaft der Medien zu fühlen. Ein Journalismus, den Du stets exemplarisch vertreten hast!

Brillant geschrieben und spannend zu lesen ist Dein Buch, und ein wichtiger Beitrag zum Verständnis der Rolle Österreichs in der Welt.

Zum Buch

Da war also dieser Fragebogen: Mit wem ich gerne Abendessen ginge. Welche drei Dinge ich auf die einsame Insel mitnehmen würde. Und was ich täte, würde ich für einen Tag Österreich regieren. Ohne viel nachzudenken habe ich jener Zeitung, die das alles von mir wissen wollte, auf diese letzte Frage geantwortet: *„Jedem einen Steuernachlass geben, der seine Lebensgeschichte aufschreibt.“* Für mich war das nicht nur ein flotter Satz – es war auch ein Bekenntnis: Jeder von uns ist Teil dessen, was schon morgen Geschichte sein wird.
Zugleich aber war es die perfekte, selbst gestellte Falle. Denn: Unausweichlich ist meine Idee, möglichst viele Menschen zur Biografie-Arbeit zu ermutigen, auch auf mich selbst zurückgefallen. Sie hat mich – unter dem liebevollen Nachdruck meines Verlages – schließlich dazu gezwungen, das Erlebte zu sortieren, zu bewerten und aufzuschreiben. Lange habe ich es hinausgeschoben: Überzeugt vom Bedeutungsverlust jeder Erinnerung; vom Bruchstückhaften und Zufälligen all meiner Begegnungen und Erfahrungen – und auch von der latenten Gefahr der Selbstüberschätzung.
Am Ende aber war die Verlockung größer als die Scheu. Und die Freude an der Erinnerung war größer als das Risiko, letztlich zwischen allen Erwartungen der Leserinnen und Leser zu landen: zwischen der großen Zeitgeschichte und den kleinen Geschichten dahinter; zwischen längst Vergangenem und – hoffentlich – zeitlos Interessantem, politisch und menschlich.
Den erhofften Steuernachlass habe ich mir mit dem hier vorliegenden Text trotzdem nicht verdient. Es ist keine Lebensgeschichte geworden, ja nicht einmal eine halbwegs umfassende Bilanz meiner 25 Jahre als außenpolitischer Journalist und

Augenzeuge der Weltpolitik. Vieles von dem, was einmal wichtig war, ist überholt und bedeutungslos geworden. Anderes ist dem Platzmangel und manches wohl auch der Vergesslichkeit zum Opfer gefallen. Und meine zehn Jahre als Sprecher zweier österreichischer Bundespräsidenten habe ich, von wenigen Ausnahmen abgesehen, bewusst ausgeklammert. Das ist ein ganz anderes Thema.

„Vergiss nicht“, hat mir ein älterer Kollege am Beginn meines Journalistenlebens gesagt, *„du brauchst das Medium und du bist immer auf den Zufall angewiesen.“* Sich diese doppelte Bedingtheit in Erinnerung zu rufen, ist auch im Rückblick unerlässlich: *„Medium“* als großes stützendes Team und *„Zufall“* als erfolgsbestimmende Kraft. Nahezu jede Reise und jede Begegnung, über die in diesem Buch erzählt wird, verdanke ich der Zeitung, die mich immer wieder in die Welt hinausgeschickt hat: dem KURIER in Wien. Und: In einer Zeit, die weder Mobiltelefone noch Internet und Mailverbindungen kannte, waren Reisen in fremde Kontinente, in Kriege und Katastrophengebiete weit mehr als nur unverzichtbarer Teil eines spannenden Berufs; sie waren immer auch Abenteuer und Wagnis, voller Spannung, Glücksfälle und Enttäuschungen – mit Opfern für Gesundheit und Familie und manchem Stress für die Kollegen zuhause. Nie war ja ganz sicher, dass meine Texte auch zur rechten Stunde die Redaktion erreichten. Immer standen Journalisten-Kollegen – Freunde – bereit, um unter hohem Zeitdruck und mit großer Kompetenz einzuspringen, wenn meine Ankündigung, aus irgendeinem Winkel der Welt aktuell zu berichten, wieder einmal nur ein Versprechen blieb.

Ihnen – den Kollegen, die mich über so viele Jahre meiner Reisen getragen und ertragen haben, vor allem aber meiner Frau und meinen Söhnen ist dieses Buch gewidmet.

Heinz Nußbaumer

[1] IN **TIBET**

Der lange Weg nach Lhasa

IN DEN **HAUPTROLLEN**

Tibet

Seine Heiligkeit der 14. DALAI LAMA

PROF. HEINRICH HARRER

China

Ministerpräsident TSCHU EN-LAI

Staatspräsident JIANG ZEMIN

Jetzt also werden wir beide alt, Tarkashing", sagt er bei unserem bisher letzten Wiedersehen lachend, faltet die Hände und legt seinen kahl geschorenen Kopf an meine Stirne. Mehr als 30 Jahre sind seit unserer ersten Begegnung vergangen. Für ihn 30 beispiellose Jahre – weltweit beliebt und geehrt – und doch politisch im Stich gelassen. Drei Jahrzehnte, in denen sich sein Äußeres kaum verändert hat: Da ist die bordeauxrot-gelbe Mönchskutte. Da sind die schlichten Sandalen, die immer unbekleideten Arme. Vor allem aber die wachen, ruhigen Augen in einem Gesicht, das lange Zeit älter wirkte als es war; das aber immer wieder von einem Bubenlachen verzaubert wird. Der fröhliche Mönch heißt Tenzing Gyatso, ist der spirituelle Superstar unserer Zeit, Friedensnobelpreisträger und nach Umfragen die meistbewunderte lebende Persönlichkeit unserer Zeit: Der 14. Dalai Lama (*Ozean der Weisheit*). Eine moralische Ausnahmefigur wie Mutter Teresa oder Nelson Mandela – und vielleicht sogar noch mehr: Ein moderner Heiliger, der zur Projektionsfläche für unerfüllte spirituelle Sehnsüchte unserer westlichen Welt geworden ist – und der seinen Anhängern doch

Wiedersehen mit dem Dalai Lama: Hier gemeinsam mit dem großen Forschungsreisenden Heinrich Harrer, Lehrer und Freund des tibetischen Priesterkönigs im Exil.

immer wieder empfiehlt, sich zunächst im Reichtum ihrer eigenen Religionen umzuschauen.

Und *Tarkashing* – das bin ich. Für die Tibeter ist es das Wort für den *Walnussbaum.* Heinrich Harrer, der große Forschungsreisende, Lehrer und Freund des Dalai Lama, hat es mir einmal verliehen – und Seine Heiligkeit, das religiös-politische Oberhaupt Tibets, hat es lächelnd aufgenommen und im Gedächtnis bewahrt.

Warum gerade das ferne Tibet und der Dalai Lama am Anfang dieses Buches stehen? Weil beide vermutlich auch am Beginn meiner Neugier auf fremde Völker, Kulturen und Schicksale gestanden sind. Und weil meine Begegnung mit beiden auch das Ausmaß an Zufälligkeit zeigt, die über der Arbeit jedes Journalisten liegt.

Tibet, das war schon ein großes Thema meiner Jugend. Da waren die wunderbaren Schaubilder im Salzburger „Haus der Natur“,

die es uns Kindern über viele tausende Kilometer hinweg leicht gemacht haben, in die karge, fremde, aber zutiefst faszinierende Welt tibetischer Nomaden und Mönche einzutauchen. Und dann der Film *Lhasa Lo,* auch er war eine Ernte jener *Deutschen Tibet-Expedition* unter Ernst Schäfer von 1938, deren ideologischer Auftrag – die Suche der NS-Diktatur nach biologischen Spuren arischer Kulturen – uns erst viel später bewusst geworden ist.
Und da war vor allem Heinrich Harrers Welt-Bestseller *Sieben Jahre in Tibet.* Kein anderes Buch hat sich in jenen Jugendtagen tiefer in mein Bewusstsein eingegraben und meine Sehnsucht nach Abenteuer und Ferne stärker beflügelt. Tibet und sein verjagter Priesterkönig – beide waren Kürzel für den Reiz der Ferne und zugleich für die Dramen der Menschheit im Zeichen gewalttätiger Diktaturen.

Unterwegs in Maos Reich

Jahrzehnte später, im Herbst 1972, erlebe ich das kommunistische China ein erstes Mal unmittelbar. Österreich hat die Volksrepublik ein Jahr zuvor *„als die einzige rechtmäßige Regierung Chinas“* anerkannt. Jetzt darf eine Hand voll Journalisten aus Österreich das riesige Land bereisen. Drei Wochen sind wir mit Flugzeugen, Eisenbahnen und Autos im Reich von Mao Tse-tung unterwegs. Es ist ein tiefer und letztlich doch nur oberflächlicher Blick in eine andere Welt: Zehntausende Menschen gleiten an uns vorbei – auf Rädern, auf Karren, zu Fuß. Lachend, winkend und staunend – wie exotische Wesen sind wir umstellt und durch ungezählte Augen beobachtet. Ich sehe Fabriken von innen und außen, Bunker von unten und oben; Politiker bei Tag und Nacht; alte Kaiserpaläste und neue Arbeiterwohnungen; Kasernen, Universitäten, Volkskommunen ...
Es sind hundert Gespräche und tausend Eindrücke – und doch bleibt ein Nebel über diesem Riesenreich, das Ende 1972 eben

dabei ist, einen Fieberanfall ohne Beispiel in der modernen Weltgeschichte endgültig zu überwinden: Maos *Große Proletarische Kulturrevolution* (1966-1969), diesen einzigartigen Aufruf einer Führung an ihr Volk, den eigenen Staatsapparat zu zerstören. Schon seit seiner Machtübernahme 1949 hat der gewalthungrige Visionär (*„Das Land muss zerstört und dann neu geformt werden“*) immer wieder neue Wellen des Terrors über sein Land geschickt: gegen die Bauern und Grundbesitzer, die *„Konterrevolutionäre, Banditen und Spione“*, die Intellektuellen, Künstler und Akademiker. Die „Kulturrevolution“ aber stellt dann alles in den Schatten: *„Lasst die kleinen Teufel los! Bombardiert die Hauptquartiere!“*, ruft Mao den rund 50 Millionen Jugendlichen Chinas zu. Und wieder sterben mindestens zehn Millionen Chinesen in einer wahnsinnigen Eskalation der Gewalt: gegen die eigene Kultur, gegen Universitäten und Eliten jeder Art – und gegen die Bürokratie. Später wird die Parteiführung eingestehen, dass 100 Millionen Bürger in diesen Jahren auf die eine oder andere Weise unter der Verfolgung gelitten haben.
Jetzt aber, Ende 1972, verschwinden – wie von Geisterhand orchestriert – Hunderte Millionen der kleinen roten „Mao-Bibeln“ aus der Öffentlichkeit. Und Ministerpräsident Tschu En-lai, einer der klügsten Staatsmänner des 20. Jahrhunderts, ist eben dabei, die Volksrepublik aus dem politischen Chaos mit riesigen Menschenopfern in die Normalität und in die Weltgemeinschaft zurück zu führen. Es ist eine ideologische Meisterleistung, die dem Land später den Weg zur wirtschaftlichen Großmacht unter Teng Hsiaoping öffnen wird.

Doppelseite 18/19: Erinnerungen an China nach der „Kulturrevolution“. 1971 sind die „Roten Garden“ und die „roten Götter“ Marx, Engels, Lenin, Stalin noch allgegenwärtig, aber „Mao-Look“ und „Mao-Bibel“ treten zurück. Wandzeitungen verkünden das Ende der Kampagnen gegen Intelligenz, Kunst und Bürokratie. Groß ist der Stolz über die Leistungen chinesischer Medizin: Nach einer Zugsunglück wurde einer Arbeiterin der gesunde rechte Fuß an das linke Bein transplantiert. Ab 1976 bleibt vom Mao-Kult nur der Besucherstrom vor seinem Mausoleum.

MIFENGPAI

认真看书学习
弄通马克思主义

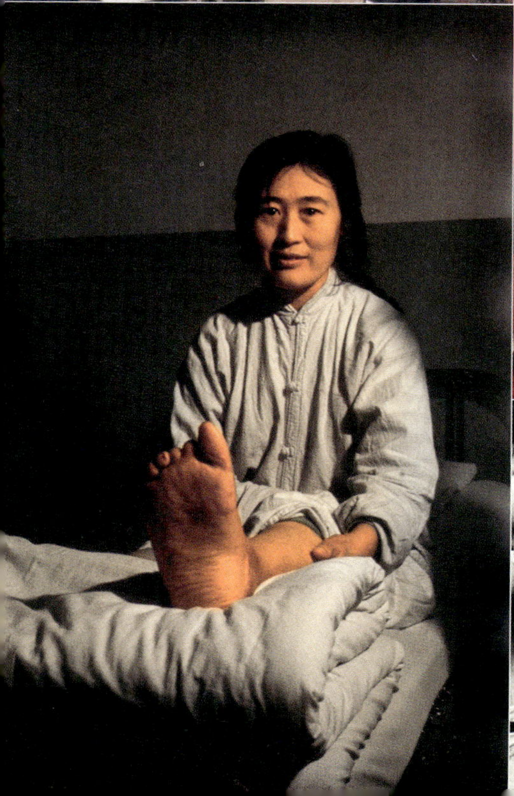

【本刊北京七月十五日消息】
【本刊天津七月二

In Peking ist es tiefe Nacht, als wir – die kleine Gruppe österreichischer Journalisten – im November 1972 aus unseren Hotelbetten geholt werden; als wir über den riesigen, jetzt menschenleeren Platz vor dem *Tor zum Himmlischen Frieden* geführt werden, hin zur *Halle des Volks* und zu einem Ausnahme-Erlebnis in meinem Leben.

Die unvergessliche Nacht beim „roten Mandarin"

Durch Korridore und Säle, vorbei an argwöhnisch blickenden Wächtern, eilen wir gegen ein Uhr früh dem wartenden Tschu En-lai entgegen, dem 74jährigen *roten Mandarin*. Groß ist unsere Aufregung, als er vor uns steht: Abkömmling des vielleicht ältesten Fürstengeschlechts der Erde, kommunistischer Revolutionär und politischer Hochseilakrobat. Gebannt blicke ich in dieses rätselhafte Gesicht: in dunkle Augen, in denen sich Ruhe und Intelligenz, Zähigkeit und List widerspiegeln; auf buschige Augenbrauen voller Temperament und Lebensfreude; auf eine kantige Kinnpartie, die seine enorme Energie und Willenskraft ahnen lässt.

„Ich sage alles geradeheraus und mache keine Umwege", sagt Tschu anfangs aufmunternd – und schon die ersten Minuten unseres Gesprächs lassen spüren, dass er jede unserer in Deutsch gestellten Fragen schon vor der Übersetzung versteht und die gewonnene Zeit nützt, um seine Antworten zu formulieren. Unterwegs durch europäische Hochschulen hat Tschu En-lai ein halbes Jahrhundert zuvor auch in Berlin und Göttingen studiert und sein Gedächtnis für Sprachen und politische Details inzwischen nicht verloren. Prompt überrascht er uns mit einer kenntnisreichen Analyse des – 1972 noch brisanten – Südtirol-Problems. Und für seine Nähe zu Österreich findet er ein politisch doppelbödiges Bild: *„Österreich und China – wir sind ja fast Nachbarn"*, sagt er, *„zwischen uns liegt nur die Sowjetunion ..."* Die um ihn sitzenden

Ministerpräsident Tschu En-lai empfängt österreichische Journalisten: der - noch jugendlich bartlose - Autor hinter „Presse"-Redakteurin Ilse Leitenberger.

Berater lassen ein erstes Mal in dieser langen Nacht ein höfliches Kichern vernehmen.

Längst hat eine Krebskrankheit seinen von tausenden Zigaretten vergifteten Körper befallen. Also nützt er seine notorische Schlaflosigkeit zu langen Nachtgesprächen wie diesem. Und weil eine Gruppe amerikanischer Journalisten kurz vorher drei Stunden mit ihm diskutieren konnte, werden auch wir so viel Zeit – und sogar noch mehr – mit ihm verbringen: *„Große und kleine Länder – alle sind gleichberechtigt"*, sagt er mit einem undurchsichtigen Lächeln, das zugleich eine Grundhaltung der Volksrepublik betont und ironisiert.

Irgendwann aber kommt in dieser Nacht der Augenblick meiner Mutprobe: *„Herr Ministerpräsident"*, sage ich, *„Sie wissen alles* *über uns Europäer. Sie wissen, dass es ein Österreicher war, der Jesuit Johann Grueber, der 1661 als erster Europäer die tibetische Hauptstadt Lhasa erreicht hat. Sie wissen, dass die Österreicher Heinrich Harrer und Peter Aufschnaiter sieben lange Jahre in Tibet gelebt haben. Inzwischen ist die Kulturrevolution auch über Tibet hinweggerast – und im Westen heißt es, die Folgen für die Tibeter und ihre Kultur seien furchtbar gewesen. Wäre es denkbar, dass jetzt wieder ein Österreicher das neue Tibet besucht – und der Welt davon berichtet?"* In die überraschte Stille hinein fragt Tschu En-lai: „*Und wer wäre dieser Österreicher?"* Jetzt muss ich Farbe bekennen: „*Ich*", sage ich zögernd.

Tschu zieht langsam an seiner Zigarette und sagt: „*Natürlich, fahren Sie!*", um nach einer Pause hinzuzufügen: „*Nur, da gibt es ein Problem: Tibet liegt sehr hoch, die Luft ist dünn und schlecht für Ihre Gesundheit. Das wollen wir doch so netten Gästen nicht zumuten.*" Jetzt muss ich am Ball bleiben: „*Herr Ministerpräsident, Sie wissen, wie hoch die Alpen sind – die Höhe schreckt mich nicht.*" Chinas Premier hat damit offenbar gerechnet: „*Also fahren Sie*", sagt er. Pause. „*... Aber da ist noch etwas: Tibet ist leider wegen der Dalai Lama-Clique weit zurückgeblieben. Es gibt kaum Straßen. Sie müssten ja auf Pferderücken ...*" Jetzt lasse ich nicht mehr los: „*Die Europäer sind begeisterte Reiter – das schaffe ich auch!*" „*Also gut, dann fahren Sie*", sagt Tschu. „*Nur, da ist noch ein Problem: Weit und breit ist dort kein Hotel und keine Herberge. Sie müssten im Zelt schlafen ...*"

Langsam merke ich, wie die anwesenden Chinesen ihr Schmunzeln kaum noch verbergen können – und wie unendlich weit ich von meinem Traumziel Tibet entfernt bin. Der alte Fuchs spielt mit mir – zur Freude seiner Begleiter, die seine Verschlagenheit sichtlich genießen. Jetzt lässt er mich zappeln: „*Wissen Sie*", sagt Tschu En-lai, „*Ihre Zähigkeit gefällt mir. Ich setze Sie also auf die Warteliste.*" Ich spüre, wie mein Mut zurückkommt. „*Und wo stehe ich auf Ihrer Warteliste? Auf welchem Platz?*", will ich wissen.

Ruhig sagt Tschu: *„Also, ich weiß doch erst seit ein paar Minuten, dass Sie tatsächlich nach Tibet wollen. Aber ich mag Sie – also reihe ich Sie nach vorne: auf Platz 1. Das ist auch gut für die Freundschaft unserer beiden Völker.“*

Mein Puls beginnt zu rasen: *„Und wann darf ich losfahren?“*, frage ich zur Sicherheit. Da dreht sich Tschu zu seinen Begleitern um und fragt sie mit gespieltem Ernst: *„Sollen wir es unserem Freund sagen? Soll er wissen, dass es gar keine Warteliste gibt? Vielleicht ist er dann sehr enttäuscht …“*

Nie werde ich Tibet erreichen, denke ich mir, als wir nach vier Uhr früh wieder das *Tor zum Himmlischen Frieden* passieren, von dem das majestätische Bild Mao Tse-tungs auf uns herunterleuchtet.

Annäherung an Heinrich Harrer – in Neuguinea

Großer Schauplatzwechsel – und doch bleiben wir ganz nahe am Thema: Ein Jahr später, Ende 1973, bin ich drei Wochen lang auf

Wie sich Kurier-Karikaturist Rudolf Angerer (RANG) 1973 eine Reise in das ferne, gefährliche Papua-Neuguinea vorstellt …

Eintauchen in eine andere Welt: Die Menschen im Hochland von Papua-Neuguinea stehen noch im Bann von uralten Kulten und immer neuen Stammeskriegen.

Neuguinea unterwegs, der letzten totalen Alternative zu unserer hoch zivilisierten Welt. Ich erlebe ein schaurig-schönes Relikt vergangener Jahrtausende und eine der letzten Eingeborenenkulturen von beispielloser Ursprünglichkeit. Ahnenkult und Zauberei, Dämonen und Magie, Geister, Hexen und Totem haben die zweitgrößte Insel der Erde in einer paradiesische Steinzeitlosigkeit gehalten.

Die politische Begleitmusik dieser Reise ist verwirrend: Eben ist der Ostteil des Landes als *Papua-Neuguinea* vom kolonial-müden Australien in die Selbstverwaltung entlassen worden – und irgendwo im Dschungel sind zur selben Zeit die Gebeine und ein Taschenmesser des amerikanischen Milliardärs- und Gouverneurssohnes Michael Rockefeller entdeckt worden. Kannibalen haben den jungen Forscher zwölf Jahre zuvor erschlagen, gebraten und gegessen.

Auf einem schmalen Boot durchfahre ich das Malariagebiet am

Auf Heinrich Harrers Spuren unterwegs durch die Urwälder Neuguineas - Bambus-Brücken überwinden in den Hochtälern Flüsse und Schluchten.

gewaltigen *Sepik*-Fluß. In einem Mini-Flugzeug lande ich – mit einem Missionsbischof am Steuerknüppel – auf Urwaldlichtungen. Um die Eingeborenen zu seinem Gottesdienst zu locken, hat der Geistliche neben seinem Messgeschirr auch einen Projektor und Cowboy-Filme mit an Bord. In einem Jeep besuche ich Leprastationen, Buschdörfer und österreichische Entwicklungshelfer – und transportiere einen Toten in sein Heimatdorf, wo er, nach alter Sitte, hoch droben in den Bäumen, hinter Blättern und Lianen verborgen, auf seine Auferstehung warten wird. Zum Dank dafür bekomme ich kunstvolle Pfeile – Pfeile zur Jagd auf Schweine, auf Vögel und Menschen. Mit gezählten 237 Flohstichen entdecke ich eine Welt, die von Völkerkundlern und Zoologen schwärmerisch als *das letzte Paradies* gerühmt wird.
Drüben im Westteil Neuguineas, der schon ein Jahrzehnt zuvor von den niederländischen Kolonialherren an Indonesien übertragen wurde, hat Heinrich Harrer 1962 die geheimnisvolle *Quelle der Steinäxte* entdeckt, hat er die Insel von Nord nach Süd durchquert und – gemeinsam mit drei Alpinisten – erstmals die 4.884 Meter hohe *Carstensz-Pyramide*, den höchsten Berg Ozeaniens, über die Nordwand erstiegen. Sie gilt klettertechnisch als weit schwieriger als der Mount Everest. Übrigens: Nahezu 50 Jahre nach dieser Erstbesteigung entdeckt Bergführer Walter Laserer aus Gosau Anfang 2011 in der Carstensz-Gipfelregion ein Kästchen mit Aufzeichnungen Heinrich Harrers.
Im Bergland Papua-Neuguineas stoße ich im Dezember 1973 in abgelegenen Dörfern auf einen unglaublichen Kult: Schweine sind hier nicht nur wichtigstes Handels-, Tausch- und Prestigeobjekt; in der Hierarchie der Lebewesen rangieren sie nur knapp nach den Frauen. Schweine sind Geschenk und Zahlungsmittel, sind auch Brautpreis und die wichtigste Form der Wiedergutmachung für Tote in Stammeskriegen. Irritiert erlebe ich, wie Ferkel in ihren ersten Lebenswochen von Papua-Frauen an die Brust genommen und gestillt werden.

Das Foto, das nach der Neuguinea-Reise zum ersten Kontakt mit Prof. Harrer führt: Eine Papua-Frau nährt ein Jungschwein an ihrer Brust.

Österreichische Entwicklungshelfer als Lehrer in einer Papua-Schule: Auf die Kinder wartet ein enormer Kulturbruch zwischen alter und neuer Zeit.

Nach Wien heimgekehrt, schreibe ich eine Serie im KURIER (*Wo die Steinzeit stirbt*) – und werde prompt von einem Anruf des großen Heinrich Harrer überrascht: Oft schon habe er in Vorträgen von diesem Schweinekult erzählt, sagt er, nie aber ein Foto vorzeigen können. Ich aber habe das Bild einer Schweinestillenden Frau veröffentlicht. Also verspreche ich, Harrer davon eine Kopie zu schicken. Es ist der Beginn einer Bekanntschaft, die über die Jahre hinweg zur Freundschaft wird – mit entscheidenden Folgen auf meinem langen Weg nach Tibet …

Traumziel TIBET – here we come

Mehr als fünf Jahre vergehen, bis mich im Frühsommer 1979 der chinesische Botschafter zu sich bittet: Peking habe meinen Wunsch, nach Tibet zu fahren, nicht vergessen, sagt er. Nun sei es soweit. Und: Eine kleine Gruppe österreichischer Journalisten dürfe mich begleiten – sie wird, wie der Botschafter betont, die erste westliche Delegation in Tibet seit der Kulturrevolution sein – von wenigen Mao-Vertrauten wie Han Suyin *(Alle Herrlichkeit auf Erden)* und Edgar Snow (*Roter Stern über China*) abgesehen.

Nur wenige Wochen der Vorbereitung bleiben. In einer Druckkammer teste ich meine Höhenverträglichkeit, verbringe Tage im Tibetologischen Institut der Wiener Universität – und bitte Heinrich Harrer um seine Reisetipps. Per Flugpost schickt er mir aus Indien Brief um Brief und beschreibt, wie und wo ich in Lhasa nach seinen alten Freunden, nach letzten Spuren „seines" versunkenen Tibets und nach verschollenem Kulturgut suchen könnte. Mehr noch: Mit dem im nordindischen Exil lebenden Dalai Lama hat Harrer für mich nach Abschluss meines Tibet-Besuchs einen Termin vereinbart – Seine Heiligkeit sei enorm interessiert ...

Das ereignis- und enttäuschungsreiche Schicksal des 14. Dalai Lama als Priesterkönig, Mönch und Flüchtling ist weltweit bekannt. Im öffentlichen Bewusstsein ist das Schicksal seiner geschundenen Heimat und das Ausmaß der menschlichen und kulturellen Opfer, die Tibet seit dem chinesischen Einmarsch von

1950 und der Flucht des Dalai Lama 1959 erlitten hat: Mehr als 1,2 Millionen Tibeter sind an Folter, Hinrichtung und Hunger gestorben, Hunderttausende wurden verhaftet und verschleppt, Tausende Klöster zerstört – und die Hälfte des alten Tibet ist inzwischen in andere chinesische Provinzen außerhalb der *Autonomen Provinz Tibet* eingegliedert.

≈

China überlässt vor unserer Reise nach Lhasa nichts dem Zufall. In Peking werden wir vom stellvertretenden Ministerpräsidenten Geng Biao politisch eingestimmt: auf das alte Schreckensregime der *„Dalai Lama-Clique"; auf die „repressive, feudale Herrschaft"* von Adeligen, Priestern und Mönchen; auf die angebliche Begeisterung der Tibeter über ihre Befreiung aus Leibeigenschaft und Sklaverei; auf das Ausmaß der *„brüderlichen Hilfe"* des chinesischen Volkes unter der gemeinsamen Sonne Mao Tse-tungs usw. usw. Aber Geng Biao lässt uns auch etwas von der enormen Angst der Chinesen vor den Hochtälern Tibets spüren: *„Zuerst einmal müssen sie feste Mützen mitnehmen, die Sonne ist dort oben sehr gefährlich"*, warnt er. *„Sie dürfen sich auch nicht anstrengen – bitte keine überflüssigen Bewegungen. Haben Sie Ihr Herz genau untersuchen lassen? Bitte passen Sie auf!"*

Bald aber sitzen wir in Sichuans Riesenmetropole Chengdu und warten, bis uns ein Flugzeug tatsächlich in ein Seitental des Tsangpo-Flußes nahe von Lhasa bringt: auf 3.700m Seehöhe. Es wird eine letzte, schwere Geduldsprobe – und immer wieder erinnere ich mich an Harrers Vermutung, Tibet werde letztlich doch unerreichbar bleiben.

Aber dann ist eines Morgens die Maschine da – und mit uns drängt eine bunte Schar von freundlich-neugierigen Tibetern und Soldaten der chinesischen Volksbefreiungsarmee an Bord. Stuhlreihen werden noch rasch abmontiert und dafür Gemüseberge mit einem großen Netz im Flugzeug festgezurrt. Draußen aber, vor den Fenstern der *Iljuschin-18*, vollzieht sich bald ein seltsames

Phänomen: Obwohl sich die vier großen Propeller nach oben schrauben, bleiben die Wiesen, Felder und später die kargen Steinfelder unter uns immer in unmittelbarer Sichtweite – der Boden wächst mit dem Flugzeug hinauf in den Himalaya. Vor uns liegt das größte und höchstgelegene Hochland der Erde.

Als Menschen in Lhasa zu weinen beginnen

Sieben Tage lang erleben wir nun das so lange verbotene Lhasa und seine Umgebung; schauen in die fassungslosen Gesichter der Tibeter, die seit Harrer vergessen haben, wie Europäer aussehen. Wir treffen Mönche, die nicht aufhören, Mao Tse-tung zu preisen: *„Nein“*, sagt der Abt des Groß-Klosters *Drepung*, *„wir beginnen unseren Arbeitstag nicht mit Gebeten. Wir lesen zuerst den Leitartikel der ‚Pekinger Volkszeitung‘“.* Wir besuchen Schulen, in denen die Kinder die chinesisch-tibetische Freundschaft besingen. Wir ersteigen die gewaltige, seit der Flucht des 14. Dalai Lamas im Jahr 1959 menschenleere Gralsburg des *Potala*, Palast

Staunend und freundlich: Kinder im Zentrum von Lhasa umringen die ersten „Langnasen“ aus Europa, die nach der Kulturrevolution nach Tibet reisen dürfen.

Im Potala, der Königsburg in Lhasa (S. 32/33), warten sein Thron und Statuen Tsongkapas, des großen Reformers in Tibets Buddhismus, auf die Heimkehr des Dalai Lama. Rechte Seite: Pilgernde, Betende unterwegs zum Jokhang-Tempel, Tibets bedeutendstem Heiligtum in Lhasa.

und Grabstätte einstiger geistig-politischer Herrscher. Und wir werden durch Museen geführt, in denen die *„Foltergeräte des tibetischen Lamaismus“* ausgestellt sind, ehe der Siegeszug des Atheismus dem religiösen Spuk endlich ein Ende gesetzt habe.
Aber: Wir sehen auch wieder Pilger mit ihren Gebetsmühlen, die im Zeichen der neuen „Öffnungspolitik“ aus weit entfernten Hochtälern zum *Jokhang*-Tempel unterwegs sind und sich – unter dem Gebrüll chinesischer Lautsprecher-Appelle – tausende Male still betend niederwerfen, um die letzten Kilometer ihres Weges nach Lhasa mit dem Körper auszumessen. Und wir erleben erschüttert, wie Menschen, denen wir in unbeobachteten Momenten ein Dalai Lama-Bild zeigen, auf offener Straße zu weinen beginnen – aus verzehrender Liebe zu ihrem geistlichen und weltlichen Oberhaupt im Exil.
Als Delegations-Fotografen getarnt habe ich einen Kamera-

mann in unsere Gruppe eingeschleust – er dreht die erste Film-Dokumentation über Tibet nach dem Wüten der Kulturrevolution (*7 Tage in Tibet*): Heimlich suchen und finden wir auch alte Freunde und das Haus Heinrich Harrers von einst. Begeistert lauschen wir den Liedern tibetischer Frauen beim Stampfen von Lehm-Hausdächern in Lhasa. Und wir entdecken auf dem Dachboden des zentralen Krankenhauses der Hauptstadt die 79 alten, wertvollen *Medizin-Thankas* aus Seide und Brokat – Rollbilder einer 1.200 Jahre alten tibetischen Naturheilkunde, die als verloren galten.
Sieben Tage lang erleben wir auch den Realtest unserer Höhenverträglichkeit. Schon nach der Landung liegen Luftpolster mit reinem Sauerstoff für jeden von uns bereit – inhalieren wird dringend angeraten. Bald kämpfen wir gegen Kopfschmerz, Schwindel und Atembeschwerden – und spüren die Grenzen unserer Leistungsfähigkeit, als wir unsere leichte Filmausrüstung die Stiegen zum *Potala* hinaufschleppen, Einmal pro Tag kommt eine tibetische Ärztin zum Blutdruckmessen. Und drei Stunden Mittagsruhe werden streng verordnet, sind aber angesichts der Wunder Tibets kaum einzuhalten. Immer wieder kommt mir in diesen Tagen Heinrich Harrers Erinnerung in den Sinn, dass tibetische Nomaden *„nicht gerne von ihren weit*

Entdeckung am Dachboden des tibetischen Krankenhauses in Lhasa: Die Thankas der uralten tibetischen Naturmedizin.

Galten lange als verschollen: Die auf Seide und Brokat festgehaltenen Bilddokumente, auf denen die bis 2.500 Jahre alten Vorstellungen der Tibeter vom Menschen, der Tier- und Pflanzenwelt und der Herstellung von Medikamenten festhalten sind.

höher gelegenen Hochweiden nach Lhasa hinuntergehen – die Luft dort ist ihnen einfach zu schwer und zu stickig“.

Und mannhaft kämpfen wir auch gegen Übelkeit, wann und wo immer Buttertee angeboten wird, jenes Energie spendende und doch gewöhnungsbedürftige Hauptgetränk Tibets aus schwarzem Tee, Salz und ranziger Yakbutter. Mit Gerstenmehl vermischt, wird es zu *Tsampa,* lebenswichtig durch seinen hohen Gehalt an Proteinen und Fetten, aber meist in stolz bewahrter Distanz zur Hygiene zubereitet.

Was bleibt, sind tausendundein unvergessliche Momente – der unvergesslichste erwartet uns in einer Gewitternacht über Lhasa. Vor dem Gitterfenster unseres kleinen Gästehauses für hohe KP-Funktionäre hält der Himmel Abrechnung mit dem Hochland von Tibet. Blitze reißen die Dunkelheit nieder und heben für kurze Momente die riesige Baumasse des *Potala* violettweiß aus

der Nacht. Donner wüten über dem Götterberg. Dazwischen blitzen in Sekundenbruchteilen die vergoldeten Kultsymbole am Dach des *Potala* auf und verlöschen wieder. Eine gespenstische Inszenierung, die alles noch unwirklicher macht, was diese Reise ins Unbekannte mit sich bringt.

Post für den Dalai Lama

Fasziniert, aber auch deprimiert verlassen wir Tibet wieder – und in den Tiefebenen Indiens zwingt mich der Klimawandel dann prompt ins Krankenhaus. Das geplante Treffen mit dem Dalai Lama im nordindischen Dharamsala kann nicht stattfinden. Aber das Glück ist auf meiner Seite: Mehr als 12.000 Kilometer von Lhasa entfernt, im tibetischen *Rikon*-Kloster auf einer Waldlichtung im Osten der Schweiz, erlebe ich Seine Heiligkeit nur wenige Wochen später einen ganzen Nachmittag lang unter vier Augen. Gemeinsam betrachten wir die Bilder meiner Tibet-Reise. Miteinander diskutieren wir den Wahrheitsgehalt chinesischer Agitation, die Notwendigkeit tief greifender Reformen für Tibet – und die Chan-

Straßenszenen aus Lhasa: Mütter, Mönche – und der bequeme „freie Fall" für Tibets Kinder – in stolzer Distanz zu Chinas Kampagnen für mehr öffentliche Hygiene.

Im Herbst 1979 auf einer Waldlichtung in der Schweiz. „Die einzig wichtige Frage ist, ob das tibetische Volk glücklich ist", sagt der Dalai Lama.

cen seiner Heimkehr und eines autonomen Tibet im Staatsverband Chinas. Gerührt liest der Dalai Lama in diesen Stunden auch die kleinen Zettel, die mir von Tibetern heimlich zugesteckt wurden: Es sind Liebeserklärungen seines Volkes an seinen vielleicht letzten Priesterkönig.

Und doch sagt der Dalai Lama mit aller Deutlichkeit: *„Das Drama Tibets heißt nicht: Was geschieht mit dem Dalai Lama? Ich bin ein Nichts, ein Einzelmensch, ein Tibeter. Wenn ein Dalai Lama nicht wirklich nützlich ist, dann schafft er nur Probleme. Die einzig wichtige Frage ist, ob das tibetische Volk glücklich ist. Noch glaube ich, dass die Mehrheit der Tibeter nicht glücklich ist. Da sitzt noch ein großes Leid. Unsere Religion aber kann auch ohne Klöster, ohne Mönche und ohne Dalai Lamas weiterleben – tief in den Herzen der Menschen und ganz ohne Zugriff von außen."* Nie zuvor und niemals später ist mir in meinem Leben ein anderer Großer begegnet, der sich und seine Rolle in der Geschichte so sehr in Frage gestellt hat. Das Interview, das an diesem Tag entsteht, geht um die Welt.

Ein Bild wie aus einer anderen Zeit: Tibetische Frauen stampfen singend die Lehmdächer der Altstadt von Lhasa und härten sie mit Senföl.

Das *„große Leid“* der Tibeter ist auch in den Jahrzehnten seither nicht kleiner geworden – auch wenn Chinas Regierung der tibetischen Metropole Lhasa ausgerechnet nach schweren Zusammenstößen feierlich den Preis als *„Stadt mit den glücklichsten Menschen“* verleiht. Nach wie vor unterdrückt die zur Wirtschaftsgroßmacht aufgestiegene Volksrepublik alle tibetischen Hoffnungen, innerhalb des chinesischen Staatsverbands zumindest ein Stück Eigenständigkeit zu erringen – und sanktioniert jede Sympathieäußerung westlicher Politiker für den Dalai Lama und die Tibeter.

Jahre vergehen, dann kommt der Dalai Lama im Mai 1986 nach Wien. Im *Haus der Industrie* wird er über seine verlorene Heimat und seinen Glauben sprechen. Das Interesse an diesem Abend ist riesengroß, auch das Fernsehen entschließt sich zu einer Übertragung. Heinrich Harrer schlägt den Veranstaltern zu meiner Überraschung vor, den Einführungsvortrag über das Drama Tibets und über die Geschichte der Dalai Lamas mir zu übertragen. Sie akzeptieren. Als ich den prominenten Gast an diesem Abend zum Podium begleite, sitzen die zwei größten lebenden Kenner des alten Tibet im Publikum: Prof. Harrer und der Alpinist und Buchautor Herbert Tichy, der schon 1935 – als Pilger verkleidet – den heiligen Berg Kailash in Tibet umrundet hat. Ich stehe enorm auf dem Prüfstand.

Vor Harrers einstiger Wohnung: Frau Tsarong erinnert sich noch an „Henrig-la".

Es wird ein unvergesslicher Abend – mit seiner Bescheidenheit, Fröhlichkeit und Spontaneität gewinnt der Dalai Lama rasch die Herzen seiner Zuhörer. Als mich die Gastgeber des „Forum Schwarzenbergplatz" anschließend fragen, auf welches Konto sie mein Honorar überweisen sollen, vermute ich die üblichen, eher bescheidenen Einkünfte aus anderen ‚Auftritten' und schlage vor, den Betrag gleich an das Kinderdorf in Dharamsala, dem nordindischen Exilort des Dalai Lama, zu schicken. Wenige Tage später kommt die Vollzugsmeldung – und beim Lesen der Honorar-Höhe werde ich blass: Endlich ein mehr als ordentliches Honorar – und ich habe es einfach mit lockerer Hand verschenkt! Keine zwei Monate später aber erreicht mich ein Brief der Dalai Lama-Schwester Pemala Gyalpo, Leiterin des exil-tibetischen Kinderdorfs, der meinen Frust blitzschnell in Verlegenheit und schlechtes Gewissen umschlagen lässt: Schwere Regenfälle hätten, so lese ich jetzt, in Dharamsala einen furchtbaren Erdrutsch verursacht. Ganze Häu-

Wiedersehen im SOS-Kinderdorf Hinterbrühl bei Wien: „Jetzt werden wir also beide alt, Tarkashing", sagt der Dalai Lama lachend.

ser seien verschwunden. Umso wichtiger sei deshalb diese Spende gewesen. Man habe damit – und mit der Arbeitskraft vieler Freiwilliger – eine Volksschule komplett neu aufgebaut. Beschämt wie selten erinnere ich mich jetzt an meinen vorangegangenen Frust – und habe wieder einmal für mein Leben gelernt: Jede Spende, die in die Schattenzonen der Erde geht, potenziert sich durch das unglaubliche Preisgefälle. Eine ganze Volksschule für 15 Vortragsminuten! Unterwegs in der Dritten Welt mache ich später immer wieder ähnliche Erfahrungen. Mag eine Spende noch so klein sein – ihr Segen ist um vieles größer!

„Herr Bundespräsident, ich weiß, was Sie sagen wollen!"

Noch eine letzte Erfahrung dazu: Mit Bundespräsident Thomas Klestil bin ich im September 1995 auf Staatsbesuch in China unterwegs – das Sonderflugzeug ist randvoll mit hohen Wirtschaftsvertretern und Journalisten. Für Thomas Klestil ist klar: Tibet und der Dalai Lama müssen in den Gesprächen mit Staatspräsident Jiang Zemin ein Thema sein, das erwartet auch die österreichische Öffentlichkeit. Er will versuchen, es diskret aber deutlich anzusprechen, sobald die Gesprächsatmosphäre es erlaubt. Dann stehen wir – 23 Jahre nach meinem ersten Besuch in Peking – wieder in der *Halle des Volkes* dem Staatspräsidenten gegenüber. Kaum haben die Fotografen das Zimmer verlassen, sagt Gastgeber Jiang Zemin mit einem kleinen Lächeln: *„Verehrter Bundespräsident aus Österreich, Sie müssen doch – allein den Medien zuliebe – Ihre Tibet-Kritik bei mir anbringen. Ich weiß, was Sie sagen wollen – sagen wir also, das Thema ist besprochen worden. Und jetzt können wir über Vernünftiges reden …“* Mehr noch als der Inhalt dieser Sätze macht mich die Form, in der sie gesprochen werden, sehr traurig.

≈

Nichts hat sich in all den Jahren an den Beziehungen zwischen Chinesen und Tibetern verändert – und so hält auch meine Nähe zum tibetischen Volk, zum Dalai Lama und zum großen Forscher und Entdeckungsreisenden Heinrich Harrer – sie überdauert auch dessen Tod im Januar 2006. Gemeinsam trauern Seine Heiligkeit und ich an Harrers Grab im Kärntner Hüttenberg. Irgendwann erlebe ich aus nächster Nähe mit, wie sich Österreichs Spitzenpolitik vor einer Begegnung mit dem Dalai Lama scheut, die in früheren Jahren ganz selbstverständlich war – und wie sich andere, von Deutschlands Kanzlerin Angela Merkel bis zu US-Präsident Obama, diesen Mut trotzdem leisten. Und im September 2007 besucht der Friedensnobelpreisträger und Exil-König das große SOS-Kinderdorf in Hinterbrühl bei Wien, legt mir einen Glücksschal um den Hals – und nimmt seinem *„Jetzt also werden wir beide alt, Tarkashing“* lachend jede Bitterkeit.

[2] IN **AMERIKA**

Weißes Haus – Seiteneingang

IN DEN **HAUPTROLLEN**

Präsident RONALD REAGAN
Präsident BILL CLINTON
HILLARY CLINTON
Senator EDWARD „TED" KENNEDY
Botschafterin HELENE VON DAMM
CIA-Chef WILLIAM CASEY
Amerikanische und österreichische Spitzenpolitiker

Amerika – welch unterschiedlichen Klang hat dieses Wort im Lauf meines Lebens bekommen: Da waren Zeiten der Nähe, ja Bewunderung, aber auch des Ärgers und Unverständnisses. Da war eine Kindheit und Jugend, geprägt von Dankbarkeit für all das, was uns das große Amerika geschenkt hat, um nach Diktatur, Krieg und Verwüstung wieder auf die Füße zu kommen – von den Schokoladen für uns Kinder, über das „Amerika-Haus“ in Salzburg mit seinen tollen Büchern und Schallplatten bis hin zum genialen *Marshallplan,* dem Rettungsring für Europas Völker in Not. Da war meine Anerkennung und Hochachtung als Journalist für Amerika als Vorbild einer großen, idealistischen Demokratie: von der Luftbrücke für das eingeschlossene Westberlin über Kennedys *Peace Corps* bis zur Wahl von Barack Obama, dem ersten farbigen Präsidenten in der Geschichte der USA. Da war aber auch Enttäuschung, ja Verbitterung: über den Vietnamkrieg, über manche Einäugigkeit im Nahostkonflikt, die Irak-Invasion und über die allen Rechtsnormen widersprechende *Causa Waldheim.*
Wie viel an Kraft und gutem Willen, die Welt besser zu machen, habe ich unterwegs durch die Vereinigten Staaten immer wieder gespürt. In den großen Stunden der Angelobung neu gewählter amerikanischer Präsidenten vor allem, den unvergesslichen Momenten einer in Europa undenkbar gewordenen patriotischen, fast religiösen Selbstdarstellung. Aber auch in so vielen Begegnungen mit US-Bürgern. Wie oft aber hat mich dasselbe Amerika auch abgestoßen: durch manch falsches Pathos, das nicht selten nur den Zynismus und die Gnadenlosigkeit einer von Einzelinteressen und Lobbys gesteuerten Politik überdecken sollte.
Lange habe ich gebraucht, um zu verstehen, wie viele ganz widersprüchliche Parallelwelten dieses riesige Land umschließt. Und wie sehr Amerika trotz seiner globalen Machtstellung ein letztlich unüberschaubares Mosaik kleiner und kleinster Provinzialismen geblieben ist. *„Look boy“,* hat mir ein farbiger

Taxifahrer schon bei meiner ersten Fahrt durch die Straßenschluchten von Manhattan zugerufen, *„das hier ist New York – und hat nichts mit Amerika zu tun!“*. Ebenso mühsam war die Erkenntnis, wie wenig relevant für die US-Bürger zwischen Alaska und Kalifornien das Weltgeschehen jenseits der eigenen Küsten ist; vor allem dann, wenn es sich nicht mit amerikanische Interessen und/oder einer amerikanischen *Mission* verbinden lässt.

≈

Bundeskanzler Josef Klaus ist der erste österreichische Staatsgast, mit dem ich 1968 als Journalist nach Washington fliege. Seine Reise wird auch der erste von vielen bemühten Versuchen heimischer Spitzenpolitiker sein, die US-Öffentlichkeit zumindest ein wenig für dieses kleine Österreich zu interessieren, das von den wichtigen US-Medien entweder ignoriert oder zum *Alpen-Hollywood* verkitscht wird. Was sich im übrigen später noch als Glücksfall erweist, als sich unter dem Donauwalzer- und Apfelstrudel-Image das Unverständnis Amerikas über Neutralität und demokratischen Sozialismus, vor allem aber ein latenter Grundverdacht von Neonazismus und Antisemitismus auszubreiten beginnt.

Wie kann Österreich mehr Interesse in den USA finden? Mit Kanzler Josef Klaus 1968 vor seinem Amerika-Besuch.

Unterwegs über dem Atlantik schlägt jemand dem Bundeskanzler vor, bei seinem Besuch im Weißen Haus doch Wien als Schauplatz einer künftigen Vietnam-Friedenskonferenz anzubieten. Klaus gefällt die Idee – und tatsächlich gerät er in diesen Tagen sogar auf die Titelseite der *New York Times.* Nach seinem Besuch bei Präsident Lyndon B. Johnson fliegen wir nach Chicago, der Heimat von zehntausenden Auswanderern aus dem Burgenland. Zur Pressekonferenz des Kanzlers kommen jetzt sogar drei US-Fernsehteams. Sie wollen wissen, wie Präsident Johnson auf das Konferenz-Angebot reagiert habe. Als Josef Klaus wahrheitsgetreu berichtet, der US-Präsident halte *„Wien für einen wunderbaren Verhandlungsort, vor allem im Frühling, wenn die Blumen blühen"*, da beginnen die hart gesottenen US-Medienleute über so viel vermeintliche Naivität zu lachen, bauen ihre Kameras ab und verlassen den Raum. Josef Klaus ist zutiefst konsterniert. Tatsächlich findet die Vietnam-Friedenskonferenz später in Paris statt. Erst viele Jahre später enthüllt Lyndon B. Johnson in seinen Memoiren *(Meine Jahre im Weißen Haus)*, dass er den Nordvietnamesen im April 1968 tatsächlich auch Wien als Verhandlungsort vorgeschlagen hat. Sie aber haben abgelehnt.

Die Methode österreichischer Selbstvermarktung in Washington wird in den kommenden Jahren noch oft kopiert: Außenminister Alois Mock etwa empfiehlt Wien als Schauplatz eines Supermächte-Gipfels Reagan-Andropow – und Vizekanzler Norbert Steger gleich *„als idealen Gipfel-Schauplatz jeglicher Art"*. Meist bleibt es bei erzwungenen US-Komplimenten für das *friendly Austria* – jenes ferne Land, über das mir ein Direktor des Ford-Motorkonzerns einmal anerkennend sagt: *„Ihr müsst ja viele tausende Kängurus haben."* Und die Protokollchefin der Stadt Los Angeles empfängt Bundespräsident Rudolf Kirchschläger sogar begeistert als *„König von Australien"*.

Von Strudel, Strauß und „Sound of Music"

Noch ehe Kirchschläger Ende Februar 1984 amerikanischen Boden betritt – es ist tatsächlich der erste Besuch eines österreichischen Staatsoberhauptes seit Gründung der USA –, teste ich

prominente Amerikaner, vor allem Öl-, Bank- und Zeitungs-Größen, auf ihr Wissen über Österreich. Ihre Antworten sind zum Verwechseln ähnlich: Sie schildern einen glücklich-weinseligen Operettenstaat zwischen Strudel, Strauß und *Sound of Music*, dem Traumfilm aller Amerikaner. Dazu kommen gelegentlich die Namen Arnold Schwarzenegger, Niki Lauda und im Einzelfall auch Bruno Kreisky. Von *„einem Land schneebedeckter Berge, tiefer fruchtbarer Täler, randvoll mit Kirchen, Museen und Traumstädten“* schwärmt Präsident Ronald Reagan dann auch beim Gala-Diner für Rudolf Kirchschläger. Nur Art Buchwald, Amerikas berühmtester Zeitungskolumnist jener Jahre (er ist 2007 verstorben), bringt es origineller auf den Punkt und sagt am Telefon: *„Mein Vater kam aus Österreich. Wenn wir jetzt den österreichischen Bundespräsidenten zu Gast in Washington haben, bin ich also der einzige Mensch in dieser Stadt, der das wirklich ernst nimmt …“*
Unterwegs durch Amerika versucht Bundespräsident Kirchschläger, die Windmaschine österreichischer Eigenpropaganda auf würdevolle Bescheidenheit herunter zu regeln. *„Ich habe nie zu denen gehört, die mit einem Gipfeltreffen hausieren gehen“*, sagt er uns Begleit-Journalisten. Und: *„Ich verstehe, dass mein Besuch für Ronald Reagan ein mehr oder weniger verlorener Tag ist – ich habe ihm halt nichts zu bieten.“* So viel feine Unaufdringlichkeit stärkt bei den Gastgebern prompt die Neigung, ihr Lob für Österreich ganz auf die Ebene eines *glücklichen Edelweiß'* zu reduzieren. Baronin Maria von Trapp, meine bald 80-jährige Tischnachbarin beim Staatsdinner im Weißen Haus, wird prompt zum Mittelpunkt der Tischrede Ronald Reagans: Er rühmt sie als ein weithin leuchtendes Symbol für die Standhaftigkeit und Musikbegeisterung, den Witz und Charme der Österreicher.

≈

Bruno Kreisky ist da aus einem ganz anderen Holz geschnitzt, das in Washington keine Walzer-Seligkeit aufkommen lässt. Mit

Bundeskanzler Bruno Kreisky: In den politischen Stabstellen der Weltmacht USA ist seine Bekanntheit größer als die seiner österreichischen Heimat.

einer für Amerikaner irritierenden Mischung aus intellektueller Originalität, vertraulichen Diensten und kalkuliertem Ärgernis erzwingt er sich die Aufmerksamkeit der westlichen Supermacht. Kreisky weiß durchaus um seinen weltpolitischen Stellenwert, der in der Wahrnehmung Washingtons erheblich größer ist als der seines Heimatlandes. Für sechs US-Präsidenten (seit Harry

Truman) war der Kanzler ein spannender Gesprächspartner, beim siebten – Ronald Reagan – will und will dieser Gesprächsfaden lange Zeit nicht zustande kommen. Reagan ist über Kreiskys Nahostpolitik, vor allem über seine Alleingänge mit Palästinenser-Chef Arafat und dem Libyer Gaddafi ergrimmt. Und umgekehrt lässt Kreisky an Reagans Neo-Konservativismus lange kein gutes Haar und hält seine Politik öffentlich für eine Bedrohung des Weltfriedens.

In diese Sprachlosigkeit hinein, die auch das amerikanisch-österreichische Verhältnis tiefgreifend belastet, bekomme ich plötzlich einen Auftrag: Der Kanzler hat erfahren, dass ich über persönliche Kanäle, die noch ein Thema dieses Kapitels sein werden, einen recht unmittelbaren Zugang zu Reagans engster Umgebung habe. Im Oktober 1982 – Kreisky ist inzwischen ernsthaft erkrankt und im letzten Jahr seiner Kanzlerschaft – bittet er mich zu einem Gespräch unter vier Augen ins Parlament: Er habe nichts gegen die sich abzeichnenden Einladungen für Rudolf Kirchschläger oder Alois Mock nach Washington, sagt er nachdrücklich. Nur: Noch vor diesen Besuchen müsse ein Treffen zwischen Reagan und ihm zumindest fixiert und offiziell verlautbart werden. Sollte Reagans Umgebung eine solche Begegnung verweigern, dann würde er, Kreisky, nie wieder ins Weiße Haus kommen – selbst dann nicht, wenn er in anderer Mission in den USA unterwegs sei.

Kreisky macht mir klar, dass er nicht um einen solchen Besuch bettle, aber dass es von Amerikas Führung kurzsichtig sei, seine Rolle im Nahost-Konflikt, sein Engagement bei der Ausreise von Sowjetjuden, seine lebenslange Freundschaft mit US-Spitzenpolitikern und seine erprobt pro-amerikanische Haltung im Kreis der *Sozialistischen Internationale* derart zu unterschätzen. Dann sieht mir der Kanzler tief in die Augen und sagt: *„Machen Sie mit diesem Gespräch, was Sie wollen – ich nehme an, Sie werden das an geeigneter Stelle deponieren.“*

Also schreibe ich einen vertraulichen Brief an Bill Clark, der seit Reagans Gouverneurstagen in Kalifornien einer seiner engsten Vertrauten und derzeit machtvoller Sicherheitsberater des US-Präsidenten ist. Die Antwort aus dem Weißen Haus kommt rasch – die Informationen über den Bundeskanzler seien *„most helpful for us".* Und nahezu gleichzeitig ist auch schon eine offizielle Einladung für Kreisky nach Wien unterwegs. Am 2. Februar 1983 landet *„der Rebell aus Österreich"* (so die *Washington Post)* in der US-Hauptstadt – und erlebt dort staunend eine riesige jubelnde Menschenmenge; sogar die Kinder haben an diesem Tag schulfrei erhalten. Aber die Massenhysterie gilt nicht dem österreichischen Kanzler, sondern den heimischen *Redskins,* die eben die *Superbowl* gewonnen haben, die begehrteste Trophäe im US-Football.
„Normalisierung einer traditionellen Freundschaft – auch so etwas gibt es also", schreibe ich nach dem Treffen zwischen den beiden alten Herren Reagan und Kreisky, natürlich ohne die Vorgeschichte zu enthüllen. Beim abendlichen Dinner in Washington aber lassen Sicherheitsberater Bill Clark und ich vor ratlos zuschauenden Festgästen die Gläser *„auf unsere kleine Verschwörung"* klingen ...
Wie so oft in diesen Jahren, ist der Dialyse-Patient Kreisky auch in Washington gesundheitlich rasch an der Grenze seiner Leistungsfähigkeit angelangt, dennoch erntet er im *National Press Club* von den Spitzen des US-Journalismus stehenden Applaus – ausgerechnet zu seinen Erklärungen, weshalb er den Libyer Gaddafi, Amerikas Todfeind, nach Wien eingeladen hat. (Reagan lässt Gaddafis Zentrale in Tripolis drei Jahre später bombardieren.) Von *„enormer Kontinuität, Kreativität und Kompetenz"* des österreichischen Kanzlers schreiben anderntags die US-Zeitungen.

S. 53-56: Ein Briefwechsel als Beitrag zur Überwindung der heiklen politischen Sprachlosigkeit zwischen US-Präsident Ronald Reagan und Bruno Kreisky: Schon drei Monate nach diesem Briefwechsel mit Sicherheitsberater Bill Clark fliegt der österreichische Kanzler im Februar 1983 zum offiziellen Besuch nach Washington.

Heinz Nußbaumer
KURIER
Lindengasse 52
1072 V i e n n a
Austria

Vienna, October 24th 1982

Dear Mr. Clark,

You may recall our conversation some days ago - on Helene, Kurt Waldheim and American-Austrian relations. According to that discussion I called on Chancellor Kreisky shortly after my return to Vienna - to transfer Your personal greetings.

In a long private talk he spoke warmely about his last meeting with You and appreciated the letters he got recently from President Reagan and Secretary of State George Shultz.

Because of having no US-Ambassador in Vienna with direct access to the White House, he was friendly enough to aks me to transfer some points to You:

Concerning bilaterial relations: Kreisky said he wants to have them as good as possible - and does not see any real obstacle. He thinks both countries needs this traditional good relations - America as much as Austria.

He recalled his role in the Middle East, which may be of some help in order to realise Reagans ME peace plan - and mentioned recent talks he had on that issue with the PLO-leadership in Tunis.

He spoke about the "Socialist International", where he in fact is one of the last advocates of close american-european friendship - given the special position of Scandinavian Socialists, the french national interests and the upcoming alienation between German Social Democrats and the United States as a result of their loss of power and of Schmidts leadership.

./2

- 2 -

Finally he mentioned Austrias role in helping refugees (Polish, Jewish) from Eastern Europe - which is an investment (and for Austria a tremendous financial burden) for common human values.

He again regretted having still no Ambassador, with whom he could cooperate as close and as fruitful as it happend to be with the late Ambassador Cummings.

Concerning direct contacts: he stated clearly, that he does not fight or race for any meeting.

He has no problem at all with a state visit by the Austrian federal President Rudolf Kirchschläger. He even has no problem with any US-invitation for Opposition leader Alois Mock, even earlier than him (Kreisky) - as long as a meeting RR/Kreisky is fixed and officially announced ahead of Mocks White House appointment (!)
But: if the President meets with Mock without having fixed before an arrangement on a meeting with Kreisky - in such a case, the Chancellor hinted, he may never show up at the White House later on - even by passing through USA or even Washington.

He again mentioned the close and fruitful relations he had with all US-Presidents since Truman and added a short list of Austrian contributions to Americas Presidential policy (especially for Nixons and Fords Mideast initiatives).

This brief summary of his intentions is private, is completely by my own and the wording is of course not cleared with anyone - but Kreisky knows that I'll transfer his general attitude to You.

Concerning Waldheim and his East-West-Commission: he was happy to hear, that Your first reaction was not as negative as it could have been - and he looks forward seeing You. His secretariat will call Your office for the necessary preparations.

Thanks for Your attention
with my warmest regards

Your

(Heinz Nußbaumer)

THE WHITE HOUSE

WASHINGTON

November 13, 1982

Dear Heinz:

Thanks very much for your prompt report on your meeting with Chancellor Kreisky. The information provided will be most helpful to us.

It was a pleasure meeting with you and I look forward to seeing you in the future.

Sincerely,

William P. Clark

Mr. Heinz Nussbaumer
KURIER
Lindengasse 52
1072 Vienna
Austria

Herrn
Bundeskanzler
Dr. Bruno Kreisky
z. Hd. Frau Margit Schmidt

Ballhausplatz 1
<u>1010 W i e n</u>

9.11.1982

Sehr geehrter Herr Bundeskanzler,

jetzt, da die Sache zur allgemeinen Zufriedenheit gelaufen ist, darf ich Ihnen die Kopie jenes Briefes übersenden, den ich unmittelbar nach unserem Gespräch über die österreichisch-amerikanischen Beziehungen an William Clark gesandt habe.
Von Helene von Damm weiß ich, daß diese letzte Klarstellung nicht ganz ohne Wirkung blieb. Ich habe Ihnen den genauen Brieftext bisher deshalb nicht übermittelt, weil ich Sie ganz bewußt nicht in eine Mitverantwortung für einzelne Formulierungen hineinziehen wollte.

Mit dem Ausdruck meiner besonderen Hochachtung verbleibe ich

mit freundlichen Grüßen

Heinz Nußbaumer

(Heinz Nußbaumer)

<u>Beilage</u>
1 Fotokopie

Helene von Damm – „die gute Fee" des Präsidenten

Spätestens an dieser Stelle ist ein kleiner Rückblick notwendig: Noch ehe Ronald Reagan im November 1980 zum 40. Präsidenten der Vereinigten Staaten gewählt wird, erfahre ich von einer Österreicherin in seinem engsten Umfeld: Helene von Damm. Das Ehepaar Irmgard und Klaus Emmerich, beide Korrespondenten österreichischer Medien in den USA, stehen schon in Kontakt mit ihr – ihnen verdanke ich auch die erste Begegnung. Unmittelbar nach Reagans Wahlsieg besuche ich Helene von Damm in ihrem *transition office* während der hektischen Vorbereitungen auf die Machtübernahme im Weißen Haus.

Ihre Lebensgeschichte ist weithin bekannt: Geprägt von bitteren Erfahrungen im Nachkriegs-Österreich ist sie 1959 als armes Mädchen in die USA ausgewandert. Mit 26 hört sie eine Reagan-Rede und meldet sich als Wahlhelferin, mit 28 ist sie die Sekretärin des kalifornischen Gouverneurs Ronald Reagan und zieht 1981 – 14 Jahre später – mit Präsident Reagan ins Weiße Haus. Anfangs noch Privatsekretärin und *„Special Assistant to the President"*, wird sie bald zur machtvollen Personalchefin, verantwortlich für alle Führungsposten an den Schaltstellen der Reagan-Administration. Mit 38 Mitarbeitern besetzt sie die rund 3.000 Regierungs- und Botschafterposten, Aufsichtsräte und Kommissionen in der Zuständigkeit des Präsidenten und das Personal des Weißen Hauses.

Als *„zweitmächtigste Frau nach Nancy Reagan"* (US-Magazin *US News and World Report*) und als *„die Frau, die man 1983 am meisten beachten muss"* (US-Magazin *New Yorker*) gilt sie bald in der US-Öffentlichkeit – und *„Die gute Fee des Präsidenten"* heißt meine Reportage über sie nach unserer ersten Begegnung. *„Sie hat keine Macht – sie ist die Macht"*, sagt mir Sicherheitsberater Bill Clark eines Tages. Und Ronald Reagan, um ein persönliches Zeugnis für Helene von Damm gebeten, beschreibt ihre Fähig-

„Scharfe Intelligenz, Tüchtigkeit und Fachwissen“ bescheinigt US-Präsident Ronald Reagan seiner engsten Mitarbeiterin: Helene von Damm in ihrem Büro im Weißen Haus.

keiten handschriftlich so: *„Hingabe, Loyalität, Unermüdlichkeit und mehr um mein Wohlergehen besorgt als ich selbst“*. Und meint zusammenfassend: *„Scharfe Intelligenz, Tüchtigkeit, Fachwissen“* und *„Ein Mensch für gute und schlechte Tage“*. Ihre Karriere ist wie ein Beleg für Reagans Credo *„Nichts, was ihr wirklich wollt, ist in eurem Leben unmöglich“* und für den *Amerikanischen Traum*.

Helene von Damm verdanke ich in den kommenden Monaten den Zugang zu den wichtigsten Mitarbeitern Reagans: zu Bill Clark vor allem, aber auch zu Ed Meese, Charles Wick, Lynn Nofziger, Mike Deaver und anderen. Am 16. Mai 1983 bin ich mit dabei, als Ronald Reagan seine engste Mitarbeiterin persönlich als neue US-Botschafterin in Österreich angelobt – *„mit sehr gemischten*

Mit „sehr gemischten Gefühlen" verabschiedet Reagan die Österreicherin an seiner Seite - und schickt sie als US-Botschafterin in ihre alte Heimat.

Gefühlen", wie er sagt, aber *„bei aller Trauer doch hocherfreut, dass sie künftig doch einen Chauffeur haben wird. Denn das einzige, was sie in Amerika nie wirklich bewältigt hat, war der Straßenverkehr ..."* Bei ihrer Abschiedsparty ist das gesamte *Who is Who* der amerikanischen Hauptstadt versammelt, und zwei von Reagans Spitzenpolitikern spielen für Helene von Damm vierhändig *Sentimental Journey* auf dem Klavier.

Im Oval Office: Zu Gast bei Ronald Reagan

Zwei Wochen später kommt dann jener Augenblick, der vermutlich die Erfüllung jedes Journalistentraums ist: Mein Exklusiv-Interview mit Ronald Reagan im Oval Office. Helene von Damm

und Bill Clark haben Türöffner gespielt. Meiner Redaktion zuhause habe ich bis zuletzt nichts davon erzählt. Reagan hat an diesem Tag ein Monster-Programm. Während ich im Empfangsraum des Weißen Hauses bei einer Tasse Tee dem einschläfernden Ticken einer großen vergoldeten Wanduhr lausche, berät der Präsident nebenan mit seinen Beratern den bevorstehenden Weltwirtschaftsgipfel in Williamsburg.
Irgendwann aber werde ich weiter gebeten: durch das elegante Roosevelt-Zimmer und den Kabinettsraum mit seinen verspielten Kandelabern hinüber ins Oval Office. Sichtlich gewollt tritt hier alles zurück, was die Supermacht Amerika auszeichnet: technischer Fortschritt, politische Größe und militärische Stärke. Hier atmet alles zurückhaltende Gediegenheit und stilvolle Kontinuität. Nichts in diesem Weißen Haus erinnert mich an die kalte

Eine unvergessliche Stunde im Oval Office des Weißen Hauses: US-Präsident Ronald Reagan nimmt sich an einem hektische Tag eine Stunde Zeit für den Besuch aus dem kleinen Österreich – und spricht lieber über Privates als über die Weltpolitik.

Weitläufigkeit oder den überladenen Prunk so vieler Präsidentenpalais rund um den Globus. Hier ist alles seltsam klein, angenehm diskret und überraschend ruhig. Als ich eintrete, stehen die mächtigsten Männer der Vereinigten Staaten – Ronald Reagan, sein Vizepräsident George Bush, Sicherheitsberater Bill Clark, Außenminister George Shultz und Verteidigungsminister Caspar Weinberger – noch diskutierend am Kamin beisammen. Der Präsident, tief braungebrannt und im hellbeigen Sommeranzug, löst sich aus der Gruppe, streckt mir die Hand entgegen und legt die zweite fast freundschaftlich um meinen Arm. Fotografen sind jetzt wie aus dem Nichts aufgetaucht, ihre Blitzlichter zucken. Reagans Hände bleiben so lange liegen, bis die Fotografen zufrieden sind – Hände, die alleine seine 72 Jahre verraten. Unglaublich aber, wie jung das Gesicht und die Mimik wirken. Ich denke mir: Es ist der erste Präsident Amerikas seit Jahrzehnten, dem die Jahre im Amt keine Wunden geschlagen haben (sieht man von den tatsächlichen Attentatsverletzungen ab, die er erlitten hat); der sichtlich nicht unter der Last täglich neuer, weit reichender Entscheidungen leidet.

Wir stehen am Fenster zum Rosengarten. Reagan spricht über Österreich und dessen Mission des Brückenbauens für Flüchtlinge, auch für den Nahostfrieden. Kreiskys Name taucht auf und bleibt eine Konstante unseres Gesprächs. Und natürlich auch der Name Helene von Damms, die schon drei Wochen später als neue Botschafterin in Österreich eintreffen wird. Es ist nicht zu überhören: Das Persönliche, das Ungezwungen-Zwanglose abseits der Fallstricke der Tagespolitik, erleichtert und erfrischt diesen Präsidenten Amerikas.

Reagan führt mich zu seinem schweren dunkelbraunen Schreibtisch, ein Geschenk von Queen Victoria aus dem Holz eines alten britischen Kriegsschiffes – mit den Bildern der Reagan-Familie und Erinnerungsfotos an sein größtes Hobby, das Reiten. *„Für das Innenleben eines Menschen gibt es nichts Besseres als den Rücken eines Pferdes“,* sagt er lachend zum Abschied. Und: Ich möge doch schauen, dass Helene endlich vernünftig isst – nicht immer nur die Reste vergangener offizieller Essen ...

In diesen Minuten löst sich für mich das Rätsel, warum dieser Ronald Reagan trotz so vieler umstrittener Entscheidungen und seiner viel diskutierten Inkompetenz, trotz Intrigen und Führungschaos, der populärste Präsident der Vereinigten Staaten ist und auch nach seinem Tod im Juni 2004 bleiben wird. Und als

Nach dem „Interview“ mit Ronald Reagan: Der Pressesprecher hielt ein Kuvert mit den Antworten des US-Präsidenten auf nie gestellte Fragen bereit.

MEMORANDUM

NATIONAL SECURITY COUNCIL

May 23, 1983

MEMORANDUM FOR MR. HEINTZ NUSSBAUMER

SUBJECT: Quotes from the President

The following quotes are attributable to President Reagan:

1. Overall Relations with Austria. "While recognizing Austria's neutrality, the United States feels very close to Austria. We are both members of the Western world, and we both prize the values of liberty, democracy and respect for the individual. On a more practical level, we have extensive business ties, exemplified by the 'Austria Salutes California' events of last year, which emphasized the ties between Austria and my home state."

2. The Middle East. "Both the United States and Austria have been deeply concerned for many years with events in the Middle East. Not only does the violence in that region of the world result in destruction and loss of life, but because of its importance, the region is a constant tinderbox. I have been gratified by the strong active support given by Austria to my Middle East peace initiative."

3. Refugees. "All the world has admired Austria's service as the country of first asylum for many refugees from communist oppression in Eastern Europe. Both the United States and Austria believe in the importance of individual human freedoms, and in the importance of providing refuge and safety for those who are persecuted by totalitarian regimes."

4. Western Values. "While Austria is neutral, I do not think that there is any question in the mind of its citizens that its heart and its future lie with the West. We in the West must continue to protect our interests and our values and to speak out unashamedly against the oppression of the human spirit which is characteristic of the Soviet Union and its satellites."

Robert B. Sims
Director of Public Affairs
National Security Council

Amerika im Jahr 2011 seinen 100. Geburtstag feiert, werden Reagan endlose Elogen gesungen: als ein Präsident, der durch sein herzliches Wesen, seinen Optimismus und auch durch den Glücksfall seines Gegner-Partners Michail Gorbatschow nicht nur sein Land stärker, sondern auch die Freiheit weltumspannender gemacht habe.
Kaum aber schließt sich an diesem unvergesslichen Maitag 1983 hinter mir die Türe zum Oval Office, frage ich mich panisch: Und was war jetzt mein Interview? Was ist zitierbar, was nicht? In genau diesem Augenblick kommt mir ein freundlicher Herr entgegen, Bob Sims, Reagans Pressemann, und übergibt mir ein Kuvert. Im Inneren finde ich die vom *Nationalen Sicherheitsrat* vorbereiteten *„Interview-Antworten"* des Präsidenten, die veröffentlicht werden können – egal, ob sie Teil unseres Gespräches waren oder nicht. Nur einmal, beim bayrischen Regierungschef Franz Josef Strauß, erlebe ich drei Jahre später ähnliches.
Schon bald aber zeigt sich: Meine Redaktion zuhause in Wien interessieren die Fotos meiner Begegnung mit Ronald Reagan und die Tatsache, dass es sein erstes Exklusivgespräch mit einem europäischen Journalisten war, ohnedies weit mehr als der politische Inhalt des „Interviews" ...
Der Taxifahrer, den das Weiße Haus für mich gerufen hat, steigt bei der Rückfahrt zum Hotel mitten im Gespräch auf die Bremse, dreht sich zu mir und sagt erstaunt: *„Sie waren wirklich bei unserem Präsidenten im Oval Office – Donnerwetter, das ist ja fast wie eine geglückte Mondlandung!"*

Aug' in Aug' mit dem Chef der CIA

Helene von Damm und ihrem damaligen Ehemann Byron Leeds verdanke ich auch viele ungewöhnliche private Begegnungen, von denen zumindest zwei im Rückblick Erwähnung verdienen. Da ist zunächst jener Abend im Haus des Langzeit-Gouverneurs von Delaware, Pierre Samuel Pete du Pont IV. Nach dem Abendessen verschwinden der Gouverneur und ich im Keller, wo sich der Hausherr eine eindrucksvolle CB-Funkanlage eingerichtet hat und – wie einst Kalif Harun al-Rashid in Bagdad – anonym und unter einem Decknamen Kontakt mit seinen Mitbürgern aufnimmt, um sie listig auf Schwächen und Stärken seiner Politik und Administration auszuhorchen. Die Methode scheint recht erfolgreich zu sein – immerhin bringt es Pete du Pont nach mehrfacher Wiederwahl im kleinen Delaware 1988 bis zum Bewerber für die republikanische Präsidentschaftskandidatur, unterliegt dann aber parteiintern George Bush sen.

≈

Unvergesslich aber vor allem eine Begegnung, die im Normalfall für Journalisten gänzlich unerreichbar ist: Auf Helene von Damms Vermittlung bin ich eines Tages nach Langley unterwegs – ins Hauptquartier des US-Geheimdienstes CIA. Niemand Geringerer als der damals legendäre US-Geheimdienstchef Bill Casey erwartet mich. Der 70jährige Multimillionär gehört seit langem zu Reagans engstem Freundeskreis und ist nun (bis zu einem Gehirnschlag 1988) mit der Führung der *Central Intelligence* betraut. Er verschafft dem unter Präsident Jimmy Carter massiv reduzierten US-Geheimdienst eine gewaltige Budget-Aufstockung und

„Carter hat unsere Spielregeln verletzt!“: CIA-Chef Bill Casey beim kuriosen „Gespräch“ in seinem Hauptquartier.

fast 2000 neue Mitarbeiter. Caseys abenteuerliche Geheimaktionen in Afghanistan, Nicaragua, Kuba, Libyen, Südafrika, vor allem aber seine geheimen Waffenlieferungen an Khomeinis Iran, aus deren Erlös er u. a. die *Contras*-Rebellen in Nicaragua unterstützt, füllen inzwischen zahlreiche Enthüllungsbücher.

Ich habe mir für diese unglaubliche Begegnung eine Reihe von Fragen vorbereitet, vor allem über US-Aktionen im Nahen Osten – so, als säße ich nicht dem Chef des weltgrößten Geheimdienstes gegenüber, sondern einem medienfreundlichen Politiker. Aber Bill Casey, bis zur Unverständlichkeit nuschelnd, denkt gar nicht daran, ein inhaltlich sinnvolles Gespräch mit mir zu führen und beginnt unsere Begegnung mit einem überraschenden *„Sie müssen wissen, ich sage gar nichts – aber Sie können ja reden!“*. Enttäuscht und ratlos antworte ich ihm: *„Und was wollen Sie von mir hören: Etwas über Österreich – oder etwas darüber, was ich von der CIA halte?“* Aus Caseys Mund kommt etwas, das sich wie *„Dann über die CIA!“* anhört.

Also sage ich ihm, was mich bei CIA-Aktivitäten zuletzt besonders verärgert hat: Wie etwa, so sage ich, sollten Journalisten noch an eine halbwegs funktionierende Trennung von US-Diplomatie und Spionage glauben können, wenn Amerika nach der Zerstörung seiner Botschaft in Beirut (April 1983) offiziell bestätigt hat, dass damit die CIA-Zentrale für Nahost vernichtet sei? Und: Wie kann ich erwarten, etwa im Iran ungestört meiner Arbeit als Journalist nachgehen zu können, wenn sogar Präsident Carter bestätigt hat, CIA-Agenten seien *„als Journalisten getarnt“* in Khomeinis Iran eingeschleust worden? Während ich das sage, wird Bill Caseys Gesicht dunkelrot: *„Carter hat unsere Spielregeln verletzt“*, bellt er böse. Jetzt aber bin ich – frustriert über sein langes Schweigen – in Fahrt und sage ihm, was ich von einer Demokratie halte, in der ein Geheimdienst als unkontrollierter *Staat im Staat* letztlich permanent die eigenen Gesetze missachtet. Casey hört mir einige Zeit schweigend zu, dann steht er

auf, geht aus dem Raum – und erst nach längerem Warten wird mir klar, dass er nicht wiederkommt.
Betroffen fahre ich an diesem Nachmittag nach Washington zurück und gestehe Helene von Damm betroffen, dass ich einen aus Reagans engstem Vertrautenkreis sichtlich verärgert habe. Sie aber lacht: *„Kein Anlass zur Sorge – so ist der immer!"*

Eine bitter-süße „Märchengeschichte"

Nur Tage später erlebt Österreich einen Medienwirbel von seltener Intensität: Die neue US-Botschafterin trifft in Wien ein. *„Wie werden Sie künftig ohne Helene zurechtkommen?"*, ist Ronald Reagan noch vor ihrem Abflug aus Washington gefragt worden. *„Ich muss sie wohl reproduzieren lassen"*, sagt der Präsident gutmütig. Für Klatschkolumnisten ist der Fall klar: Ehefrau Nancy Reagan hat auch Helene – wie so viele enge Freunde ihres Mannes – hinausgeekelt. Aber das Gegenteil ist wahr: Es war Nancy Reagan, die Helene von Damm beschworen hat, das Angebot ihres Mannes abzulehnen – das sei wohl zu viel der Ehre für eine Mitarbeiterin. Frau von Damm aber hatte sich bereits entschieden.
Die üblichen Vermutungen für den Konflikt zwischen der *First Lady* und Helene von Damm – Reagan könnte ein allzu privates Verhältnis zu seiner engsten Mitarbeiterin entwickelt haben – wurden und werden im engsten Umfeld des Präsidenten immer als *„absoluter Unsinn"* dementiert. So wie bei anderen Mitarbeitern auch, sei es Nancy bei Helene von Damm nicht um Eifersucht, sondern um Machtfragen und die Durchsetzung ihres Willens gegangen.
Auf die neue US-Botschafterin in Wien warten jetzt turbulente Jahre, die auch an mir nicht spurlos vorbeigehen. Einmal übernachte ich zuhause auf einer Notschlafstelle neben dem Telefon – Mobiltelefone waren noch nicht erfunden –, um den Anruf der Botschafterin nur ja nicht zu überhören. Medien hatten einen

Eine „Märchengeschichte", die doch keine ist: Botschafterin Helene von Damm mit Sacher-Chef Peter Gürtler. Zwei „Kapitäne" – und doch keine ruhige Fahrt.

angeblichen Brief Helene von Damms an Verteidigungsminister Friedhelm Frischenschlager veröffentlicht, in dem sie die Bundesregierung schriftlich bat, Österreich möge doch enger mit der NATO kooperieren. Eine Fälschung, wie sich bald zeigt, bis heute ungeklärt ...

Noch weit größer ist die öffentliche Erregung, als sich Helene von Damm – *„der mit Abstand erfolgreichste US-Botschafter im Nachkriegs-Österreich" (profil)* – im Jänner 1986 nach ihrer privaten Trennung von Byron Leeds unerwartet aus ihrem Amt verabschiedet. Ihre Heirat mit Sacher-Chef Peter Gürtler scheint wie der alles krönende Epilog einer Märchengeschichte. Und ihr Rücktritt als Botschafterin ist ein letzter Dienst an ihrem Idol Ronald Reagan und seinem privaten Frieden: Nicht dem Präsidenten, sondern seiner Gattin Nancy schien die Doppelrolle als

US-Spitzendiplomatin und Neo-Österreicherin unvereinbar – und jedenfalls eine Gelegenheit, um eine von ihr nie gewollte Berufung zu einem Ende kommen zu lassen. *„Ein Leben, von dem man glauben möchte, dass es ein Hollywood-Autor in glücklichen Stunden erfunden hat"*, schreibt die *Washington Post* begeistert, als aus Helene von Damm nun Frau Gürtler wird. Ein tragischer Irrtum, wie spätestens im Oktober 1990 durch den Selbstmord des seelisch schwerkranken Peter Gürtler offenkundig wird.

≈

Ab dem Frühsommer 1986 geraten die USA und Österreich in den tiefen Schatten von zwei spektakulären Affären, die mich auch persönlich sehr bewegen. Affäre 1: Felix Bloch, hoher US-Diplomat, unter Helene von Damm ranghöchster Botschafts-Mitarbeiter in Wien und einst Studienkollege von Außenminister Alois Mock in Bologna, dem auch ich immer wieder begegnet bin, wird in Paris bei der Übergabe einer Tasche an einen KGB-Agenten

Von den US-Medien wochenlang gejagt … aber Felix Bloch, als Spitzendiplomat in Wien der Sowjet-Spionage bezichtigt, bleibt schweigsam.

gefilmt. US-Abgeordnete sehen prompt *„die Grundfesten der westlichen Sicherheit erschüttert"*. Eine bizarre, bis heute nicht wirklich aufgeklärte Spionage-Affäre hält Amerika daraufhin über Monate in Atem. Bloch verliert sein Amt, wird aber nie angeklagt und taucht später als Autobus-Chauffeur und Kaufhaus-Kassier in den USA wieder auf. Dass er selbst nie juristisch gegen die massiven Beschuldigungen und seine Entlassung aus dem Diplomatischen Dienst vorgegangen ist, wird vielfach als Schuldeingeständnis gewertet.

Der Fall Waldheim: „Schuldspruch ohne Verfahren"

Als noch viel gewichtiger aber erweist sich Affäre 2: Die von Österreich aus gestartete Kampagne um Kurt Waldheims Kriegsvergangenheit, auf die Amerikas große Medien und der in New York beheimatete *World Jewish Congress* leidenschaftlich aufspringen – ein Thema, das hier nicht erschöpfend behandelt werden kann. Sicher ist, dass es gerade in Amerikas konservativem Lager eine Reihe offener Rechnungen gegen die UNO als Ganzes und gegen ihren langjährigen Generalsekretär Waldheim gibt: Allem voran wegen dessen früherer Kritik am US-Bombardement gegen nordvietnamesische Deiche – der Lebensgrundlage der damals noch überwiegend bäuerlichen Bevölkerung – und wegen des Auftritts von PLO-Chef Arafat vor der UNO-Vollversammlung. Gleichzeitig ist die US-Administration nicht an einem Konflikt mit Österreich interessiert und unterbreitet der österreichischen Regierung dem Vernehmen nach noch in letzter Minute konkrete Vorschläge zur Vermeidung der *Watchlist* (US-Einreiseverbot) für den neu gewählten Bundespräsidenten, sie werden aber von der sozialdemokratischen Regierungsspitze am Ballhausplatz nicht aufgegriffen.
Zu den amerikanischen Verteidigern Waldheims zählen u. a. Reagans Vertrauter Bill Clark (zunächst Sicherheitsberater, ab

1983 Innenminister und mit einer Alt-Österreicherin verheiratet), der mutig von einem *„großen österreichischen Präsidenten“* und von einem *„Schuldspruch ohne Verfahren“* spricht, vor allem aber Ex-Botschafterin Helene von Damm. Wiederholt bezeichnet sie die Kampagne gegen Waldheim als *„ungeheuerlich“* – und die *Watchlist*-Entscheidung ihrer Regierung als *„gegen den Geist der amerikanischen Verfassung gerichtet“*. In Respekt vor Waldheims *„Würde trotz aller Demütigungen“* tritt die frühere US-Botschafterin am 23. Juni 2007 beim Requiem für den toten Bundespräsidenten sogar zum Fürbitten-Gebet vor den Altar des Wiener Stephansdoms.

Zu den Waldheim-Gegnern gehört u. a. von Damms Nachfolger an der Wiener US-Botschaft, Ronald Lauder. Der innenpolitisch ambitionierte und finanzkräftige Erbe des Kosmetikkonzerns Estée Lauder hätte – Eigenart des diplomatischen Dienstes der USA – durchaus die Möglichkeit gehabt, als Großspender und *political nominee*, seinen Präsidenten und dessen Umgebung auf das kommende Gewitter im Verhältnis Amerika–Österreich aufmerksam zu machen. So ist, wie Vorgängerin Helene von Damm später recherchiert, Ronald Reagan bis zur offiziellen Verlautbarung der *Watchlist* völlig ahnungslos über eine US-Entscheidung, die zwar durch US-Gesetze gedeckt ist, aber den außenpolitischen Absichten der US-Führung klar widerspricht. US-Botschafter Lauder bleibt dann auch der Angelobung Kurt Waldheims als Staatsoberhaupt demonstrativ fern und deutet in Mediengesprächen sogar die Möglichkeit eines *„KGB-Agenten Waldheim“*, ja eine denkbare Verbindung zwischen Waldheim und der Spionage-Affäre um Felix Bloch an. Tatsächlich bewirbt sich Ronald Lauder nach seinen Wiener Botschafterjahren 1989 auch um das Amt des New Yorker Bürgermeisters, bleibt aber erfolglos und übernimmt ab 2007 die Präsidentschaft des *World Jewish Congress*.

Zweimal bin auch ich in diesen Jahren selbst in Sachen Waldheim in den USA unterwegs: Als Journalist für ein Interview mit dem

Bundespräsident Kurt Waldheim und US-Botschafter Ronald Lauder: Der Nachfolger Helene von Damms hat seine eigenen politischen Interessen ...

Generalsekretär des *World Jewish Congress*, Israel Singer – und ein zweites Mal, schon als Waldheims Sprecher, um die rechtlichen Möglichkeiten einer Aufhebung, zumindest aber einer Anfechtung der *Watchlist* zu erkunden. Unvergesslich ein Vier-Augen-Gespräch mit dem machtvollen Vorsitzenden des außenpolitischen Senatsausschusses, Clayborn Pell, der mir wörtlich zu verstehen gibt: *„Ich werde nicht fünf US-Senatoren finden, die glauben, dass an der Waldheim-Sache etwas dran ist – aber nicht zwei Senatoren werden dafür stimmen, die Watchlist wieder aufzuheben. Welcher Senator wird wegen Waldheim und Österreich schon einen innenpolitischen Krieg anzetteln?! Die Affäre ist einfach schon zu groß geworden ...“* Vermutlich ist die Begründung aber noch einfacher: Wer in dieser politisch exponierten Affäre nicht mit den Wölfen heult, riskiert seine Wiederwahl. Ähnlich formuliert es übrigens auch die britische Regierungschefin Maggie Thatcher, als Freunde sie um Unterstützung für Waldheim bitten:

„Of course I know he is innocent; but there is nothing in it for me!" (*„Natürlich hat er nichts angestellt – aber das bringt mir nichts!"*)

Die Werkzeugkiste des US-Präsidenten

In dieser medial aufgeheizten Stimmung besuche ich eines Tages in Manhattan einen Friseur. Die junge Frau, die mich bedient, hat eben meine Haare eingeschäumt, als sie mich fragt, woher ich komme. *„Aus Österreich"*, sage ich und erwarte ein nettes Wort. Aber in diesem Moment beginnt die Friseuse aufgeregt zu hyperventilieren, ruft entsetzt *„Waldheim-Land!"* – und wirft mich mit nassen, weiß-schäumenden Haaren aus dem Geschäft. Was sie nicht wissen kann: Dass der inzwischen zum US-Präsidenten gewählte George Bush sen. samt Ehefrau Barbara, allen Medien-Schlagzeilen zum Trotz, den Waldheims zu Weihnachten *„with much love!"* eine Werkzeugkiste geschickt hat: mit allen guten Wünschen, der langjährige Freund möge darin das richtige Werkzeug finden, um der Affäre endlich ein Ende zu setzen ...
Als ich Bundeskanzler Franz Vranitzky im Mai 1987, vier Wochen nach der Verhängung des US-Einreiseverbots für Waldheim, nach Washington begleite, ist dort ein – letztlich widersinniger – diplomatischer Ausweg aus der amerikanisch-österreichischen Peinlichkeit gefunden: Amerika hält zwar an der *Watchlist* fest, sieht aber in Waldheim *„keinesfalls"* einen Kriegsverbrecher. Kanzler Vranitzky, vom Dauerthema sichtlich gestresst, akzeptiert diese Schadensbegrenzung (*„Es hat einfach keinen Sinn, sich etwas vorzumachen – eine Aufhebung der Watchlist ist Illusion"*) und repräsentiert demonstrativ und kompetent *„das bessere Österreich"* als eine stabile, westliche Bank-, Handels und Konferenzzentrale für ein neues, sich öffnendes Europa.

≈

Aber auch ohne so große Themen wie Helene von Damm oder Kurt Waldheim ist die Politik der Weltmacht Amerika über Jahr-

Wahlkämpfe in Amerika sind Zeiten des ungebremsten Patriotismus: Ein Meer von Fahnen begleitet die Kandidaten – hier George Bush sen. mit Ehefrau Barbara.

zehnte hinweg für Österreich von zentraler Bedeutung. Kein Jahr vergeht, in dem ich nicht zumindest einmal den Atlantik überquere, aber auch Auftritte amerikanischer Spitzenpolitiker in Europa aus nächster Nähe beobachte und beschreibe.

Da ist zunächst die Ära Präsident Johnsons, dominiert vom Krieg in Vietnam und den Rassenunruhen zuhause. Unter zehn-, nein hunderttausenden betroffenen US-Bürgern stehe auch ich im April 1968, nach der Ermordung des schwarzen Bürgerrechtlers Martin Luther King, singend im New Yorker *Central Park*, wo das *New York Philharmonic Orchestra* das bewegende *We shall overcome* spielt, die Hymne der US-Bürgerrechtsbewegung. 40 lange Jahre werden nach diesem tragisch-berührenden Tag noch vergehen, bis die Hoffnung auf Rassengleichheit auch das Weiße Haus erreicht.

Da ist Präsident Richard Nixon, der zweimal (1972 und 1974)

Begegnung im Weißen Haus: George H. W. Bush wird 1989 Präsident der USA. 2001 wählt Amerika nach acht Jahren unter Bill Clinton seinen Sohn George W. Bush.

zu Besuch nach Salzburg kommt, seiner *„liebsten Auslandsschlafstelle“*. In seiner Begleitung erlebe ich dann, im August 1969, in Bukarest den Begeisterungstaumel der damals noch unter dem Kreml-Diktat stehenden Rumänen für einen US-Präsidenten – und den spektakulären Volkstanz Richard Nixons mit Diktator Nicolae Ceausescu. Es ist, nur ein Jahr nach der brutalen Sowjet-Invasion in der ČSSR, das erste, kleine Wetterleuchten einer Überwindung vereister Militärblöcke.

Da ist US-Präsident Gerald Ford und seine Begegnung mit dem Ägypter Anwar Sadat auf Salzburger Boden, zwei Jahre nach dem Oktoberkrieg von 1973 zwischen Ägypten und Israel. Nach Jahrzehnten ägyptischer Abhängigkeit von Moskau findet Sadat auf österreichischem Boden in der Supermacht Amerika seinen neuen Friedenspartner.

Da ist Präsident Jimmy Carter, den ich – so wie später auch seine

Eine Kundgebung, drei US-Präsidenten. Von links nach rechts:
Gerald Ford (1974–1977), George Bush sen. (1989–1993) und Ronald Reagan (1981–1989)

Nachfolger Ronald Reagan und George Bush sen. – auf hektischen Wahlkampfreisen kreuz und quer durch Amerika erlebe. Zweimal beschert Carter uns Journalisten einen Großeinsatz: Als er im Juni 1979 in Wien mit dem schwerkranken Kreml-Chef Breschnjew die Begrenzung der atomaren Mittelstreckenraketen (SALT-2) unterzeichnet. Vor allem aber in jener dramatischen allerletzten Nacht seiner Präsidentschaft im Jänner 1981. Es sind unvergessliche Stunden, in denen die US-Hauptstadt und mit ihr ganz Amerika zwischen Angst, Hektik und Jubel zerrissen ist.

In dieser Nacht zerfällt auch die Hauptstadt Washington in drei emotionell völlig unterschiedlich aufgeladene Schauplätze: Da ist das hell erleuchtete Weiße Haus, in dem der scheidende Jimmy Carter unter enormem Zeitdruck noch an den letzten Formulierungen jenes Pakts mit Khomeinis Iran feilt, der den 52 US-Geiseln in Teheran nach 444 Tagen der Haft endlich die Freiheit bringen soll. Da sind die Kirchen in Washington und anderen Städten Amerikas, in denen unzählige Menschen mit brennenden Kerzen in ihren Händen für die glückliche Heimkehr ihrer Landsleute beten. Und da sind schließlich die Luxushotels und Ballsäle, in denen Ronald Reagans Freunde schon die Machtübernahme ihres Idols am nächsten Tag feiern.
Und schließlich sind da Ronald Reagan und sein Nachfolger George Bush senior, die in den folgenden zwölf Jahren (von 1981 bis 1993) den Totalumbau der Weltpolitik erleben und mitgestalten. Es ist die Zeit, in der die kommunistischen Diktaturen in Zentral- und Osteuropa stürzen und die Mauern und Zäune quer durch den Kontinent niedergerissen werden – eine Zeit, die als *„Gorbatschow-Ära“* in die Geschichte eingeht und die an anderer Stelle in diesem Buch ihren ausführlichen Niederschlag findet. *„Gott segne Gorbatschow. Er allein hat die Welt verändert – und nicht diese Armleuchter da drinnen“*, sagt mir ein farbiger Straßenhändler, der während der Bush-Administration ausgerechnet vor dem Weißen Haus seine *I love Gorbi*-Ansteckknöpfe verkauft.

Thomas Klestil überwindet Clintons Zeitnot

Ein letztes Wiedersehen mit dem „Oval Office“ erlebe ich dann im Oktober 1995 – nicht mehr als Journalist, sondern als Sprecher von Bundespräsident Thomas Klestil. Bill Clinton hat Österreichs Staatsoberhaupt ins Weiße Haus geladen – auch, um die letzten Schatten der *Causa Waldheim* zu vertreiben. Für Klestil, der 15 Jahre seines Lebens als höchst erfolgreicher Diplomat in

Amerika verbracht hat, ist es ein „Heimspiel". Die Wiederentdeckung alter Vertrautheit ist angesagt. Schon während des Fluges demonstriert uns der Bundespräsident seine Fähigkeit, mit den verschiedenen Dialekten seiner kommenden US-Gesprächspartner mithalten zu können, auch jenem von Bill Clinton.

In Erwartung eines großen Tages sitzen wir am 19. Oktober in Washington beim Frühstück – als sich Clintons Büro meldet: Der Präsident, tief in Auseinandersetzungen mit dem Kongress verstrickt, könne – leider, leider – den Termin der Begegnung nicht halten; er bitte, die Gespräche mit seinem Vize Al Gore zu führen. Im Auftrag Klestils versuche auch ich, das Weiße Haus auf allen zur Verfügung stehenden Kanälen zu bedrängen: Nach Jahren des diplomatischen Stillstands ist eine derartige Ausladung in letzter Minute einfach nicht akzeptabel – der Schaden wäre unabsehbar. Vor allem: Die Begleitmedien und die Öffentlichkeit zuhause würden die Absage als Affront verstehen.

Handschlag mit Bill Clinton am Rande des Staatsbesuchs von Thomas Klestil.

Stunde um Stunde des zähen Kampfes vergehen, bis Clintons Mannschaft ein wenig einlenkt: Der Handschlag der Präsidenten wird stattfinden, heißt es nun, die Fotografen bekommen ihr erhofftes Bild – und wir, die Klestil-Truppe, werden anschließend sofort zum Vizepräsidenten weitergereicht. Als wir dann Bill Clinton tatsächlich gegenüberstehen, wirkt dieser enorm unter Druck und wie abwesend. Was dann aber geschieht, ist vermutlich Klestils größte Stunde. Im Arkansas-Dialekt seines Gegen-

Das schwer erkämpfte und dann so spannende Gespräch: Bundespräsident Thomas Klestil präsentiert Österreich als Info-Zentrum für Ost- und Südosteuropa. Mit dabei die Botschafter Helmut Türk, Adolf Kuen, Peter Hohenfellner, der Autor und Gesandter Peter Launsky-Tieffenthal (von rechts nach links).

übers beginnt er mit dem Präsidenten ein Gespräch, dessen politische Botschaft bald klar ist: Sollte Amerika die Sowjet-Politik und die Kriegsdramen am Balkan noch besser verstehen wollen, so gebe es nur einen ausgewiesenen Experten, nämlich das kleine, neutrale Österreich. Kurzum, aus dem Fototermin wird nahezu eine Stunde – Clinton, sein Außenminister Warren Christopher und seine engsten Berater hören gebannt zu.
Der Beweis für Klestils Sieg kommt schon am nächsten Tag: Die UNO feiert in New York ihr 50-Jahr-Jubiläum – und das Aufgebot

Hillary Clinton kommt 1997 als „First Lady" in die Wiener Hofburg. Kabinettsdirektor Georg Hennig erklärt die Herstellung der Florentiner „Pietra dura"-Einlegearbeiten.

von Staats- und/oder Regierungschefs im Hauptquartier der Vereinten Nationen ist gewaltig. Klestil ist eben von Amtskollegen aus Zentraleuropa umringt, da betritt der US-Präsident mit Ehefrau den Raum und ruft *„Hillary, komm her, das hier ist der Präsident, der mich gestern mit seinen Analysen fasziniert hat"* – und steuert auf Thomas Klestil zu. Wie nie zuvor und niemals nachher bin ich so stolz auf den Bundespräsidenten.

≈

Im Juli 1997 kommt Hillary Clinton, die spätere US-Außenministerin unter Barack Obama, auch nach Österreich und zu Thomas Klestil in die Wiener Hofburg. Der Bundespräsident hat eine kleine Schar international bekannter Österreicher zum Mittagessen mit der *First Lady* der USA eingeladen – und Beamte des *Secret Service* sind im Vorfeld tagelang in unseren Büros unterwegs, um jede Tapetenwand und die Fußböden nach eventuellen Bombenverstecken abzuklopfen. Beim Gespräch Clinton-Klestil vor dem Essen bin ich mit dabei – und als irgendwann alles Wichtige gesagt ist, flüstere ich dem Bundespräsidenten zu, wir könnten ja den weltberühmten Neurologen und Psychiater Viktor Frankl mit seine Frau Eleonore zu diesem Gespräch hinzuziehen.

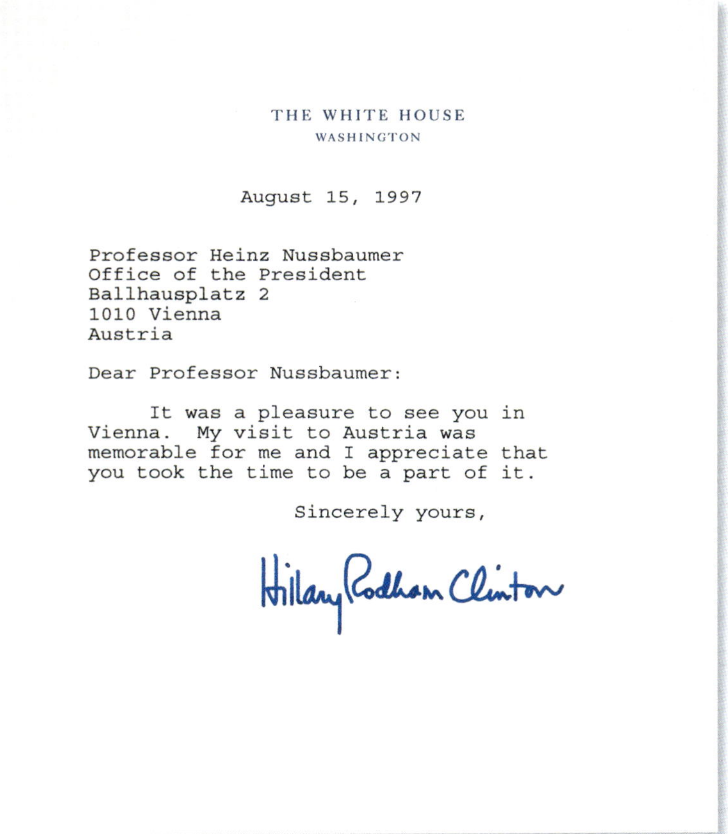

THE WHITE HOUSE
WASHINGTON

August 15, 1997

Professor Heinz Nussbaumer
Office of the President
Ballhausplatz 2
1010 Vienna
Austria

Dear Professor Nussbaumer:

It was a pleasure to see you in Vienna. My visit to Austria was memorable for me and I appreciate that you took the time to be a part of it.

Sincerely yours,

Hillary Rodham Clinton

Höflich bedankt sich Hillary Clinton nach ihrer Rückkehr bei allen, die den Besuch in Österreich organisiert und sie durch die Hofburg geführt haben.

Ehepaar Eleonore und Viktor Frankl: Der Neurologe und Psychiater ist eine Legende in den USA. „Prof. Frankl, Sie leben noch - das ist wunderbar", sagt Hillary Clinton.

Beide sind zum Mittagessen geladen und bereits in einem Nebenraum anwesend. Von Frankls Buch *Man's Search for Meaning* (*Trotzdem Ja zum Leben sagen …*) wurden neun Millionen Exemplare verkauft – und die *Library of Congress* in Washington hat es zu einem der zehn wichtigsten Bücher der Menschheit gekürt. Als Frankl jetzt das Arbeitszimmer des Präsidenten betritt, ist Hillary Clinton fasziniert und sagt geradeheraus, was ihr durch den Sinn geht: *„Prof. Frankl, Sie leben noch – das habe ich nicht gewusst. Das ist ja wunderbar!"* In seiner wunderbaren Bescheidenheit blickt der alte Herr (er stirbt zwei Monate später) Hilfe suchend zum Bundespräsidenten und zu mir und sagt: *„Gottseidank haben Sie beide als Zeugen mitgehört, was Mrs. Clinton soeben gesagt hat – ich müsste mich sonst als Patient in meiner eigenen Sprechstunde anmelden – wegen Größenwahns!"* Hillary Clinton war begeistert.

≈

„Amerika – welch unterschiedlichen Klang hat dieses Wort in meinem Leben bekommen", habe ich am Beginn dieses Kapitels geschrieben. Solch intensive Widersprüche wachsen immer nur aus großer Nähe – wie bei einem Mosaik, das sich bei geringem Abstand in seine einzelnen bunten Steinchen auflöst. Viele, sehr viele interessante Menschen habe ich in Amerika kennen gelernt – und auch über sie geschrieben: Von Henry Kissinger, George McGovern und Hubert Humphrey bis zu den großen Philantropen Averell Harriman und Armand Hammer; von Reagans köstlich-unkomplizierter Tochter Maureen und Raketen-Vater Wernher von Braun bis zu den Vor- und Nachdenkern Zbginiew Brzezinski, Helmut Sonnenfeldt, Ramsey Clark und und ...

Herrlich unbekümmert: Ronald Reagans Tochter Maureen beim Interview im Stiegenhaus der Wiener UNO-City.

Wie oft habe ich dieses Amerika mit eigenen Augen als Weltmacht agieren gesehen – verantwortungsbewusst, aber auch verhängnisvoll: von Vietnam bis Grenada, von Korea bis Israel, von Libyen bis zur geheimen Verminung der Häfen Nicaraguas.

Und wie sehr hat mich Amerikas Erfindergeist fasziniert – von der Weltraumfahrt bis in die Wunderwelt der großen Flugzeugträger im Mittelmeer, auf deren kurzen Stahlpisten wir mit Herzklopfen gelandet und wieder gestartet sind. Wie hat diese Technik aber auch das Potential in sich, unsere natürlichen Instinkte zu manipulieren: Als Ronald Reagans konsequente Aufrüstung in europäischen Medien zunehmend auf Widerstand stößt, sind besonders friedensbewegte Journalisten irgendwann zu einer Militär-Besuchstour in die USA

Besuch auf dem US-Flugzeugträger USS America unterwegs im Mittelmeer: Eine kleine, perfekt durchorganisierte schwimmende Militärzentrale.

eingeladen. Auch ich bin mit dabei. Um dem Reiz der Militär-Technologie zu erliegen, sind wir – rund ein Dutzend Medienvertreter aus Europa – mit Panzern, Hubschraubern und Jeeps in den großen militärischen Sperrbezirken der US-Army unterwegs, martialisch eingekleidet und ganz stimmig mit den üblichen Blechdosen-Essensrationen amerikanischer GI versorgt. Ich sehe uns noch auf einer Waldlichtung in Georgia stehen – und jenseits der Wiese wartet ein farbiger Soldat mit elektronischen Sensoren an seinem ganzen Körper. Wir sollen elektronisch auf ihn *schießen* – und er wird über Funk die Präzision unserer Treffer melden: Herz, Kopf, Füße ... Seltsam, alle meine Kollegen vergessen ihre pazifistische Gesinnung und finden plötzlich nichts mehr dabei, bei diesem elektronischen Kriegsspiel mitzumachen ...

„Haben Sie eigentlich immer Angst, Herr Senator?"

Soldat einer US-Elite-Einheit: Statist eines elektronischen Kriegsspiels, um Medien aus Europa zu beeindrucken.

Nein, dieses Kapitel kann nicht beendet werden, ohne einen Amerikaner ins Gedächtnis zurück zu rufen, dessen Legende auch mit jener Ronald Reagans mithalten kann: Senator Ted Kennedy. Mehrfach sind wir einander begegnet, immer waren es gute Gespräche. Von einer unseligen Mischung aus Pech und eigenem Versagen verfolgt, ist er über mehr als zwei Jahrzehnte hinweg immer wieder an jenem Auftrag gescheitert, den der legendäre Joseph Kennedy seinen Söhnen John, Robert und Ted eingehämmert hatte: Das Weiße Haus zur Dauerwohnstätte der Familie Kennedy zu machen.

Kein anderer US-Politiker provoziert in diesen Jahren Begeisterung und Ablehnung, Jubel und Hass so sehr wie er. Edward *Ted* Kennedy, das bedeutet: ehrliche Schwerarbeit im US-Senat – und das leichte Leben des Ostküsten-Millionärs; bedeutet frühen Ruhm, schnelle Autos, allzu viele Romanzen – aber auch die Ermordung seiner beiden Brüder und die Endlos-Dramen in der eigenen Familie; das bedeutet auch einen Flugzeugabsturz mit bleibenden Folgen, bedeutet den Unfalltod einer in seinem Auto ertrunkenen Sekretärin – und den verbissenen Kampf um bessere Sozialversicherungen für alle Amerikaner. Immer wieder hat man Ted Kennedy an seinen Brüdern gemessen, und lange ist das Urteil gegen ihn ausgefallen. Aber die Rückschläge haben den Letzten aus dem

Rückschläge ließen ihn reifen: Senator Edward „Ted" Kennedy mit Gattin Reggie auf dem Landsitz der Familie in Hyannisport, Massachusetts.

Kennedy-Clan zu einem sehr ernsthaften, charismatischen, großen Politiker gemacht.

„Wenn Sie wirklich glauben, dieses Amerika sei gerade dabei, demokratisch zu verrotten, dann bedauere ich das wirklich", sagt er mir einmal. *„Ich glaube, das Gegenteil ist wahr, absolut das Gegenteil: Ich kenne kein anderes Land der Welt, das am Ende so stark aus seinen nationalen Tragödien hervorgegangen ist."* Und Kennedy lässt die amerikanische Zeitgeschichte noch einmal an mir vorbeilaufen: Ein Präsidentenmord (John F. Kennedy), ein zweiter Präsident praktisch hinausgeworfen (Richard Nixon), ein verlorener Krieg (Vietnam), ein Bürgerkrieg der Schwarzen und auch der US-Jugend auf den eigenen Straßen usw. *„Natürlich gibt es auch Verfall an Autorität – den gibt es doch überall"*, sagt er, *„das ändert aber nichts an unserem Fortschritt. Die geistige*

Verwirrung ist schwächer geworden, die Vernunft ist gewachsen. Wir sind wieder eine Nation in Frieden mit uns selbst.“

Wir gehen während dieses Gesprächs vom US-Kongress über die *Constitution Avenue* und ich kann der Versuchung nicht widerstehen, sehr persönlich zu werden: *„Haben Sie eigentlich immer Angst, Senator? Angst davor, dass ein verwirrter Geist vielleicht auf den Gedanken kommt, auch den letzten der Kennedys zu ermorden?“* Es dauert eine Weile, bis er antwortet. *„Der Geheimdienst ist immer um mich. Dafür bin ich dankbar, meiner Familie wegen. Und wenn ich ehrlich bin: Ja, ich habe Angst; Angst, eines Tages auch zur Zielscheibe eines Fanatikers zu werden!“*

Als Ted Kennedy vier Jahre nach diesem Gespräch im August 1980 ein letztes Mal nach der Präsidentschafts-Nominierung der US-Demokraten greift, bin ich beim Wahlkonvent im New Yorker *Madison Square Garden* mit dabei: 3.000 Parteidelegierte und 10.400 Journalisten sind gekommen. Ein packendes Duell mit dem amtierenden Präsidenten Jimmy Carter scheint unausweichlich – und beide Bewerber sind unmittelbar vor der Entscheidung auf wilder Flucht vor den Medien. Ganz alleine bin ich nach einem hektischen Tag am Abend im Swimmingpool im 27. Stock des *UN-Plaza Hotels*, als sich plötzlich die Türen öffnen und ein Geheimdienst-Trupp das Becken umstellt. Im Umkleideraum treffen wir – fast unbekleidet – ein letztes Mal zusammen: Ted Kennedy und ich, umstellt von einem knappen Dutzend seiner Bewacher. Und wieder einmal spielt mir der Zufall eine Chance zu, für die tausende US-Journalisten wohl viel eingesetzt hätten: Entspannt und herzlich unterhalten wir uns über Österreich und Kreisky, über Europas Sozialmodelle und den Nahostkonflikt. Ein Duo mitten im Auge des politischen Taifuns. Ja, und dann schenkt mir Ted Kennedy noch ein (durchaus kritisches) Buch über ihn, samt Widmung.

Was er mir in diesen Stunden aber verschweigt: Dass er schon am folgenden Tag im Zweikampf mit Jimmy Carter um die Prä-

Liebte unter Präsident Klestil seine Kurzbesuche in der Wiener Hofburg: Ex-Gouverneur Arnold Schwarzenegger, Amerikas prominentester Steirer.

sidentschaftskandidatur das Handtuch wirft, um den amtierenden Präsidenten Carter in seinem Ringen um die Heimkehr der Iran-Geiseln nicht zu schwächen. Seine grandiose Verzichtsrede löst solche Begeisterungsstürme aus, dass mehr als ein Drittel der Delegierten am Ende dem Nicht-Kandidaten Ted Kennedy trotzdem ihre Stimme geben.
Gegen manche Verlockung habe ich nie über Details dieses und anderer Gespräche mit ihm geschrieben – Vertrauliches sollte auch vertraulich bleiben. Seinen Tod im August 2009 habe ich als enormen und bleibenden Verlust empfunden.

Der Atlantik ist breiter geworden

Ein letztes Wort: Seit Jahren habe ich die Vermutung, dass uns Österreichern, Europäern trotz aller globalen Vernetzung zuletzt viel an Interesse und innerer Nähe für das große Amerika verloren gegangen ist. Liegt das an den weltpolitischen Veränderungen, dem Aufbrechen alter Ost-West-Zuordnung und dem Verlust des gemeinsamen kommunistischen Feindbildes? Liegt es an unserer außenpolitischen Einbettung in einen größeren europäischen Verbund – und damit am Verlust an bilateraler Unmittelbarkeit? Oder an beidem? Ich bin überzeugt, dass uns Amerika in jüngster Vergangenheit ferner und fremder geworden ist. Warum? Die Antwort ist offen – aber sie verdient ein Nachdenken.

Jahrzehntelang ein Fixtermin: Amerikas große Tage der Angelobung seiner Präsidenten vor dem Capitol in Washington.

[3] IN **DEUTSCHLAND**

Nicht daheim und doch zuhause

IN DEN **HAUPTROLLEN**

Bundespräsident
RICHARD VON WEIZSÄCKER

Die Bundeskanzler
KONRAD ADENAUER
WILLY BRANDT
HELMUT SCHMIDT
HELMUT KOHL

HANS-DIETRICH GENSCHER

FRANZ-JOSEF STRAUSS
und RUDI DUTSCHKE

Das Thema begleitet mich seit Kindertagen: Hier wir Österreicher, da die Deutschen. Hier das Elternhaus, die Jugend. Da die Großeltern und Verwandten, die Ferien. Dazwischen die Grenze – irgendwo entlang von schmalen Bächen und Wiesenrändern. Zunächst ein aufregendes Schmuggelparadies, dann eine zunehmend sinnlose Schikane – und endlich eine barrierefreie Nachbarschaft. Die alten Fragen aber haben allen Wandel überlebt: Zwei Nationen, ein Volk – oder doch nicht? Wo beginnt, wo endet die eigene und die gemeinsame Geschichte, Kultur und Sprache?
Deutschland und Österreich: Immer wieder habe ich auch als Journalist über Verbindendes und Trennendes geschrieben – unter eigenem Namen und auch die Feder führend für andere. Und oft habe ich darüber mit den Großen der deutschen Politik diskutiert – von Willy Brandt bis Richard von Weizsäcker. Da war kaum ein deutscher Nachkriegspolitiker, der uns, den Nachbar-Medien, nicht für solche Gespräche zur Verfügung gestanden wäre – bei offiziellen Besuchen und/oder im Urlaub irgendwo im Österreichischen. Bisweilen war es vielleicht auch ein Versuch, den zumeist weit schärferen Fragen deutscher Journalisten zu entkommen – und doch in den Medien zuhause wahrgenommen zu werden.
Im Blick zurück muss sich meine Erinnerung auf die Prominentesten von ihnen verengen – und auf wenige konkrete Momentaufnahmen, die über die Normalität unserer zumeist konfliktfreien Beziehungen hinausragen.

Der tote Adenauer – und das falsche Begräbnis

Im April 1967 stehe ich als junger Journalist bewegt in Bonn, um den Abschied von Konrad Adenauer mit zu erleben Alle Großen der westlichen Welt sind gekommen, um dem toten deutschen Alt-Kanzler die Ehre zu erweisen. Dicht gedrängt stehen US-Prä-

sident Lyndon B. Johnson, Frankreichs Charles de Gaulle, Israels David Ben Gurion und viele andere auf der Terrasse der berühmten *Villa Hammerschmidt*, damals der Amtssitz des deutschen Bundespräsidenten. Nie zuvor habe ich politische Prominenz so geballt gesehen. Mein Trauer-Bericht, auf einer Parkbank am Rhein notiert, atmet den Geist einer großen Stunde. Nur: Genau zur selben Zeit lauscht die Welt betroffen einer ganz anderen Todesnachricht. Der sowjetische Kosmonaut Wladimir Komarow hat bei seiner Rückkehr zur Erde vergeblich versucht, seinen Landungsfallschirm zu öffnen – und den Aufschlag auf der Erde nicht überlebt. Komarow ist das erste Opfer des Weltraum-Zeitalters – sein Tod bewegt die Menschen in diesen Stunden weit mehr als die Trauer um einen 91-jährigen deutschen Alt-Politiker.
Zum ersten Mal erlebe ich, was mir in Jahrzehnten meines journalistischen Lebens noch öfters passieren wird: Ich bin buchstäblich *beim falschen Begräbnis* – und der unvermeidliche redaktionelle Rotstift kürzt meine *Friedhöflichkeiten* auf ein trauriges Mindestmaß.

≈

Zwei widersprechende Haltungen prägen in den folgenden Jahrzehnten das Österreich-Bild deutscher Spitzenpolitiker: Bei vielen von ihnen ist eine starke Verbundenheit, ja Zuneigung zum kleinen Nachbarn und Freund spürbar, bei wenigen anderen eine leicht abschätzige bis offen kritische Distanz – zumeist genährt aus dem Ärger, die Österreicher hätten sich die Bewältigung der gemeinsamen NS-Vergangenheit doch zu leicht gemacht; hätten zu viel an historischer Last einseitig den Deutschen aufgeladen; seien in Fragen einer gemeinsamen Aufarbeitung der Geschichte unsichere Partner und liebenswerte Schlawiner.

≈

Konrad Adenauer, Deutschlands erster Nachkriegskanzler, ist – genährt durch die heiklen bilateralen Probleme der unmittelbaren Nach-Hitler-Ära – vermutlich der Österreich-kritischste in

Adenauers turbulente Ankunft 1957 in Wien – hier mit Kanzler Julius Raab. Deutlich sichtbar das Pflaster – Folge einer Verletzung durch Luftwirbel vor der Landung.

der Reihe deutscher Regierungschefs. Am Rand der Begräbnisfeiern für ihn, an denen Österreich u. a. durch Bundeskanzler Josef Klaus vertreten ist, erinnert sich ein hoher Wiener Trauergast an zwei Adenauer-Zitate, die diese Distanz und zugleich Adenauers legendären Sarkasmus deutlich machen.

Das Erste: Im Ringen der frühen 50er-Jahre um das einstige *deutsche Eigentum* in Österreich sagt Adenauer vor dem Deutschen Bundestag: *„Wenn die Österreicher von uns Reparationen verlangen sollten, dann werde ich ihnen die Gebeine von Adolf Hitler schicken ...“*

Das Zweite: Unterwegs zu seinem ersten Österreich-Besuch im Sommer 1957 will der deutsche Kanzler schon vor der Landung in seinen Mantel schlüpfen, stößt dabei heftig gegen die Hutablage und blutet stark am Kopf. Die Maschine muss also noch eine Runde drehen, bis der damals schon 81-Jährige mit einem großen weißen Pflaster versorgt ist. Als sich die Flugzeugtüre endlich öffnet, überrascht Adenauer die österreichische Regierungsspitze (Leopold Figl, Julius Raab, Bruno Pittermann, Bruno Kreisky ...) mit einem galligen Grußwort: *„Meine Herren“*, sagt er mit hintergründigem Lächeln, *„der deutsche Einmarsch 1938 ist unblutiger vonstatten gegangen ...“*

Brandt und Kreisky – Brüder im Geist

Für Bundeskanzler Willy Brandt, der – aus Lübeck stammend – seine emotionellen Antennen eher nach Norden und Osten ausgerichtet hatte, ist Österreich ein Partner besonderer Art: Als Heimat von Bruno Kreisky, seinem – bei aller menschlichen Verschiedenheit – ideologischen *Bruder im Geist*. Mehrfach erlebe ich in diesen Jahren die beiden miteinander – in Wien, Bonn, Tel Aviv und anderswo. Die gemeinsamen Jahre der Emigration in Schweden ebnen die vielen Unterschiede in Sachfragen und Stilistik ein. Der Deutsche kann mehr politisches Gewicht

Lange Zeit die „großen Drei“ der Sozialdemokratie, hier im Garten der Kreisky-Villa: Olof Palme (Schweden), Bruno Kreisky (Österreich) und Willy Brandt (Deutschland).

einbringen, der neutrale Österreicher einen größeren Gestaltungsspielraum. Das Dreigestirn mit dem Schweden Olof Palme prägt über viele Jahre hinweg die sozialdemokratische Europa- und Nahostpolitik. Ihr Fundament: klare Abgrenzung zum Kommunismus und kritische Loyalität mit den USA.

Als sich die *Sozialistische Internationale* einmal in Salzburg trifft, will Bruno Kreisky den SI-Vorsitzenden Willy Brandt spätabends persönlich an der Autobahn-Grenzstelle Walserberg begrüßen. Die Ankunftszeit Brandts ist ungewiss und das Mobiltelefon noch nicht erfunden – also nimmt sich Kreisky für die Wartezeit einen Gesprächspartner mit. Seine Wahl fällt auf mich. Mehr als zwei Stunden wandern wir in finsterer Nacht vor verdutzten Zollbeamten zwischen den Schlagbäumen hin und her – und sind im Gespräch weit mehr an den Kriegsfronten im Nahen Osten unterwegs als an der Grenze zwischen Deutschland und Österreich. Diese Nacht ist – jedenfalls für mich – die erste, faszinierende

Kreisky und Brandt: Seit den gemeinsamen Jahren der Emigration in Schweden befreundet und trotz mancher unterschiedlicher Ansichten enge politische Partner.

Einstimmung in eine politisch brisante Friedensinitiative, die Bruno Kreisky konzipiert hat und bei der ihm Brandt als deutscher Kanzler, mit Rücksicht auf Israel, mit einer gewissen Zurückhaltung folgt: Bewusst auf österreichischem Boden treffen die beiden 1978 mit dem Ägypter Anwar Sadat und dem Israeli Shimon Peres zusammen – und ein Jahr später auch mit Yasser Arafat. Es ist der Auftakt zur Anerkennung der PLO in der westlichen Welt.

≈

Gespräche mit Brandt gehören zu meinen kostbarsten journalistischen Erinnerungen: Selten geht es dabei um Alltagspolitik und Ideologien, vielmehr aber um langfristige Menschheitsfragen – und um Schwächen unseres demokratischen Systems. Einmal unterhalten wir uns darüber, dass Politiker zu oft erst nach Ausscheiden aus ihren Ämtern den Blick für das eigentlich Wesentliche und Nachhaltige ihrer Arbeit entwickeln – und auch

offen darüber reden. *„Also sollte man alle Spitzenpolitiker erst beim zweiten Mal wählen"*, sage ich lachend. *„Richtig – gute Idee"*, sagt Brandt mit gespieltem Ernst, *„jetzt müssen wir nur noch das geeignete Wahlsystem dazu erfinden ..."* Und fügt dann doch noch hinzu: *„Ich sage jetzt einmal stolz: Die Ostpolitik mit unseren Nachbarn jenseits der Systemgrenzen – der so genannte Wandel durch Annäherung –, wenigstens das ist mir schon als Bundeskanzler eingefallen ..."*
Oft erinnere ich mich noch an Brandts Vision, durch eine großzügige Abrüstung in Ost und West mehr Mittel für Aufgaben in der Dritten Welt und für den Kampf gegen den Hunger einsetzen zu können. Der Traum ist unerfüllt geblieben, wie die Erfahrung zeigt: Die Abrüstung ist gelungen, der größere finanzielle Einsatz für globale Gerechtigkeit aber nicht. Geblieben ist das Paradoxon von geringeren Militärausgaben – und geringerer Entwicklungszusammenarbeit.

≈

Das Studio des *„Westdeutschen Rundfunks"* (WDR) in Köln ist über mehr als drei Jahrzehnte hinweg Schauplatz einer der spannendsten deutschsprachigen TV-Diskussionen: Sonntag für Sonntag lädt damals Werner Höfer zum *„Internationalen Frühschoppen mit sechs Journalisten aus fünf Ländern"* – insgesamt 1.874 Mal. Die Zuschauer haben anschließend die Chance, telefonisch Fragen zu stellen – die Antworten werden über die deutsche Kurzwelle im Radio ausgestrahlt. Höfer hat sich eine kleine Gruppe medialer Stammgäste ausgesucht, bisweilen aber bin ich – vor allem zu nahostpolitischen Themen – mit dabei. Ich mag diese Sonntage: Am Morgen der Flug Wien-Düsseldorf und die Autofahrt nach Köln, dann die auch in Österreich viel gesehene TV-Diskussion samt Radio-Sendung. Dann, zu Mittag, die wunderbare Zugfahrt den Rhein entlang von Köln nach Frankfurt und der Rückflug nach Wien. Um 16 Uhr, wieder zuhause, ist an solchen Tagen doch allerhand geschehen.

Von seiner Krebskrankheit schwer gezeichnet: Alt-Kanzler Willy Brand bei einem seiner letzten öffentlichen Auftritte. Er starb im Oktober 1992.

Warum ich das erzähle? Weil ich eines Sonntags im Schminkraum des WDR sitze, als sich ein mir unbekannter Herr auf einem der Nebensessel niederlässt, höflich grüßt und auf seine Schminkmeisterin wartet – offenkundig als Gast einer parallel aufgezeichneten Sendung. Die Dame kommt und sagt: *„Grüß Gott, Herr Bundeskanzler!“.* Ich bin verwirrt und glaube an einen Scherz. Erst als sich mein Nachbar wieder erhebt, erkenne ich ihn: es ist Willy Brandt. Die Zeit und ein wohl zu intensives Leben haben sein Gesicht völlig verändert. Am Ende aber hat die Kosmetikerin gute Arbeit geleistet und Brandt sieht sich selbst wieder ähnlich.

Ein Interview „abarbeiten“: mit Kohl im Ruderboot

Viele deutsche Spitzenpolitiker – Walter Scheel, Roman Herzog. Alfred Dregger, Hans-Dietrich Genscher, Friedrich Zimmermann,

Helmut Kohl, Richard von Weizsäcker – urlauben gerne in Österreich. Kein anderer aber ist Österreich über Jahrzehnte hinweg – bis zum tragischen Tod seiner Frau Hannelore – emotionell so nahe wie Bundeskanzler Helmut Kohl. Und kein anderer kennt die Kirchen und Kapellen des Salzburger- und Tirolerlandes und ihre Kunstgeschichte so genau wie er.

Liebte seine Urlaube am Wolfgangsee: Bundeskanzler Helmut Kohl. Nach dem Tod seiner Frau Hannelore kam er nicht wieder in das Salzkammergut zurück.

Mehrmals gehört es zum Ritual des Sommers, dass ich in seiner gemieteten Urlaubsvilla in St. Gilgen am Wolfgangsee zum entspannten Interview geladen bin. Ein journalistisches Vergnügen – und zugleich mehr als einmal auch eine körperliche Last. Denn irgendwann kommt der schwergewichtige Kanzler nach unserem politischen Gespräch auf die fatale Idee: *„Alles hat seinen Preis“*, sagt er mit rheinischem Frohsinn, *„jetzt werden wir das Interview ‚abrudern‘“*. Bald ist klar, was das heißt: Kohl und ich im Boot – er redend, und in jeder Beziehung gewichtig, ich rudernd. Unsere Schieflage ist eindrucksvoll – und mein Kraftpotential begrenzt ...

≈

Kohl ist ein unerschütterlicher Freund Österreichs – auch und gerade in der Unterstützung des österreichischen Beitritts zur

Unverzichtbarer Programmpunkt jedes Österreich-Besuchs von Bundeskanzler Helmut Kohl: Das Treffen mit seinem Freund Alois Mock (hier 1988 in Bad Hofgastein).

Europäischen Union. Seine Rolle bei der Überwindung aller Widerstände bis zur feierlichen Unterzeichnung des österreichischen EU-Beitritts wäre eine nähere Betrachtung wert. Tiefe Freundschaften verbinden ihn unter anderem mit dem langjährigen ORF-Generalintendanten Gerd Bacher und dem Vizekanzler und Außenminister Alois Mock. Bacher ist über viele Jahre Kohls Partner bei rituellen Fastenkuren in Bad Hofgastein, hat eine starke private Beraterrolle und vorübergehend sogar eine offizielle Funktion als publizistischer Wahlkampforganisator Kohls. Für Alois Mock, den Chef der *Europäischen Demokratischen Union* (EDU), öffnen sich die Tore des Bonner Kanzleramtes nach Belieben – bisweilen erlebe ich dieses entspannte Miteinander aus nächster Nähe mit.

≈

Bundeskanzler Helmut Kohl nach einem Heurigenbesuch in Perchtoldsdorf bei Wien – und vor Beginn unserer nächtlichen „Ringstraßen-Rallye".

Bei einem seiner Wien-Besuche ist auch ein abendlicher Heurigenbesuch im erweiterten Freundeskreis in Perchtoldsdorf bei Wien vorgesehen. Und anschließend noch ein Interview mit mir während der sehr spätabendlichen Rückfahrt in das Wiener *Hotel Imperial*. Im Auto ist der Kanzler aber unentwegt am Telefon – und dank einer effizienten Polizeieskorte ist die Wiener Ringstraße schon erreicht, noch ehe unser Interview überhaupt begonnen hat. Kohl will mich nicht enttäuschen und lässt der Eskorte über Funk ausrichten: *„Wir fahren einmal rund um die Wiener Ringstraße."* Endlich ist Zeit zum Gespräch. Kohl holt weit aus – und bald sind wir wieder nahe am *Imperial*. Also verkündet der Kanzler: *„Noch eine Runde!"*. Um es kurz zu machen: Ich habe die Zahl unserer Rundfahrten nicht mitgezählt, sondern lieber auf Helmut Kohl gehört. Aber ich kann mir die Gedanken der vor uns fahrenden Polizisten auf ihren Motorrädern vorstellen, die in dieser Nacht die wohl seltsamste Ringstraßen-Rallye ihrer Dienstzeit erleben.

„Schon wieder ein Kollaps", sagt Genschers Chauffeur

Von Hans-Dietrich Genscher, dem legendären deutschen Außenminister, heißt es, er müsse sich auf seinen permanenten Weltreisen gelegentlich in zwei aneinander vorbeifliegenden Jets selbst begegnet sein. Genscher, der über Jahrzehnte hinweg von höchst labiler Gesundheit ist (Lungentuberkulose, Herzinfarkte), verwaltet 26 Jahre lang höchste deutsche Regierungsämter, zuletzt ist er Vizekanzler, Außenminister und Chef der freidemokratischen FDP. In Vorwahlzeiten hält er – gegen den dringenden Rat seiner Ärzte – bis zu acht Reden am Tag auf nasskalten Plätzen oder in zugigen Bierhallen. Zwölf lange Autostunden bin ich einmal mit ihm durch Norddeutschland unterwegs und erlebe hautnah den seltsamen Widerspruch zwischen seiner enormen Macht als *Zünglein an der Waage* der deutschen Politik und der mehr als bescheidenen Zahl seiner Zuhörer. Schon am Morgen lässt er sich übermüdet und übergewichtig ins Auto fallen, um

Deutschlands Langzeit-Vizekanzler und Außenminister Hans-Dietrich Genscher: Trotz vieler gesundheitlicher Rückschläge war er über Jahrzehnte hinweg rastlos unterwegs.

zwischen seinen Wahl-Auftritten mit den ganz Großen dieser Welt und mit seiner besorgten Mutter zu telefonieren. In Lübeck klettert er auf ein Podium, das mehr einem Jagd-Hochsitz als einer Tribüne gleicht, beginnt zu reden – und hastet leichenblass wieder die Treppen hinab. Zehn Minuten später liegt er im Krankenhaus. *„Stimmversagen"* heißt es dann offiziell. *„Schon wieder ein Kollaps"* sagt der Chauffeur. Es ist nicht das erste und nicht das letzte Mal, dass zwei *Wahrheiten* miteinander leben müssen, wenn es um die Gesundheit von Spitzenpolitikern geht.

≈

Urlaub macht Genscher bisweilen auch in bayrischen Grenzorten zu Salzburg. Der ORF nützt die Chance und lädt ihn zum Sonntagsinterview ins Salzburger TV-Studio – ich bin sein Gesprächspartner. Beide stehen wir an diesem Morgen viel zu früh am Studio-Parkplatz und entscheiden uns, die Zeit zu einem Plausch im nahen Café zu nützen. Genscher ist eben aus dem Nahen Osten zurückgekommen und erzählt davon unter vier Augen und Ohren so spannend, dass ich mich riesig auf unsere kommende Sendung freue. *„Nein, nein"*, dämpft er in seinem unverkennbar kehligen Sächsisch meine Erwartungen, *„davon rede ich dann gar nicht"*. Verehrtester, denke ich mir, dich werde ich schon aus der Reserve locken. Und erlebe prompt ein Waterloo: Hans-Dietrich Genscher sitzt sphinxisch vor den Kameras und ist an diesem Tag politisch so dürr wie Winterholz. Alle meine Lockmittel ändern da nichts. Schlimmer noch: Kaum ist er nicht im Bild, hebt er die Hände und reibt vergnügt die Zeigefinger aneinander. *„Pardon"*, lacht er beim Abschied, *„aber da haben sich schon ganz andere an mir die Zähne ausgebissen."*

F. J. Strauß – und ein unvergessliches Interview

Franz Josef Strauß ist das perfekte Gegenbild: Dort wo Genscher vor spärlicher Kulisse spricht, füllt Bayerns legendärer Minister-

präsident die Hallen, dort wo der FDP-Chef leise zur Versöhnung mahnt, donnert der christlich-soziale „Alpenkönig“ gegen Bonn, Moskau – und gelegentlich auch gegen die Österreicher. Als gelernter Altphilologe sind seine Wahlreden in den Nobel-Vororten von München gespickt mit Zitaten von Horaz, Tacitus und anderen. Mit jeder weiteren Rede aber gewinnt der Volkstribun in ihm mehr und mehr die Oberhand. Wer Strauß nur zu später Abendstunde bei seinen jeweils letzten Wahlkampf-Auftritten in irgendeinem oberbayrischen Bauerntheater hört, der erlebt eine ebenso faszinierende wie zerstörerische politische Urkraft.
Den größten Nachbarschaftsstreit – um die geplante Atom-Wiederaufbereitungsanlage im bayrischen Wackersdorf, gegen die das kernkraftfreie Österreich im Sommer 1986 Sturm läuft – erlebe ich ganz hautnah mit. Der Anruf ereilt mich im Urlaub: Strauß will mit mir – soll heißen: mit meiner Zeitung – über den Konflikt zwischen München und Wien reden; will gegen die *„unzumutbare Einmischung“* aus Österreich wettern und für Vertrauen in die Atomtechnik plädieren. Nur: Vor dem Interview

Ministerpräsident Franz-Josef Strauß, Bayerns markiger und hoch ambitionierter „Alpenkönig“ – lange Zeit eine politische Urkraft der deutschen Innenpolitik.

möchte er meine Fragen kennen. Ja, sage ich, aber nur als inhaltlicher Rahmen. Denn jedes Gespräch entwickelt seine eigene Dynamik.
Zwei Tage später sitze ich in seinem Regierungsbüro. Strauß kommt und beginnt mit seinen Mitarbeitern zu streiten, wo denn meine Liste der Fragen verschwunden sein könnte. Ich sei doch nun da, werfe ich ein, da bräuchten wir ja keine schriftlichen Fragen mehr. Strauß sieht das ganz anders und schickt seinen Chauffeur nachhause, um dort zu suchen. Ich warte eine Stunde und mehr.
Endlich kann unser Interview beginnen – und, siehe da: Bayerns Ministerpräsident kümmert sich überhaupt nicht mehr um meine Fragen. Er sagt, was er will – ob zum Thema passend oder nicht. Und: Er besteht darauf, die Abschrift dieses Gesprächs vor Veröffentlichung lesen und notfalls korrigieren zu können. Ich verspreche das – mit schlimmen Ahnungen.
Am nächsten Tag geht meine gekürzte, aber wörtliche Wiedergabe des Interviews nach München. Dann vergehen Tag um Tag – sein Pressechef bittet um Geduld. Endlich kommt *mein* Interview per Post zurück. Jetzt ist alles neu – ich erkenne weder seine Antworten noch meine Fragen wieder. Mein Vorschlag, diesen Text einfach zu entsorgen oder ihn zum Inseratentarif zu veröffentlichen, findet in der Chefredaktion keine Sympathie: *Strauß exklusiv* ist zu aktuell und brisant, egal wie das „Interview“ zustande gekommen ist. Verbittert schreibe ich Strauß in einem Brief, dass mir *„ein derart krasser Fall von Nachzensur in 25 Journalistenjahren noch nie passiert ist“*. Und dass ich *„den Verdacht nicht verdrängen kann, Sie hätten eine solche Vorgangsweise bei einem deutschen Medium – etwa dem ‚Spiegel‘ – nicht gewagt“*. Mit einer Antwort habe ich gar nicht gerechnet – sie kommt auch nicht.

Mit Helmut Schmidt im fernen Japan

Ja und dann ist da Helmut Schmidt, Erbe des 1974 wegen der *Spionageaffäre Guillaume* abgetretenen Kanzlers Willy Brandt. Oft habe ich ihn in Wahlkämpfen und bei großen europäischen Ereignissen erlebt. Im Gedächtnis geblieben aber sind mir vor allem zwei Erlebnisse, an denen ich unmittelbar beteiligt war.

Weit weg von Europa, im japanischen Kurort Hakone, tagt im April 1986 die Elite internationaler Polit-Pensionäre. Der *Weisenrat der Weltpolitik,* wie sich der *Inter Action Council* ehemaliger Staats- und Regierungschefs selbst gerne nennt. 1983 vom japanischen Ex-Premier Takeo Fukuda und dem Amerikaner Bradford Morse gegründet, um der Politik die geballte Erfahrung von Staatsmännern im Ruhestand zur Verfügung zu stellen – die freilich kaum in Anspruch genommen wird: *„Kein Spitzenpolitiker lässt sich offenbar gerne von Vorgängern beraten“*, schreibt Kurt

Helmut Schmidt: Nach seiner Kanzlerzeit (1974–1982) wird er als Nachfolger Waldheims Vorsitzender einer Gruppe früherer Staats- und Regierungschefs.

Waldheim später frustriert. Vor dem verträumten Ashi-Bergsee im Vorland des Mount Fuji, umrahmt von Kirschblüten, steht der *Old Boys Club* zum Gruppenfoto aufgereiht: Die Großen von Einst aus allen Kontinenten. Bewusst leger gekleidet – nur die Afrikaner wollen ihren Glanz von gestern nicht ganz vergessen lassen und kommen in ihren teuren Nationaltrachten. Helmut Schmidt hat 1986 den Vorsitz von Kurt Waldheim übernommen, der als früherer UNO-Generalsekretär eine Idealbesetzung war, um die Balance zwischen Nord und Süd, Ost und West ausgeglichen zu halten. Am Beginn seines Präsidentschafts-Wahlkampfs hat er die Funktion in Schmidts Hände gelegt.

Kurt Waldheim ist es auch, der mich – damals noch Außenpolitik-Chef des KURIER – in diesem April 1986 gebeten hat, nach Hakone mitzufahren. Mit einem stillen Sonderauftrag: Die anwesenden Staatsmänner sind zwar voller Erfahrung, Weisheit und Reisefreude, aber zumeist nicht gewohnt, selbst Konferenzpapiere und Abschluss-Kommuniqués zu formulieren. Dabei könnte ich hilfreich sein, vermutet Waldheim.
Und tatsächlich: Schon am Morgen des ersten Konferenztages bittet mich ein prominenter südeuropäischer Ex-Premier zum vertraulichen Frühstück. Er sei, so sagt er, zum Berichterstatter für ein komplexes Tagungsthema gewählt worden: Den Zusammenhang von Überbevölkerung und Umweltbedrohung. Hochinteressant, aber nicht unbedingt seine Sache, meint er. Und überhaupt: Schon am Abend vorher war nicht zu übersehen, dass sich mein Gesprächspartner eine bemerkenswert attraktive Reisebegleiterin nach Hakone mitgebracht hat. Mein Auftrag ist also klar: Im Kreis der Großen zuhören, mitschreiben, nachdenken, zusammenfassen – und die Sache schließlich mediengerecht auf den Punkt bringen.
Ich lausche also bei Tag und schreibe in der Nacht. Beim letzten gemeinsamen Frühstück stecke ich dem prominenten Berichter-

statter vertraulich sein Resümee zu, das er danach – unter gottseidank heftiger Zustimmung – stolz dem Plenum vorträgt. Dann steigen die Herren und ich in einen komfortablen Konferenzbus nach Tokio, wo die internationale Presse wartet. Unterwegs rattern im Fonds des Busses die Kopiermaschinen. Jeder Medienvertreter soll ja das Schlussdokument in Händen halten.

Im *Grand Prince Hotel Akasaka* nahe dem Kaiserpalast steigen Helmut Schmidt, Japans Alt-Premier Takeo Fukuda, Kolumbiens Ex-Präsident Pastrana Borrero, Australiens Malcolm Frazer und Nigerias Olusegun Obasanjo vor der versammelten Presse aufs Podium, würdigen den Wert der Tagung und die Weisheit der Schlusserklärung – und erwarten dazu intelligente Medienfragen. Die aber kommen nicht, denn kein Einziger der rund 200 Journalisten ist in der Kürze der Zeit imstande, das eben verteilte Dokument zu lesen. Peinliches Schweigen liegt über dem Saal. Also schickt Helmut Schmidt einen Boten zu mir: Offenkundig sei ich der Einzige, der die Erklärung kenne – er bitte dringend, jetzt eine Frage zu stellen. Wieder einmal vollziehe ich einen *Kostümwechsel* – vom vertrauten Insider zum Journalisten. Aufmüpfig frage ich, ob denn die Herren Staatsmänner a. D. tatsächlich glauben, die ganze Komplexität von Geburtenboom und Umweltkatastrophen in einer so kurzen Begegnung erschöpfend behandelt zu haben. Meine provokante Frage ist auch ein Versuch, jeden Verdacht meiner Nähe zum *Old Boys Club* auszuräumen – schließlich habe ich eben erst gemeinsam mit den berühmten Herren den Saal betreten.

Helmut Schmidt benötigt keine fünf Sekunden, um mit der kuriosen Situation auf seine Weise zurecht zu kommen. *„Erlauben Sie mir die Frage“*, sagte er streng, *„was Sie eigentlich dazu berechtigt, ein Dokument, das Sie noch gar nicht genau gelesen haben können, auf diese Weise abzuqualifizieren. Ich empfehle: Erst lesen, dann fragen!“* Die anwesenden japanischen Kollegen kichern – ob fröhlich oder betreten, ist nicht festzustellen.

Zu Schmidts Ehre sei ergänzt: Noch vor dem Auseinandergehen bittet er mich lachend um Verständnis.

≈

Unter die *spiritual leaders,* die der *Weisenrat* immer wieder zu seinen Sitzungen lädt, gehört auch Kardinal Franz König. Zu ihm entwickelt Helmut Schmidt – in bemerkenswerter Parallelität zu Helmut Kohl – über die Jahre hinweg eine respektvolle Nähe, obwohl sich Schmidt im Alter vom Wirken der Kirchen enttäuscht zeigt, weil ihnen nach dem Zweiten Weltkrieg keine wirkliche Neubegründung der Moral gelungen sei. Besucher der Bischofsgruft im Wiener Stephansdom aber mögen sich manchmal über frische Kränze am Sarg des großen Kardinals gewundert haben, die Helmut Schmidt hier niederlegen ließ. Und in einer 2011 ausgestrahlten TV-Dokumentation über Kardinal König *(Der Kardinal)* bezeichnet der Protestant Helmut Schmidt den verstorbenen Wiener Oberhirten sogar als *„eine der eindrucksvollsten Personen, die ich in meinem Leben getroffen habe … Ein wunderbarer Mann!"*

≈

Dem Verhältnis Schmidt-Waldheim verdanke ich auch ein Erlebnis, das mich bis heute beschäftigt. George Weidenfeld, der große, von der britischen Queen geadelte Verleger, Diplomat und Weltbürger ist während Waldheims Präsidentschaft wieder einmal in seine Heimatstadt Wien gekommen. Selbst unter schwerstem Druck hat sich Weidenfeld nicht davon abhalten lassen, seinem einstigen Studienkollegen an der Wiener Konsularakademie, Kurt Waldheim, ein besonderes menschliches Zeugnis auszustellen: Als Jude vom Unterricht an der Akademie verwiesen, aber noch hoffend, extern zur Abschlussprüfung antreten zu dürfen, hatte Weidenfeld in jenen ersten Monaten nach der NS-Machtübernahme unter all seinen Studienkollegen nur Waldheim gefunden, der ihm an den Nachmittagen die Lehrmittel nachhause brachte und mit ihm bis zu seiner Emigration studierte.

Jetzt also ist Weidenfeld wieder einmal im Wiener *Hotel Sacher* abgestiegen – und Bundespräsidenten Waldheim hat ihn zu einem Mittagessen im kleinen Kreis geladen. Ich bin mit dabei. Während der Tischrede Waldheims flüstert mir ein Ober ins Ohr, Helmut Schmidt sei am Telefon und wolle mit dem Staatsoberhaupt sprechen. Um seine kurze Rede noch abschließen zu können, schickt mich Waldheim zur Telefonzelle – ich möge Schmidts Sekretariat um ein wenig Geduld bitten. Ich hebe den Hörer ans Ohr und überlege eine Sekunde, wie ich die Verzögerung erkläre, als eine unverkennbar wienerische Stimme in der Leitung sagt: „Jetzt kommt der Waldheim – jetzt musst' einschalten!“ Es ist das einzige Mal, dass die Überwachung Waldheims – auch durch österreichische Stellen – ganz offenkundig wird.

Der große Europäer George Weidenfeld, jüdischer Großverleger und Lord, erweist sich lebenslang für Waldheims Studienhilfe unter NS-Herrschaft dankbar.

Viel später, unter Thomas Klestil, haben wir im Amtszimmer des Bundespräsidenten in der Hofburg ein Abhörmikrofon entdeckt, das aber war ein inzwischen tot gelegtes osteuropäisches Implantat aus versunkener kommunistischer Vergangenheit.

Weizsäcker – Klestil: „Gut gebrüllt, junger Löwe!“

Bundespräsident Richard von Weizsäcker ist ein ungewöhnlicher Politiker: Enorm stilsicher, aufmerksam und freundlich, aber immer auch zurückhaltend-distanziert. Als ihm Thomas Klestil im Juli 1992 im schwäbischen Bad Schachen bei Lindau ein erstes Mal als Präsidentenkollege gegenübersteht, legt er sofort die Grenzen persönlicher Nähe fest. *„Wir Hanseaten haben eine gute*

Übung", sagt Weizsäcker, *„wir reden einander mit dem Vornamen an – bleiben aber beim höflichen ‚Sie'"*. Also hier *„Richard"*, dort *„Thomas"* – aber ohne Kumpelhaftigkeit.
Für Thomas Klestil ist Weizsäcker das Vorbild schlechthin – als Redner und als Mahner. Den aber will, wie sich zeigt, Österreichs politische Klasse gar nicht – jedenfalls nicht so. Thomas Klestil, Sohn eines christlichen Wiener Straßenbahners, bewundert auch Weizsäckers elitären biographischen Hintergrund und seine sprachliche Brillanz. Bei dieser ersten Begegnung am Bodensee aber muss er beim gemeinsamen Abendessen und vor höchster Prominenz aus den Ländern des Bodenseeraums dem rhetorischen Feuerwerk des Deutschen standhalten. *„Nein"*, sagt er mir Stunden zuvor tollkühn, *„ich brauche keinen Redetext – das mache ich heute stegreif"*. Mir schwant Schlimmes – ganz zu Unrecht, wie sich zeigt. Thomas Klestil ist großartig – und wir sind enorm stolz auf ihn. Viel von dieser Selbstsicherheit geht ihm später mit seinen gesundheitlichen und privaten Problemen verloren. An diesem Abend aber sagt auch Richard von Weizsäcker anerkennend: *„Gut gebrüllt, verehrter junger Löwe!"*

≈

Kaum einem anderen Staatsmann begegnen wir in diesen Jahren so oft wie Weizsäcker: bei den – von Klestil initiierten – Treffen der Präsidenten Mitteleuropas, aber auch in Berlin und Bonn, in Wien und Salzburg, in Paris und New York, in London und Moskau. Und kein anderer Politiker bereitet sich so perfekt auf sein Gegenüber vor wie er. *„Thomas, Ihre Rede vor den Bergbäuerinnen – alle Achtung"*, sagt er einmal zu Klestil. Und ein anderes Mal begrüßt er mich mit dem überraschenden Satz: *„Schon wieder zurück, Weltreisender – waren Sie nicht eben erst im Fernsehen in einem jordanischen Beduinenzelt am Toten Meer zu sehen?"* Weizsäcker weiß alles.

≈

Den Höhepunkt dieser perfekten Vorbereitung aber erlebe ich bei

Thomas Klestils Staatsbesuch beim deutschen Nachbarn im Dezember 1993. Wir wohnen am Petersberg, hoch über Bonn und dem Rheintal. In meinem Zimmer wartet Weizsäckers Gastgeschenk.

Berührungsängste bei den Salzburger Festspielen

Dass mich der deutsche Bundespräsident etwas mehr im Gedächtnis behält, als es meiner Funktion entspricht, hat seinen Grund: Schon Jahre zuvor, im Juli 1990, gibt es für ihn und mich einen unvergesslichen Tag. Václav Havel, selbst noch kein Jahr am Prager Hradschin im Präsidentenamt, hält die Festrede zur Eröffnung der Salzburger Festspiele. Zugleich aber scheut er eine direkte Begegnung mit dem politisch isolierten österreichischen Bundespräsidenten Kurt Waldheim, der die Festspiele traditionsgemäß zu eröffnen hat. In seiner Not holt sich Havel „Verstärkung" und bittet Richard von Weizsäcker um Geleitschutz. Im Präsidenten-Duo könnte es leichter gelingen, Waldheim von den Eröffnungsfotos fernzuhalten.

Richard von Weizsäcker: Überzeugender Repräsentant eines neuen Deutschland, das aus der Geschichte gelernt hat.

Waldheim und wir, seine kleine Delegation, wohnen in diesen Tagen im geschichts-beladenen Schloss Kleßheim, das Hitler einst als Schauplatz seines erhofften Diktatfriedens am Ende

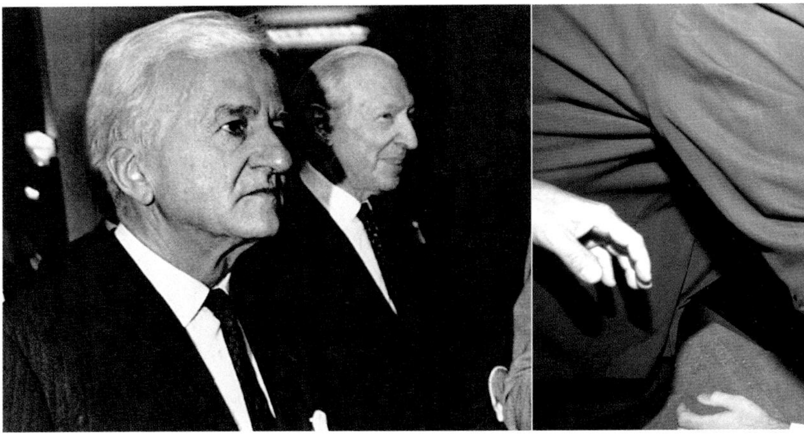

des Zweiten Weltkriegs ausersehen hatte. In der 2. Republik dient das Schloss als Quartier für prominente Staatsgäste, ehe es sich – sic transit! – in ein nobles Spielcasino verwandelt.

≈

Von Kleßheim aus starten Waldheim und ich im gemeinsamen Auto zur Festspieleröffnung in der Felsenreitschule, als uns unterwegs ein Funkspruch der Polizei erreicht: Der amerikanische Rabbiner Avi Weiss, der schon drei Jahre vorher in KZ-Kleidung auf den Stufen des Petersdomes in Rom gegen Waldheims Besuch bei Papst Johannes Paul II. protestiert hat, sei eben eingetroffen und auf dem Weg ins Festspielhaus. Ich versuche der Polizei klarzumachen, dass der Zugang zur Festspieleröffnung nur für geladene Gäste und akkreditierte Medienvertreter möglich sei – und ein Eklat unter allen Umständen vermieden werden sollte. Minuten später stehen wir vor dem Festspielhaus. Havel und Weizsäcker sind eben gemeinsam durch das Tor ins Foyer unterwegs. Kaum aber passieren wir die Türe, da drängt sich Rabbi Weiss, den man dank eines Presseausweises doch passieren hat lassen, jetzt mit jüdischer Kopfbedeckung *(Kippa)* zu uns und brüllt gemeinsam mit zwei Begleitern *„Shame to Nazi Waldheim! Shame for meeting Nazi Waldheim!“*

Ein dramatischer Eröffnungstag der Salzburger Festspiele im Juli 1990: Überraschend kommt der US-Rabbiner Avi Weiss nach Salzburg, um einmal mehr seine leidenschaftliche Kritik an Waldheim medienwirksam zu demonstrieren. Die Aufregung über den Zwischenfall ist groß, und die Ehrengäste Weizsäcker und Havel geraten überraschend in ungewollte Nähe zum Bundespräsidenten.

Was nun innerhalb weniger Sekunden geschieht, ist in seiner zeitlichen Dichte kaum adäquat zu erzählen. Starke Polizeiarme packen den Bundespräsidenten und mich und drängen uns aus dem Chaos von Demonstranten, Fotografen, Sicherheitsleuten und erschreckten Eröffnungsgästen weg und in einen kleinen Raum am Rand des Festspielfoyers. Eine Art Bullauge lässt mich nach draußen blicken – auf einen bizarren Tumult: Ein ranghoher Beamter des Außenministeriums hält – in Treue zu Kurt Waldheim – den schreienden und inzwischen zu Boden gedrückten US-Rabbiner ganz undiplomatisch im Schwitzkasten. Auch die anderen Demonstranten werden inzwischen von der Staatspolizei festgehalten und am Boden fixiert. Václav Havel und Richard von Weizsäcker versuchen eben, an den dramatischen Geschehnissen irgendwie vorbei zu kommen, erleben jetzt aber – plötzlich jeder Distanz verlustig – unter Polizeischutz genau das, was sie unter allen Umständen verhindern wollten: den unmittelbaren Kontakt mit Waldheim. Glück im Unglück: Im allgemeinen Getümmel bleibt die unerwartete Nähe von der Öffentlichkeit unbemerkt. Havel nützt in der anschließenden Eröffnungsrede sein ganzes dichterisches Talent, um formal von der vor kaum einem Jahr abgeschüttelten KP-Diktatur in Osteuropa zu reden – und doch auch die „Causa Waldheim" anklingen zu lassen: *„Die Annahme, straflos durch die Geschichte lavieren und die eigene Biographie umschreiben zu können, gehört zu den traditionellen mitteleuropäischen Wahnideen."* Viele Menschen seien in irgendeiner Art und Weise schuldig geworden, fügt er hinzu, notwendig sei zumindest das Eingeständnis der Schuld, denn allein die Wahrheit befreie den Menschen vor der Angst.

Beim anschließenden Mittagessen im berühmten Hotel *Goldener Hirsch* bleibt – vor allem angesichts lauernder Medien – die Spannung zum Greifen spürbar. Aber einem kurzen Treffen mit Waldheim entkommt das Duo Havel/Weizsäcker letztlich doch nicht – und in Minutenschnelle informiere ich die großen Medien pflichtgemäß *„von einem Gespräch der Präsidenten über grenzüberschreitende Kernkraftsicherheit"*. An der öffentlichen Wahrnehmung von Waldheims Isolierung ändert es wenig.

Beide hohen Gäste reisen noch am selben Tag ab – und Havel entgegnet zuhause seinen Kritikern wegen der Salzburg-Reise, der Boykott Waldheims, *„der ursprünglich gewiss einen ethisch-moralischen Grund gehabt hat, ist durch seine Ritualisierung zum Klischee geworden"*.

≈

Ein letztes Wort zu Richard von Weizsäcker: Es ist am Abend des 14. Dezember 1993 im wiedervereinigten Berlin. Geführt vom deutschen Bundespräsidenten, erleben Thomas Klestil und eine Handvoll seiner Mitarbeiter eine Szene, die mich zutiefst aufwühlt und nachdenklich macht. Nebel, Scheinwerferlicht und der regennasse, menschenleere Asphalt geben jenen unvergesslichen Minuten, als wir gemeinsam durch das wieder geöffnete

Brandenburger Tor von West- nach Ostberlin hinübergehen, eine fast unwirkliche Note. Unwillkürlich kehren in diesem Augenblick Szenen und Worte in mein Gedächtnis zurück, die hier Geschichte gemacht haben: John F. Kennedys legendäres *„Ich bin ein Berliner"* vom Juni 1963, zwei Jahre nach dem Mauerbau. Und Ronald Reagans *„Herr Gorbatschow, öffnen Sie dieses Tor! Herr Gorbatschow, reißen Sie diese Mauer nieder!"* (*„Mr. Gorbachev, open this gate! Mr. Gorbachev, tear down this wall*!") vom Juni 1987 – ein Vorbote der großen, kommenden Wende.

Auf unserem Weg durch das Brandenburger Tor – und genau an der einstigen Trennlinie zwischen dem so lange geteilten Europa – kommt Richard von Weizsäcker jetzt auf die entscheidende Rolle Österreichs bei der Massenflucht von Ostdeutschen in den Westen zu sprechen, die letztlich zur Überwindung des Eisernen Vorhangs geführt hat.

In diesem Augenblick spüre ich mehr denn je, was ein ungeteiltes Berlin und Deutschland auch für Österreich bedeutet. Nach den bitteren Jahrzehnten der messerscharfen Teilung des Kontinents hat unser Land die historische Chance bekommen, zu seiner europäischen Rolle zurückzufinden und zu einem Brennpunkt für den Austausch von Ideen und Werten in der Mitte des Kontinents zu werden. Ob wir dieser Aufgabe seither entsprochen haben? Weizsäcker hat damals und auch später als *„geistig freischaffender Staatsmann"* keine Möglichkeit ausgelassen, das Kulturland Österreich zu besuchen – und zu loben.

Rudi Dutschke – und wie ein Feindbild zerbricht

Meine Erinnerungen an Begegnungen mit prominenten Deutschen aber wären unvollständig, würde ich den Lauf der Zeitgeschichte nicht noch einmal um 14 Jahre zurückdrehen – in die Dezembertage 1979: Ehe das Jahr 1980 beginnt, lade ich die wichtigsten Akteure des zu Ende gehenden Jahrzehnts ein, im

KURIER Rückschau auf die 70er-Jahre zu halten: Unter ihnen Willy Brandt (*„Das Jahrzehnt seiner ‚Ostpolitik'“*), Henry Kissinger (*„Das Jahrzehnt der Dreiecks-Diplomatie Washington-Moskau-Peking“*) Kambodschas Prinz Sihanouk (*„Das Jahrzehnt der asiatischen Tragödie“*), UNO-Generalsekretär Kurt Waldheim *(„Das Jahrzehnt des Nord-Süd-Dialogs“)*, Wiens Kardinal Franz König (*„Das Jahrzehnt der drei Päpste“*), Nobelpreisträger Konrad Lorenz *(„Das Jahrzehnt, als die Umwelt wieder entdeckt wurde“)* – und den früheren deutschen Studentenführer und Sozialrevolutionär Rudi Dutschke (*„Das Jahrzehnt, in dem die ‚68er-Generation' ihre Träume verlor“*).

Alles in allem ein mühsames Projekt. Einige prominente Autoren schicken tatsächlich einen Text. Andere vertrauen mir die Formulierung an, wollen aber den unter ihrem Namen erscheinenden Text vor Erscheinen zumindest noch lesen. Rudi Dutschke schließlich bleibt lange unauffindbar, bis mir der befreundete Wiener Publizist Günther Nenning eine Telefonnummer in Dänemark anvertraut. Am Gründonnerstag 1968 wurde Dutschke in Berlin auf offener Straße angeschossen und lebensgefährlich verletzt und war dann jahrelang auf der Suche nach einer neuen Heimat, ehe er an der dänischen Universität Åarhus eine neue Funktion als Philosoph und Soziologe fand. Dort stöbere ich ihn endlich auf.

Über nahezu drei Wochen laufen in diesen Dezembertagen die Telefonate zwischen Dutschke und mir. Nein, sagt er anfangs kühl-reserviert, leider keine Zeit. Der Ton entspricht irgendwie meinen Erwartungen – und auch dem, was ich selbst über Jahre hinweg über Dutschke geschrieben habe: Ein vulgär-marxistischer, radikaler Linksaußen, der im Gefolge des amerikanischen Vietnam-Kriegs die westliche Gesellschaftsordnung anarchisch in Frage gestellt hat. Trotzdem rufe ich ihn wieder und wieder an. Ich möchte wissen, wie sich dieser deutsche *Staatsfeind* weiterentwickelt hat. Was für ein Mensch er geworden ist – nach

Immer für kritische Zwischenrufe bei Kundgebungen deutscher Spitzenpolitiker gut: Vertreter der „68er-Generation", die in Dutschke einen ihrer Helden sieht.

dem furchtbaren Attentat und dem Zerfall der Studentenbewegung von damals.

Mit jedem Telefongespräch wird unser Umgang persönlicher. *„Ihr Österreicher, ihr seid ein Problem"*, sagte er irgendwann lachend. *„Ihr seid wie Kaugummi – mit eurer netten Beharrlichkeit wird man euch so schwer wieder los."* Noch immer aber sieht er keine Möglichkeit, den erhofften Text für meine Zeitung zu schreiben: Er muss nach Berlin, sagt er, auch ein Buch-Projekt drängt. Und zu Weihnachten möchte er zu Frau und Sohn. Ich gebe nicht auf – und er sagt nicht zu. Es ist ein Spiel, das uns beiden irgendwie Spaß zu machen scheint: Wer von uns hält länger durch?

Am Ende gewinne ich. *„Also gut"*, sagt Dutschke knapp vor Weihnachten – und längst ist eine gewisse Vertrautheit zwischen uns gewachsen. Dutschke, der Bürgerschreck, will im neuen Jahr auch einmal nach Wien kommen, dann könnten wir uns ja treffen, meint er, *„jetzt, wo wir einander schon so gut kennen ..."* Auch München ist als Treffpunkt kurz im Gespräch. Vorher aber wird er seinen Text für meine Zeitungsserie schreiben. Den Zeitplan hat er mir fest versprochen: Zuerst ein familiärer Weihnachtsabend, dann am 25. das Manuskript verfassen und zur Post bringen – spätestens am 31. müsste es in Wien angekommen sein. Am Heiligen Abend erzähle ich meiner Frau beim gemeinsamen Schmücken des Christbaums von Dutschke, von unseren Gesprächen – und vom Wandel meines Bildes einer Person, die ich zuvor nur aus Medien gekannt und entsprechend eingeschätzt hatte. Ich spüre plötzlich eine der zentralen Schwächen des Journalismus: ständig über Personen berichten und Wertungen transportieren zu müssen, die – ohne jegliche Chance auf Überprüfung – von unbekannten Informationen und Interessen geprägt werden. Es wird ein langes und selbstkritisches Gespräch.

„Ihr Österreicher seid wie Kaugummi": Rudi Dutschke, Studentenführer, Soziologe und marxistische Leitfigur der so genannten „68er-Generation".

Am nächsten Tag höre ich erst zu Mittag die Radio-Nachrichten. Rudi Dutschke ist tot, heißt die Spitzenmeldung. Am Spätnachmittag des 24. Dezember – genau während meines selbstkritischen Gesprächs unter dem Christbaum – war Dutschke in der Badewanne ertrunken. Während eines epileptischen Anfalls, einer Spätfolge des Attentats von 1968. Alle Wiederbelebungsversuche kamen zu spät, meldet der Rundfunk. Meinen Schock über diese Nachricht kann ich nicht beschreiben.

Gretchen Dutschke, der Ehefrau, schreibe ich noch am selben Tag einen sehr persönlichen Brief, Jahre später auch dem Sohn. Und verspreche beiden – stellvertretend – eine größere Sensibilität und Achtsamkeit im medialen Umgang mit Menschen, über die ich jemals zu berichten habe.

[4] IN MITTEL- UND OSTEUROPA

Freiheitsfieber

IN DEN **HAUPTROLLEN**

Sowjetunion
MICHAIL GORBATSCHOW
ANDREJ GROMYKO

Tschechoslowakei
Präsident VÁCLAV HAVEL
ALEXANDER DUBČEK
LADISLAV ADAMEC
JIŘÍ HÁJEK
VASIL BILAK

Dobersberg im nördlichen Waldviertel. Der letzte Ort vor dem Übergang nach Tschechien. Einst war es das *Ende der Welt* – dahinter nur noch Stacheldraht, Minen, Wachtürme. Jetzt, mehr als zwei Jahrzehnte nach der Zeitenwende, bringt ein großes Schild am Straßenrand das Wunder auf den Punkt: *Achtung – keine Grenze.* Und tatsächlich: Leer stehen heute die alten Zollgebäude. Keine Kontrolle mehr, keine Angst vor Schikanen, stattdessen gleitende Übergänge. Freie Fahrt.

Es sind Schauplätze wie dieser, an denen sich die Erinnerung an Vergangenes neu auflädt: An die Schrecken kommunistischer Herrschaft und die Teilung Europas unmittelbar vor unseren Haustüren. An den langen Verlust und das Vergessen historisch gewachsener Nachbarschaften. Aber auch an die Tage und Wochen des kommunistischen Todeskampfes. Und an die Geburtswehen einer neuen Zeit.

Als außenpolitischer Journalist gehören Grenzüberschreitungen zu meinem Geschäft. Und doch: Nach Osten bleiben die Dienstreisen eher die Ausnahme. Prag, Bratislava, Budapest, ja sogar Sofia oder Moskau: wie nahe sie uns geographisch sind – und doch wie fern und fremd!

Natürlich, da sind die gegenseitigen Staatsbesuche – und doch bleibt wenig Spielraum für wirkliche Begegnungen. Kleine Ausnahme: Als Sowjet-Präsident Nikolai Podgorny im November 1966 mit einer Altherren-Partie aus dem Kreml in Österreich unterwegs ist, überzeugt mich das heimische Protokoll in Bad Gastein, mich *„im Staatsinteresse“* um seine junge und sichtlich gelangweilte Tochter zu kümmern: Gemeinsam stapfen wir im Schnee auf den 2400 m hohen Gipfel des Stubnerkogels (die Staatspolizei hat mich als *„Experte, der die Schneelage prüft“* eingeschleust) – und quälen uns abends miteinander über das Tanzparkett.

Da sind auch die Treffen mit jenen Wenigen, die *von drüben* nach Wien kommen: Geistliche zumeist, auf der Durchreise nach Rom.

An der Grenze Österreich-Tschechien. Ein altes Kontrollhäuschen wird abtransportiert, die Teilung Europas ist Teil einer tragischen Geschichte geworden.

Unvergesslich Karol Wojtyla, der Erzbischof aus Krakau und spätere Papst Johannes Paul II., der bisweilen mit seiner uralten, speckigen Aktentasche bei Kardinal König auftaucht. Und da ist – dem weitsichtigen Erhard Busek sei Dank – jene kleine Schar mutiger Bürgerrechtler und Dissidenten, die wir bisweilen geheim in Parks oder Hoteltoiletten Osteuropas treffen. Nie wäre uns eingefallen, sie eines Tages in hohen Staatsämtern oder gar auf dem Stuhl Petri in Rom zu vermuten.
Und doch versuchen wir Journalisten in diesen Jahren des *Kalten Krieges,* unsere Berichte und Kommentare an jener sensiblen Maxime österreichischer Außenpolitik auszurichten, für die Bruno Kreisky eine Kurzformel geprägt hat: *„So vertrauensvoll wie möglich mit Amerika – und so wenig Misstrauen wie möglich zur Sowjetunion.“* Was damals in unserer täglichen Arbeit heißt: Wahrhaftigkeit, Selbstbewusstsein und das mutige Aufzeigen von Menschenrechtsproblemen unter kommunistischen Diktaturen,

aber auch die stete Erinnerung an die Mahnung des Staatsvertrags-Kanzlers Julius Raab: *„Man kann den russischen Bären nicht alle Sonntag' in den Fettschwanz zwicken!“*
Im Einzelfall ist diese Gratwanderung nicht leicht – vor allem dann nicht, wenn die eigene österreichische Diplomatie gelegentlich in Versuchung gerät, allzu freigiebig politische Vorleistungen an die KP-Regime und ihre Führer zu erbringen. Viele kleine oder größere Geschichten wären hier zu erzählen, die Zeit hat sie überrollt.

Die unbekannte Stimme am Redaktionstelefon

Sehr unmittelbar und fast existentiell wird es für österreichische Medien – und auch für mich – im Sommer 1968: Die Zeit des *Prager Frühlings* ist angebrochen, des großen Freiheitsfiebers unserer tschechoslowakischen Nachbarn unter Parteichef Alexander Dubček und seinen Getreuen. Atemlos verfolgen wir Journalisten damals von Wien aus das Herannahen des kommunistischen Strafgerichtes – und hoffen noch einmal kurz auf Entspannung, als die versammelten Ostblock-Führer am 15. August im ostslowakischen Cierna nad Tisou (Schwarzau an der Theiss) mit Umarmungen und Bruderküssen eine scheinbare Streitbeilegung mit Dubček besiegeln.
Keine 24 Stunden später aber meldet sich eine unbekannte männliche Stimme an meinem Redaktionstelefon: *„Lassen Sie sich von den Meldungen nicht täuschen – am 21. August wird der ‚Prager Frühling‘ von Sowjetpanzern niedergewalzt.“* Ich bedanke mich artig für die Information – und vermute einen jener politischen Propheten, die uns immer wieder mit ihren Vorhersagen quälen. Aber die Stimme meldet sich wieder – am 17., 18., 19. ... August: *„Vergessen Sie nicht, noch vier, drei zwei ... Tage bis zum Sowjeteinmarsch in Prag.“* Innerlich lächle ich, ist doch die Prager Führung nach aufregenden Wochen eben in Urlaub gegangen.

Am 21. August erscheint der KURIER in seiner ersten Ausgabe mit einem aus purer Nachrichtennot geborenen Aufmachertitel, einem Beinahe-Zugszusammenstoß in Bayern. Früher als sonst fahre ich nachhause. Als mein Telefon läutet, stürzen die Vermutungen in Sekundenschnelle auf mich ein: Das ist wohl der Anruf unseres Nachtredakteurs. Heute ist der 21. August. In Prag ist etwas passiert! *„Sind die Russen einmarschiert?"* rufe ich spontan ins Telefon. *„Woher weißt du das?"* antwortet der Kollege verwirrt, *„ja, die Russen sind einmarschiert!"* Sechs Zeitungsausgaben machen wir in dieser Nacht – und haben noch ein paar Stunden lang telefonische Verbindung mit Freunden und Spitzenpolitikern in Prag. Dann bricht der Kontakt ab.

Am nächsten Vormittag – wir sitzen erschüttert und erschöpft beisammen, um die kommenden Ausgaben vorzubereiten –, meldet sich die inzwischen vertraute Stimme am Telefon wieder: *„War gar nicht so falsch, was ich Ihnen gesagt habe."* Mein Versuch, endlich herauszufinden, wer da mit mir spricht, scheitert auch jetzt. Aber am Ende sagt die Stimme dann noch: *„Und übrigens: Spätestens am 28. August marschieren die Russen in Österreich ein …"* Sieben lange Tage habe ich meine journalistische Verantwortung zu erfüllen, die Österreicher zu beruhigen – und bin selbst zutiefst beunruhigt. Doch der 28. August geht ereignislos vorbei – und die Stimme meldet sich nie wieder.

≈

Die Geschehnisse von damals sind den Älteren unter uns bekannt: 600.000 Ostblock-Soldaten beenden mit Panzern den Versuch, einen *Kommunismus mit menschlichem Antlitz* zu verwirklichen. Dubček stürzt und sein Land fällt in eine lähmende *Normalität* zurück. Und auch wir, die Nachbarn der damaligen Tschechoslowakei, gewöhnen uns rasch an die neue, bittere Realität. Über Ludvík Svoboda, den alten, mutigen Staatspräsidenten der Dubček-Ära, schreibe ich 1968 – noch ganz im Bann des eben Erlebten – *auf Vorrat* einen großen Nachruf

Der Prager Wenzelsplatz 1968 - mit versteckter Kamera fotografiert:
Menschen sammeln sich zum Protest gegen die Sowjet-Invasion.

(*„Sein Name war Freiheit!“*) – Jahre später wird sein Tod nur noch als Kurzmeldung vermerkt werden ...

Im Juni 1977 kommt Vasil Bilak aus Prag nach Wien. Er ist einer jener fünf Moskau-hörigen KP-Funktionäre, die – so heißt es – im August 1968 die Sowjetführung schriftlich zur Invasion in der ČSSR aufgefordert haben. Gemeinsam mit dem österreichischen KP-Chef Franz Muhri lädt er zu einer vertraulichen Pressekonferenz für handverlesene, gleichgesinnte Journalisten. Irgendwie erfahre ich davon, gehe einfach hin – und niemand hält mich auf. Mehr noch, ich melde mich zu Wort: Was für ein Glück, sage ich, endlich einen wichtigen Zeitzeugen befragen zu können. Bilaks Züge hellen sich auf. Wie denn das wirklich gewesen sei, damals im August 1968, frage ich: *„Da gibt es Historiker, die sagen, Sie hätten um die Invasion der Sowjettruppen in Ihrer Heimat gebeten. Andere aber sagen, Sie waren es gar nicht. Können wir das heute klären: Haben Sie den ‚Einladungsbrief' an Moskau unterschrieben oder nicht?"*

Absolute Stille erfasst den Raum – und Vasil Bilak macht den Eindruck, als würde er am liebsten durch eine Falltüre nach unten verschwinden. Es dauert, bis sich die Erstarrung löst. Dann sagt Bilak: *„Sollte ich diesen Brief bekommen haben, ich hätte ihn unterschrieben."* Ob er ihn denn bekommen hat, frage ich weiter. *„Das führt jetzt zu weit"*, sagt Bilak panisch, *„und sollten Sie morgen schreiben, ich hätte jetzt meine Unterschrift bestätigt, dann wäre das die Unwahrheit."* Er weiß: Ein *„Ja"* diskreditiert ihn vor Millionen ČSSR-Bürgern, ein *„Nein"* aber vor den Sowjets.

≈

Auch wenn wir nur selten in das *andere Europa* hinüberfahren – für uns Medienleute ist die Lage jenseits des *Eisernen Vorhangs* immer präsent: durch Informanten, vor allem aber im unvermeidlichen Dauer-Kontakt mit dem undurchsichtigen Personal osteuropäischer Botschaften. Wien ist in jenen Jahren das unbestrittene Zentrum der Ost-West-Spionage und jeder denkmöglichen Verlockung – journalistisch, finanziell und privat. Tragisch, wie ein von mir hochgeschätzter Journalist als Informant

eines Ost-Geheimdienstes enttarnt wird. Er war in eine *Mädchenfalle* geraten und hatte irgendwann am Kick des Doppellebens Gefallen gefunden. Bei Reisen in diktatorisch regierte Länder habe ich meist kleine Markierungen an meinem Koffer angebracht, um zu wissen, ob sich wieder einmal jemand für mein Gepäck interessiert. Den Agenten in vielerlei Kostümierungen bin auch ich begegnet, war aber immer gut beraten, mich als politisch uninformiert und peinlich desinteressiert zu geben. Wer sich als *Insider* präsentierte, war rasch verloren.
So bin ich der Schattenwelt irgendwie entkommen – und ahne doch, wie oft mein Name in irgendwelchen Archiven ruht. Zu viele Regimegegner, zu viele Menschenrechtsaktivisten waren in den Jahrzehnten der KP-Herrschaft und des *Kalten Krieges* auch meine Gesprächspartner.

Als Gromyko in Ratlosigkeit erstarrte

1984 fährt Österreichs Bundeskanzler Fred Sinowatz in die Sowjetunion. Erste Station ist Minsk. Bei der Landung ist die Nebelwand so dicht, dass unser Sonderflugzeug mehr als eine Stunde über der weißrussischen Hauptstadt kreist und der Pilot ernsthaft den Rückflug nach Wien überlegt, obwohl unten eine prominente Empfangsdelegation aus Moskau wartet. Als die aufregende Landung schließlich doch gelingt, ist der Kanzler noch beim Zusammensammeln seiner Informationsmappen – und ersucht uns, schon einmal auszusteigen. Als Erster betrete ich die Gangway und sehe unten, am *roten Teppich,* Sowjetaußenminister Andrej Gromyko in völliger Ratlosigkeit: Das Sinowatz-Foto in seinen Vorbereitungs-Akten ist offenkundig nicht mit meiner weit weniger beleibten Gestalt in Deckung zu bringen. Sicherheitshalber empfängt mich der mit 28 Dienstjahren längstdienende und meist gallbitter wirkende Gromyko dennoch mit einem bemühten Lächeln. Und nur mühsam kann ich die angetretene Kapelle der

Tanz mit dem Bären: KURIER-Karikatur zum Besuch von Kanzler Sinowatz in Moskau.

Sowjetarmee mit aufgeregten Handzeichen davon abbringen, schon jetzt mit der österreichischen Bundeshymne zu beginnen.

≈

1986 gelingt mir eine spannende Reise in die zentralasiatischen Sowjetrepubliken: Tadschikistan, Kirgistan, Turkmenistan. Noch ist die große *Wende* nicht in Sicht, aber je tiefer ich dort in die Welt der Sowjet-Muslime eintauche und je näher ich der iranischen und afghanischen Grenze komme, umso deutlicher wird: Altvater Karl Marx ist hier schwächer als Allah. Die Atheismus-Kampagne und die Russifizierung sind angesichts der nahen Khomeini-Revolution und des Afghanistan-Krieges offenkundig gescheitert. In Aschchabad (heute Asgabat), keine 40 km vom Iran entfernt, sagt ein Mitglied der dortigen *Akademie der Wissenschaften* frustriert: *„Die Muslime spielen hier Katz und Maus mit uns. Kaum haben wir ihnen wissenschaftlich nachgewiesen, dass eine ihrer ‚Heiligen Stätten' gar nicht heilig sein kann, haben sie schon wieder eine neue ‚Heilige Stätte' entdeckt – und pilgern*

dorthin." Die Religion bleibt ein Problem, das später selbst die postkommunistischen Machthaber nicht zu lösen vermögen: So verbietet Tadschikistans Regierung noch im Sommer 2011 den Jugendlichen unter 18 Jahren das Betreten von Moscheen – aus Angst vor einem ständig wachsenden Islamismus.

Als der sowjetische Koloss zu taumeln beginnt

Drei bleierne Jahre müssen in Osteuropa noch vergehen, bis das Jahr 1989 alles verändert. Jahre, in denen sich in meinen Interviews mit prominenten KP-Politikern immer neue, sensationelle Andeutungen finden. So sagt der einflussreiche Moskauer ZK-Sekretär Valentin Falin, lange Sowjet-Botschafter in Deutschland, unerwartet: *„Ich brauche kein Monopol der Kommunistischen*

Wie geht es im Osten weiter? Angeregte Diskussion des Autors mit Alois Mock, Sowjet-Außenminister Schewardnadse und Bonns Hans-Dietrich Genscher.

Linke Seite: Wo der Sowjetkommunismus schon vor dem Zusammenbruch kaum spürbar wird und der Islam das Leben der Bürger prägt: Bilder aus den muslimischen Teilrepubliken Tadschikistan, Kirgistan und Turkmenistan.

Partei – die ‚führende Rolle' der KPdSU in einem künftigen Mehrparteiensystem genügt mir." So lobt der neue Sowjet-Außenminister Edward Schewardnadse (später Präsident Georgiens) zu meiner Überraschung plötzlich den großen Feind von gestern und sagt: *„Ohne Zweifel war Ronald Reagan zuletzt ein großer Friedenspräsident. Er hat historische Verdienste!*" Bald gibt es keinen Zweifel mehr: Mit unglaublicher Geschwindigkeit durchrast die internationale Politik die Zeitgeschichte – so als gelte es, 40 versäumte Jahre rasch aufzuholen.
Ab dem Frühjahr 1989 taumelt und stürzt das riesige System des osteuropäischen Kommunismus. Manches persönliche Erlebnis bleibt unvergessen; nur Weniges kann in diesem Zusammenhang Erwähnung finden – und einige Daten stehen für viele: Ab 2. Mai bauen ungarische Grenzsoldaten den Zaun zu Österreich ab, am 27. Juni durchschneiden Österreichs Außenminister Alois Mock und sein ungarischer Kollege Gyula Horn vor den Kameras der Weltpresse den Stacheldraht. Am 30. September erzwingen Tausende DDR-Bürger über Prag den Weg in die Freiheit. Und am 9. November fällt auch die Berliner Mauer.
Noch ehe das KP-System endgültig zusammenbricht, mache ich mich auf die Reise, um die Geburtswehen der Demokratie im Osten aus der Nähe mit zu erleben. Da ist zunächst das große Polen – ein Land zwischen enormen politischen Hoffnungen und großer wirtschaftlicher Verzweiflung; zwischen Träumen und Ängsten. Der Hotelportier in Warschau weigert sich rührend, mir noch Geld zum offiziellen Zloty-Kurs zu wechseln – *„das wäre Wahnsinn"*. Besser illegal, rät er. Die *Wende* ist zunächst mit 4000 Prozent Inflation und Mangel erkauft: Kein Zucker, kein Fleisch, kein Toilettenpapier ...
Ein Treffen mit Autoren und Chefredakteuren der großen polnischen Zeitungen enthüllt die ganze Verelendung der Intellektuellen im zerbrechenden KP-Staat: Ein bekannter Journalist bietet mir seine Pfeifen gegen Bares an, ein Zweiter seine Ge-

Das Bild, das um die Welt geht: Österreichs Alois Mock und Ungarns Gyula Horn durchschneiden für die Medien noch einmal den Eisernen Vorhang.

dichte. Bauchläden für Kopfarbeiter. *„Wir brauchen ja nicht viel"*, sagt einer von ihnen, *„wo das Hirn größer ist, darf der Magen ruhig etwas kleiner sein …"* Und ein Historiker zieht Bilanz über 40 Jahre Ost-Sozialismus: *„Das Volk hat so getan, als würde es arbeiten – und der Staat so, als würde er dafür bezahlen. Beides war eine Lüge!"*

Vertrauliches in der Prager Staatslimousine

In Prag hält der politische Frost dem Zerfall des Kommunismus in Osteuropa noch am längsten stand – erst Ende November 1989 beginnt auch für die ČSSR die neue Zeitrechnung. In diesen allerletzten Wochen des ideologischen Überlebenskampfes wagt Ladislav Adamec, der letzte KP-Premier der Tschechoslowakei,

Václav Havel 1968 zwischen zwei Verhaftungen zuhause, Gespräch mit Havels Gattin Olga (M.) – und das Prager Volkshelden-Duo Alexander Dubček und Havel.

noch einen offiziellen Besuch in Österreich – und lädt mich – in einem bisher nicht gekannten Anfall östlicher PR-Strategie – zu einem großen Voraus-Interview nach Prag. Ich denke mir: Wenn schon Prag und Adamec, dann auch Treffen mit Václav Havel, dem großen Schriftsteller und charismatischen Dissidenten, und mit Jiří Hájek, dem legendären Außenminister des *Prager Frühlings* von 1968. Vertraulich organisiere ich mir Gesprächstermine mit beiden.

In der dunklen Staatslimousine, die mich in Wien abholt und nach Prag bringt, will ich die Zeit nützen und noch rasch Havels jüngstes, im Gefängnis entstandenes Buch *Briefe an Olga* lesen. Aber: Geht das in einem Auto des KP-Regimes? Also verstecke ich das Buch vorsorglich hinter dem Schutzumschlag von Egon Erwin Kischs legendärem Reportageband *Der rasende Reporter*. Die begleitende KP-Pressedame am Nebensitz ist unterwegs nicht glücklich mit meinem Lese-Eifer, sie soll mich ja ideologisch auf das Treffen mit Adamec vorbereiten. Verstohlen blickt sie immer

wieder auf meine Lektüre: *„Ja ja, Kisch“*, sagt sie stolz, *„einer unserer Großen!“* Ich fühle mich so kühn wie die Beatles, die einst – so heißt es – im WC des Londoner Buckingham-Palastes Haschisch geraucht haben, ehe sie der Königin vorgestellt wurden ...

≈

In Jiří Hájeks kleinem Häuschen am Stadtrand von Prag ist es an diesem Tag eiskalt. *„Sie haben mir die Heizung abgedreht, um ihre ‚Installateure‘ schicken zu können – vermutlich sind die ‚-Wanzen‘ in meiner Wohnung wieder einmal defekt“*, sagt er leise. Wir reden lieber an einer Bus-Haltestelle. Trotzdem wird er nach unserem Gespräch gleich zweimal verhaftet und stundenlang verhört.

≈

Dann, oben am Prager Hradschin, ist Premier Adamec zunächst ganz freundlich – und plötzlich doch cholerisch. Wie er künftig mit prominenten Dissidenten wie Havel und Hájek umgehen wolle, frage ich ihn: Weiterhin einsperren wie bisher – oder ist das jetzt schon kontraproduktiv? Adamec’ Halsschlagader tritt

deutlich hervor: *„Beide sind Niemande"*, bellt er, *„einfach Nullen."* Zweimal wechsle ich anschließend vorsorglich das Taxi, dann sitze ich bei den Havels zuhause. Die Wohnungstüre, x-mal eingeschlagen, ist nur notdürftig zusammengeflickt. Ehefrau Olga bringt Keks, Václav wirkt stark übermüdet: *„Die Führung weiß nicht mehr, was sie mit mir tun soll", sagt er. „Jetzt einsperren – ein Fehler! Nicht einsperren – auch ein Fehler."* Und: *„Ein wenig Haft wäre jetzt ganz gut für mich, um mehr schlafen zu können"*. Dass Adamec ihn eben als eine *„Null"* bezeichnet hat? *„Ein Riesenfehler!"*, lacht Havel.
Die Interviews mit ihm und mit Adamec finden in den nächsten Tagen enormes Interesse in den westlichen Medien – und offenbar auch in den Machtzentren von Prag und anderswo. Denn drei Tage später, am 24. Oktober 1989, kommt der Prager Premier zum angekündigten offiziellen Besuch nach Wien – und startet seine Pressekonferenz am Wiener Ballhausplatz zur allgemeinen Überraschung mit einem Blick auf mich. Ganz offenkundig hat ihm sein harsches, abwertendes Urteil über Havel und Hájek auch KP-intern nicht gut getan. *„Nur jetzt keine Dissidenten reizen"*, heißt der neue Regime-Kurs. Also sagt Adamec vor den Kameras zu mir: *„Mein Freund, Sie erinnern sich sicherlich an unser Gespräch in Prag. Ich habe damals Havel und Hájek als ‚Niemande und Nullen' bezeichnet. Da möchte ich doch klarstellen, wie ich es gemeint habe: Natürlich habe ich weder den Dichter, noch den Menschen Havel als ‚Null' und ‚Nichts' qualifiziert. Was ich sagen wollte, war: Havel hat keine politische Funktion bei uns …"* Die ganze Ratlosigkeit einer KP-Führung im politischen Todeskampf wird deutlich. Nur fünf Wochen später ist Adamec nicht mehr Premier – und Havel Staatspräsident.
Ich werde Václav Havel in den nachfolgenden eineinhalb Jahrzehnten immer wieder treffen: In seinem Präsidentenbüro am Prager Hradschin – mit einem Mini-Palmenhaus und mittendrin einer Hängematte für die kleine Entspannung zwischendurch.

Auch bei europäischen und internationalen Staatsakten, vor allem aber bei den Präsidententreffen Mitteleuropas, die Thomas Klestil erdacht hat, um nach Jahrzehnten der Trennung wieder Bilder der Gemeinsamkeit entstehen zu lassen. Es ist eine Idee, die zunächst im Quartett Österreich/Deutschland/ČSSR/Ungarn beginnt und sich irgendwann zur jährlichen Begegnung aller Präsidenten Mittel- und Südosteuropas weiterentwickelt.

Bundespräsident Klestil mit seinen Kollegen Göncz (Ungarn), Weizsäcker (BRD) und Havel (Tschechien).
Der Teilnehmerkreis bei den jährlichen Präsidententreffen wächst und wächst. Heute kommen nahezu zwanzig Staatsoberhäupter.

Vielen, die Havel – so wie ich – durch Jahrzehnte der Ohnmacht und der Macht immer wieder begegnet sind, malt er später auf sein handsigniertes Präsidentenbild ein rotes Herz ...

Als die Menschen in Bratislava zu weinen beginnen

Doch zurück in das Wendejahr 1989: Als uns im Dezember endlich die Nachricht vom Zusammenbruch des *Eisernen Vorhangs* auch an der tschechoslowakischen Grenze erreicht, macht sich eine kleine Expedition spontan von Wien nach Bratislava auf. Mit dabei sind unter anderem der Künstler André Heller, der spätere EU-Abgeordnete Hannes Swoboda (SP), der frühere VP-Generalsekretär Heribert Steinbauer und ich. Die Grenze ist plötzlich wie weggeblasen und Pressburg so unglaublich nahe. Das Denkmal für die Sowjet-Soldaten haben unbekannte Hände rosarot überpinselt, die Stadt liegt im Freiheitsfieber.
Wir sind zu einer Spontan-Diskussion ins legendäre Kellertheater

Unmittelbar nach der „Wende“: Das unvergessliche Treffen in Bratislava, unter anderem mit Hannes Swoboda, André Heller und prominenten Slowaken.

„Studio S“ geladen. Als wir auf die Bühne kommen, beginnen Menschen im Publikum zu weinen und wollen uns berühren – um sicher zu sein, dass wir auch wirklich da sind. *„Wir kennen euch alle“*, sagt einer, *„wir haben sogar dort unsere Urlaube gemacht, wo wir ORF-Nachrichten und den ‚Club 2‘ empfangen konnten. Aber wer hätte je geglaubt, dass ihr einmal zu uns kommt!“* Seit der Ankunft von Ägyptens Präsident Anwar Sadat in Jerusalem zwölf Jahre zuvor habe ich keine ähnliche Euphorie und Aufbruchstimmung erlebt. Gemeinsam träumen wir von einer grenzenlosen Nachbarschaft, die mehr ist als eine Nachbarschaft ohne Grenzen. André Heller aber ahnt, wie kurzatmig jede Euphorie ist: *„Die Stunde der Wahrheit kommt erst in zwei, drei Jahren …“*, sagt er.

≈

Auch für uns Österreicher ändern sich mit dem Jahr 1989 und dem Ende des Kommunismus die Grundkonstanten unserer

Außen- und Sicherheitspolitik. Alles ist jetzt neu zu überdenken: unsere Aufgabenstellung im Zentrum Europas, der Wert und Sinn unserer Neutralität – und unser Verhältnis zu Washington und Moskau. Eine goldene Zeit ist angebrochen – auch des Journalismus, unterwegs zwischen dem Aufbruch ins Ungewisse und dem viel zitierten *Ende der Geschichte.*

Beides – Ende und Aufbruch ins Ungewisse – erlebe ich auch persönlich: Nach 25 faszinierenden und aufreibenden KURIER-Jahren nehme ich unter ärztlichem Zwang Abschied vom Tagesjournalismus. Die alten Kontakte und Schauplätze aber bleiben mir in den folgenden zehn Jahren an der Seite zweier Bundespräsidenten in anderer Weise immer wieder nahe.

Unvergeßlicher Abend mit Michail Gorbatschow

Der Mann, der mit der unblutigen Auflösung der Sowjetunion auch die Stellung Österreichs in Europa und der Welt entscheidend verändert, Michail Gorbatschow, soll auch in diesen persönlichen Erinnerungen einen besonderen Platz erhalten. Vier Jahre nach seinem Rücktritt von der Allmacht im Kreml kommt Gorbatschow im Dezember 1995 mit Gattin Raissa nach Wien. Im *Haus der Industrie* wird er einen Festvortrag halten. Bundespräsident Klestil stimmt dem Wunsch der Veranstalter zu, dass ich, sein Sprecher, das Leben und Wirken des großen Gastes vorstellen darf.

Es ist ein ehrenvoller und doch sehr heikler Auftrag: Denn unbestritten hat Gorbatschow den Lauf der Weltgeschichte in der zweiten Hälfte des 20. Jahrhunderts mehr geprägt als jeder andere politische Führer. Aber seine Größe wuchs letztlich auch aus dem Scheitern seiner ursprünglichen Pläne. Mit List, Härte,

Nächste Doppelseite: Ob unter Zaren, KP-Führern oder Putin und Medwedjew: Die Macht wohnt hinter den hohen Mauern des Kreml, jenseits des Roten Platzes.

ЛЕНИН

Michel Gorbatschow kommt 1995 nach Wien: Der gemeinsame lange Abend beginnt im „Forum Schwarzenbergplatz" und bleibt ein außenpolitisches Ausnahmeerlebnis.

Überredung und unzähligen halben Fort- und Rückschritten hat er den *Kalten Krieg* und die Zweiteilung der Welt beendet; hat entscheidend an der Trockenlegung vieler Regionalkonflikte mitgewirkt und die deutsche Einigung möglich gemacht – und ist doch zugleich unfreiwillig zum Liquidator der Sowjet-Weltmacht, des Kommunismus und des Ostblocks geworden. Noch heute ist das 150-Millionen-Volk der Russen mehrheitlich überzeugt, durch Gorbatschows Versagen seine alten, ohnedies kargen Sicherheiten gegen abstrakte Freiheiten, aber eine sehr konkrete Not und Unsicherheit eingetauscht zu haben.

All das und noch mehr muss ich Michail Gorbatschow, der an diesem Abend im Wiener *Haus der Industrie* neben mir sitzt, und

Linke Seite: Rußland nach dem Ende der KP-Herrschaft. Seit Gorbatschow hat die Führung den Wert der orthodoxen Kirche zum Machterhalt und zum Wiederaufbau von Werten erkannt. Juri Gagarin, einst erster Kosmonaut, hatte noch triumphal aus dem All berichtet, er habe „Gott nicht gesehen". Jetzt sind auch die Spitzenpolitiker wie Putin und Medwedjew regelmäßig Besucher der großen Gottesdienste – und die Kirchen des Kreml strahlen in neuem Glanz.

Friedensnobelpreisträger Gorbatschow mit Gattin Raissa in Wien: Hat sie ein Besuch auf dem Reaktorgelände von Tschernobyl später das Leben gekostet?

seiner gespannt zuhörenden Frau in freundlicher Wahrhaftigkeit sagen. Und ich erlebe, wie schwer es ihm fällt, dieses Urteil zunächst kommentarlos anzunehmen. Als ich aber mit den Worten schließe, Gorbatschow bleibe der Mann, der sein Land und seine Macht verloren geben musste, dafür aber die Welt tiefgreifend zum Besseren verändert hat, da legt der frühere Sowjet-Präsident und Friedensnobelpreisträger sein vorbereitetes Rede-Manuskript beiseite, zeigt sich zu meiner Überraschung mit meiner Beurteilung durchaus sehr einverstanden – und antwortet spontan auf die angesprochenen Themen.

Vor uns, in der ersten Reihe, sitzen Alt-Bundespräsident Waldheim, Kardinal König – und der schon erwähnte weltberühmte Psychiater und Gründer der Logotherapie, Viktor Frankl mit seiner Frau Eleonore. In einer großen deutschen Zeitung hat Frankl Monate zuvor auf die Frage, mit wem er einen Abend verbringen möchte, ohne Zögern *„mit Michail Gorbatschow“* geantwortet. Also habe ich das Ehepaar Frankl eingeladen, am anschließenden Essen mit den Gorbatschows in einem sehr kleinen Kreis teilzunehmen. Die gegenseitige Vorstellung der beiden Paare sorgt für eine kleine Überraschung: Viktor Frankl strahlt den früheren Kreml-Chef begeistert an, dem aber ist Frankls Biografie und Bedeutung sichtlich unklar. Raissa Gorbatschowa hingegen, eine studierte Philosophin und Soziologin, bewundert sichtlich den großen Psychiater Frankl und kennt auch seine wichtigsten Werke.

Der folgende gemeinsame Abend gehört zu jenen Ausnahmestunden meines Lebens, in denen ich von Minute zu Minute mehr bereue, kein verstecktes Tonband laufen gelassen oder aber kein besseres Gedächtnis zu haben. Gorbatschow fühlt sich durch unsere vorangegangene öffentliche Diskussion offenkundig verstanden und lässt keine meiner Fragen unbeantwortet. Was er in gelöster Stimmung etwa über den Verlauf seines Gipfeltreffens mit US-Präsident Ronald Reagan am 12. Oktober 1986 im isländischen Reykjavik erzählt, ist Weltgeschichte pur.

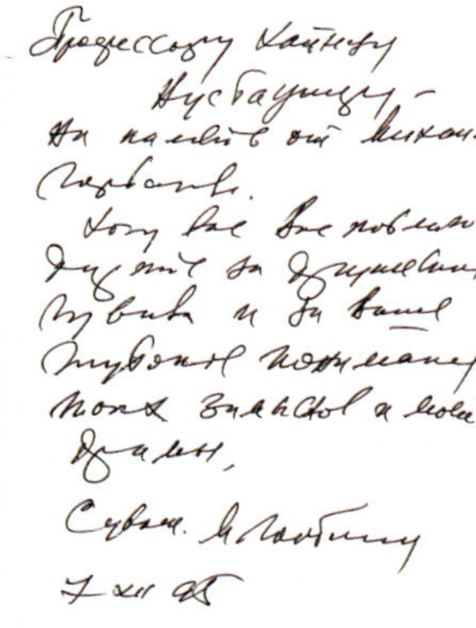

Nach unserem Treffen bedankt sich Gorbatschow brieflich „für die Freundschaft und das tiefe Verständnis meiner Absichten und meines Dramas“.

Unterwegs durch Niederlagen zum Sieg

Als Gorbatschow später noch einmal nach Wien kommt, erinnere ich ihn an jenen unvergesslichen Abend, an dem seine 1999 verstorbene Gattin Raissa noch so lebhaft mitdiskutiert hat. Ihre tödliche Leukämie-Erkrankung hat sie sich nach medizinischen Gutachten vermutlich während eines Besuchs ins Niemandsland von Tschernobyl zugezogen. Bei der Erwähnung seiner Frau hat Gorbatschow rasch Tränen in den Augen und spricht vom Glück seiner Ehe. György Dalos, der große ungarische Schriftsteller, schreibt später in seiner Gorbatschow-Biographie dazu: *„Die Beziehung zwischen Raissa und Michail war von Anfang bis Ende die seltene Symbiose von Menschen, die für Freud und Leid ein gemeinsames Konto haben.“* Vielleicht ist gerade dieses für mich bisher letzte Gespräch mit Gorbatschow der Augenblick meiner stärksten Bewunderung für eine politische Ausnahmegestalt, der es aufgetragen war, von Niederlage zu Niederlage zu marschieren – und vor der Geschichte doch siegreich zu bleiben.

≈

1989 – *annus mirabilis,* das wunderbare Jahr Osteuropas, wird man später sagen. (In Russland dauert es bis 1991, bis der Kommunismus endgültig Geschichte ist.) Dann aber ist jeder

Russlands politische „Väter“ en miniature: Lenin, Stalin, Chruschtschow, Breschnjew, Gorbatschow, Jelzin und Putin (von links nach rechts).

Zweifel beseitigt: Ein System hat abgedankt. Freiheit siegt über Gewalt, Einheit über Trennung. Wir Österreicher – auch wir Journalisten – haben es lange nicht kommen sehen, haben vielleicht auch zu wenig hingeschaut. Vor allem aber haben wir – habe ich – nachher zu lange gebraucht, um das ganze Ausmaß dieses Wandels zu begreifen. Erst im Dezember 1993, als die Präsidenten Havel und Klestil gemeinsam am Hradschin den Prager Christbaum entzünden und als acht Tage später – wie schon erwähnt – die Präsidenten Weizsäcker und Klestil im unwirklichen Licht von Nebel, Regen und Scheinwerfern durch das Brandenburger Tor von West- nach Ostberlin hinübergehen – erst da ist Europa für mich auch im Herzen ungeteilt.

Gehen gemeinsam bei Nebel und Regen durch das wieder eröffnete Brandenburger Tor in Berlin: Thomas Klestil und Richard von Weizsäcker.

[5] IN **ISRAEL**

Nicht immer Milch und Honig

IN DEN **HAUPTROLLEN**

GOLDA MEIR
YITZHAK RABIN
SHIMON PERES
YIGAL ALLON
ABBA EBAN

SIMON WIESENTHAL
und ein freundlicher Herr
vom Geheimdienst

sowie
KURT WALDHEIM
THOMAS KLESTIL
und BRUNO KREISKY

Alles beginnt im Sommer 1964. Ich bin Jungredakteur einer kleinen Salzburger Tageszeitung – und zum ersten Mal in Israel. Die Begegnung mit dem noch jungen Staat ist aufregend und berührend. *„Was für ein Land!“*, schreibe ich später begeistert. *„Gibt es noch irgendwo sonst einen so geschichtsgetränkten Boden, ein so gepeinigtes, an seinem Schicksal gereiftes Volk?“* Zwei Jahre später liegt genau diese Zeitungsserie auf dem Tisch von Chefredakteur Hugo Portisch, als er mich nach Wien holt, zum KURIER. Das gelobte Land hat Schicksal gespielt. Und es bleibt nicht bei diesem einen Mal ...

Noch jung und gar nicht kriegserfahren: Vor dem Abflug in den Sechstagekrieg 1967.

≈

Ende Mai 1967 teile ich den *El Al*-Flug Wien-Tel Aviv mit vielen jungen österreichischen Juden und Israels Oberrabbiner Shlomo Goren. Im Nahen Osten riecht es nach Krieg – viele haben sich freiwillig zum Wehrdienst in Israel gemeldet. Noch ahnt keiner, dass der Oberrabbiner schon wenige Tage später im Getümmel freudetrunkener Soldaten an der eroberten Klagemauer in Jerusalems Altstadt die *Schofar* blasen wird – zur feierlichen Anerkennung Gottes als König, Beschützer und Richter des jüdischen Volkes. Bei der Eroberung Jerichos unter Josua haben sieben dieser Posaunen aus Widderhorn die Stadtmauern zum Einsturz gebracht – jetzt verkündet sie die Wiedervereinigung Jerusalems unter israelischer Herrschaft.
Davor liegen dramatische Tage der bangen Erwartung und des Kriegsbeginns: Wegen unerlaubten Fotografierens landender

Vor der Klagemauer in der Altstadt von Jerusalem: Ein Rabbiner mit der Schofar (Widderhorn) - Zeichen der Dankbarkeit für die Wiedervereinigung der Stadt.

Kampfflugzeuge werde ich noch zwei Tage vor Ausbruch der Kämpfe im Süden der Negev-Wüste, nahe den *Minen des König Salomon* in Timna, verhaftet und verhört. Militärs holen den Film aus meiner Kamera – erst als sich die Fotos als harmlos erweisen, darf ich nach Tel Aviv zurückfliegen.

Noch ganz im Bann des eben Erlebten schreibe ich meine Reportage – aber der Militärzensor, dem in diesen Tagen alle Korrespondentenberichte vorgelegt werden müssen, ehe sie zum Fax gehen, ist sehr unzufrieden mit mir: *„Das geht doch viel freundlicher“*, sagt er, *„Verhaftung und Verhör – das klingt nicht wirklich positiv“* – und schickt mich zum Umschreiben. Noch zweimal gefällt ihm meine Geschichte nicht, immer wünscht er sie *„freund-*

Jerusalem nach der Eroberung der Altstadt 1967: Orthodoxe Juden bestaunen das Militär, Gläubige beten an der Klagemauer, Soldaten bewachen den Tempelberg.

licher". Am Ende klingt es wie ein Werbeartikel für die hilfsbereite israelische Armee, die uns Journalisten sogar die Filme entwickelt. Das wirkliche Geschehen ist kaum noch zu erkennen. Zuhause in Wien liest Hugo Portisch meinen seltsamen Artikel und sagt: *„Der ist verhaftet worden – und darf es nicht schreiben."* So steht es anderntags dann auch im KURIER.

„Wir haben Waffen - du hast keine Ahnung!"

In diesen ersten Junitagen 1967 erlebe ich aber auch die Angst der Israelis vor dem Untergang. Das kleine Land, von großen, waffenstarrenden Feinden umgeben, die nicht nur einmal vollmundig verkünden, die Juden bei nächster Gelegenheit ins Meer

zu werfen. Das Bild vom jüdischen David und dem arabischen Goliath geht in diesen Tagen um die Welt. Dagegen setzt Israel auf seinen Überlebenswillen, seine Allianz mit den USA und seine überlegene Waffentechnik. Noch heute erinnere ich mich an jene Straßenecke in Tel Aviv, an der mir ein israelischer Freund und prominenter Journalist in diesen letzten Stunden vor Kriegsbeginn zuflüstert: *„Sie werden von allen Seiten auf uns einstürmen. Aber mach' dir keine Sorgen – nicht um dich und um uns: Wir haben Waffen – du hast keine Ahnung. Wenn wir verlieren, gehen auch alle unsere Nachbarn mit zugrunde!"*

≈

Die Nacht vom 4. zum 5. Juni 1967 erlebe ich im Kibbuz Givat Hayyim, unmittelbar an der alten Waffenstillstandslinie Israels zu Jordanien: Mein israelischer Gastgeber, aus Deutschland stammend, liest uns Gedichte von Heinrich Heine vor. Auf der Terrasse zirpen die Grillen, Sternschnuppen fallen vom Himmel – es ist ein Bild totalen Friedens.

Nur ein paar Stunden später sitzen wir dicht gedrängt im Luftschutzkeller des *Dan-Hotels* in Tel Aviv – übrigens gemeinsam mit Heinrich Böll und vielen prominenten Freunden Israels. Die große Stadt ist an diesem 5. Juni 1967 total verdunkelt. Bis wir uns spätabends bangen Herzens ein erstes Mal ins Freie wagen: Keine Straßenbeleuchtung, keine Lichter in den Fenstern – und lichtlos sind auch die wenigen Autos unterwegs. Das Militär hat die Medien zu einem ersten Lagebericht geladen. Wir alle sind auf das Schlimmste vorbereitet – und dankbar erinnere ich mich an das Versprechen meines Chefredakteurs: „*Wenn es für Israel schlecht ausgeht: Keine Angst. Ich kenne den Kommandanten der 6. US-Flotte im Mittelmeer. Der holt Sie heraus.*" Wie gut, denke ich, einen international so vernetzten Chef zu haben.

Die Freude ist grenzenlos: Israelische Soldaten und Rabbiner singen und tanzen vor den mächtigen Steinquadern der alten Tempelmauern von Jerusalem.

Was dann geschieht, ist für uns alle schwer fassbar – und unglaublich ist auch das coole Understatement der Generäle: Es dauert Minuten, bis wir begreifen: Die Luftwaffen aller arabischen Nachbarn sind schon vernichtet – am ersten Kriegstag! – und Israels Armeen überall auf dem Vormarsch. In dieser Stunde ist unsere Erleichterung, ja Freude größer als unsere journalistische Objektivität – und ganz Österreich, das unsere Berichte liest, freut sich mit. Später weiß ich, dass nicht jeder, der zuhause mitjubelt, auch ein Freund Israels ist:

So viel Sieg gefällt jetzt plötzlich auch denen, die dem jüdischen Volk ein paar Jahrzehnte vorher das Ende gewünscht hatten ...

Das Amulett des toten ägyptischen Piloten

In den sechs Kriegstagen von 1967 sehe, höre und rieche ich zum ersten Mal, was Krieg wirklich heißt: Die zerrinnenden Körper in der Hitze Sinais. Die Heckenschützen, die uns aus Bäumen unter Beschuss nehmen. Die Minen, die auch Journalisten-Kollegen zum Schicksal werden – und meinem Freund und Kollegen Ernst Trost am Übergang zum Gaza-Streifen ein Stück Unterschenkel wegreißen. Die hinter Sperrgittern kauernden, gefesselten arabischen Soldaten. Die vielen weißen Fahnen der Kapitulation in den arabischen Dörfern.

Israel ist in diesem Krieg bemüht, den Medienvertretern aus aller Welt einen ganz unmittelbaren Lokalaugenschein seines Sieges zu bieten: in Jerusalem, in Sinai, auf den Golanhöhen und anderswo. *Embedded Journalism* heißt das Jahrzehnte später, als eine US-Streitmacht Ende 2003 den irakischen Diktator Saddam Hussein stürzt. Der Krieg in Nahaufnahme.

Im Tiefflug erleben wir aus Militärmaschinen das furchtbare Ende der ägyptischen Armee, das Scheitern eines politischen Großmachttraums: Eine endlose Kolonne zerbombter, ausgebrannter, zerschossener Panzer windet sich mitten in Sinai die Straßen zum Mitla-Pass hinauf – ohne die Grenze Israels je erreicht zu haben. Dazu ein überdimensionaler, schwarzer Begräbniszug vernichteter Militärfahrzeuge. Unzählige tote, verkohlte ägyptische Soldaten liegen zwischen zerborstenem Eisen. Auf dem Flugfeld von Djebel Libni – im flirrenden Nirgendwo des Sinai – stehen noch die hölzernen Attrappen russischer MIG-Jets. Und wenige hundert Meter entfernt, unter Tarndecken versteckt, die echten Kampfmaschinen. Aber die von Ägyptens Luftwaffenführung erhoffte Täuschung ist nicht gelungen: Alle Holzflug-

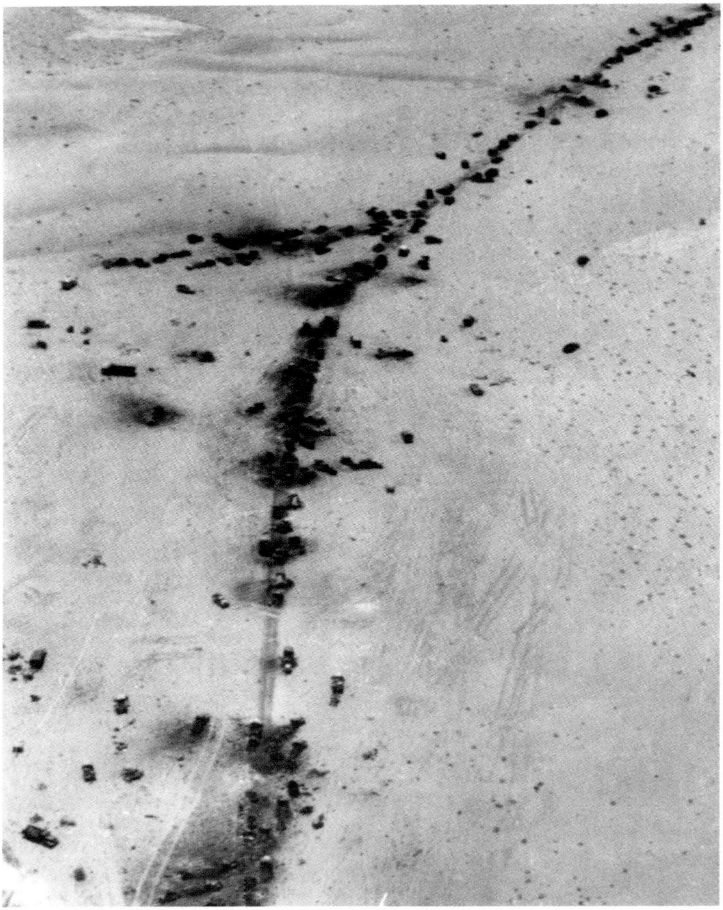

Der Rest ist Rost: Die furchtbare Prozession ausgebrannter ägyptischer Panzer, die noch auf der Fahrt zur Front von Israels Luftwaffe zerstört wurden.

zeuge sind intakt geblieben, alle echten dagegen von Israels Luftwaffe zerstört worden. In einigen von ihnen bietet sich ein schauriges Bild: Am Pilotensitz sind die sterblichen Überreste der ägyptischen Flieger festgezurrt, der Tod kam offenbar unmittelbar vor dem Start. Auf dem Boden einer dieser Maschinen liegt das Amulett eines Piloten mit einem Koranspruch: *„Im Namen* *des einzigen Gottes, des heiligen und höchsten im Himmel und auf Erden ...*" In der Hitze der Explosion ist der Schluss der Sure geschmolzen. Ich nehme das Amulett an mich und will es in Ehren halten – aber schon auf dem Rückflug wäre ich am liebsten umgekehrt: Hätte es nicht unter allen Umständen bei dem Toten bleiben müssen?

≈

In diesen ersten Junitagen 1967 besuche ich in Gaza eines der riesigen palästinensischen Flüchtlingslager, das *Jabaliya Camp*. Seit dem Unabhängigkeitskrieg von 1948 haust hier ein entsetzliches Elend – und wird auch in den folgenden Jahrzehnten das Schicksal dieser Stadt prägen. Bis heute ist Gaza der furchtbarste Schauplatz des ungelösten Nahostkonflikts. Das Ausgehverbot ist für eine halbe Stunde unterbrochen, um den Menschen den Gang zum Markt zu ermöglichen, soweit es überhaupt etwas zu kaufen gibt. Wie auf ein unhörbares Kommando hin öffnen sich plötzlich die Türen vieler dieser jämmerlichen, braun gekalkten Elendshütten. Männer, Frauen und Kinder drängen mir entgegen – viele Hunderte. Eine Prozession ausdrucksloser Gesichter. Ich weiche zurück, will fliehen. In diesem Moment hebt die herandrängende Menge langsam die Hände. Nicht aggressiv, nicht bettelnd, sondern hoch über den Kopf hinaus – als Zeichen der Unterwerfung. Kinder nehmen mich am Arm, ziehen mich

Militärflughafen Djebel Libni, mitten im Sinai: In den verkohlten Resten eines Militär-Jets finde ich das Koran-Amulett eines ägyptischen Piloten.

Nächste Doppelseite: Bilder eines Krieges zwischen Siegesfreude, Zerstörung und Unterwerfung. Über der glutheißen Sinai-Wüste liegt der Verwesungsgeruch ungezählter toter Soldaten.

UN
UN
UN

Zurückgelassene Schuhe im Gazastreifen: Auf der Flucht vor dem israelischen Feind vertrauen ägyptische Fellachen lieber auf ihre natürlichen Gehwerkzeuge.

vor ihre zerbombte Schule und singen mir mitten in den Trümmern ihr Kampflied gegen Israel vor, mit dem sie bisher Tag für Tag den Unterricht begannen. Bis alles in Schutt zerfallen ist.

≈

Unterwegs durch die vom Krieg zerschundenen Wüstenlandschaften in Sinai macht unser Miltärbus tags darauf eine kurze Station. Zwischen glühendem Sand, Kleiderfetzen und zurückgelassenen Militärstiefeln entdecke ich ein kleines, der Wüste mühsam abgetrotztes Tomatenbeet. Große, pralle und tiefrote Früchte wachsen hier unter gleißender Sonne – ein Wunder der Fruchtbarkeit mitten in dieser Wegwerf-Landschaft. Eine davon möchte ich kosten – und finde zu ihren Füßen eine schlichte, schön geformte Amphore aus Ton. Als ich nach ihr greifen will, brüllt ein Begleitsoldat, der mir gefolgt ist: *„Weg!“* Sekunden später weiß ich: In ihrem Inneren hat ein Sprengsatz auf mich gewartet.

Ein Wasserkrug und eine bittere Erfahrung

Noch einer dieser tönernen Wasserkrüge hinterlässt in diesen Kriegstagen bleibende Spuren in meiner Erinnerung. Er lässt mich auf bestürzende Weise erleben, wie der Zusammenbruch der staatlichen Ordnung auch uns Menschen verändert – auch mich: Nur wenige hundert Meter vor Bethlehem macht der Militärkonvoi, mit dem wir unterwegs sind, plötzlich Halt – und wartet, bis sich die arabischen Stadtväter der Geburtsstadt Jesu der israelischen Übermacht kampflos ergeben. Beiden Seiten ist klar: Wer künftig über Jerusalem herrscht, der soll auch über Bethlehem regieren. Nur dann können Touristen und christliche Pilger die so nahe beieinander liegenden Heiligen Stätten besuchen und Bethlehem ein wirtschaftliches Überleben sichern. Also ist Warten angesagt – mitten im Krieg bricht Langeweile aus.
Irgendwann springen die ersten israelischen Soldaten von unserem Truppentransporter, um ein arabisches Geschäft mit Wasserkrügen am Straßenrand zu plündern. Ich sehe ihnen zu – und bin ratlos, ja entsetzt: So rasch also lösen sich die Gesetze der Zivilisation in Nichts auf. Nur wenig später holen sich auch die ersten europäischen Begleit-Journalisten, die neben mir auf einem Truppentransporter stehen, einen Wasserkrug zum Nulltarif – Souvenir und Kriegsbeute. Und irgendwann kommt jener Moment, in dem auch ich von unserem Militärfahrzeug springe und mir einen Krug hole. Einfach so. Seither weiß ich um die furchtbare Verlockung, die aus Gesetzlosigkeit und Übermacht wächst. Und immer wieder frage ich mich, ob ich mich in Zeiten der Diktatur wirklich bewährt hätte.

Der freundliche Herr vom geheimen Dienst

Ein freundlicher Herr erwartet mich schon, als ich an einem dieser Kriegstage erschöpft in mein Hotel in Tel Aviv zurück komme.

Er stellt sich als *„alter Wiener“* vor, hat eine Flasche israelischen Rotwein im Arm und möchte, wie er sagt, seine Erinnerungen auffrischen. Ich bin todmüde, muss noch meine Reportage vom Besuch der syrischen Golanhöhen schreiben und sie dann – nach dem obligaten Besuch beim Zensor – nach Wien schicken. Und am nächsten Morgen geht es bei Sonnenaufgang in den Sinai. Die falsche Stunde also für altösterreichische Nostalgie.

Aber der Herr ist hartnäckig. Er wartet in der Hotellobby, bis ich den Staub des Krieges weggeduscht habe. Ich brauche lange, bis ich hinter der demonstrativen Wien-Nostalgie seinen wahren Auftrag durchschaue. Mit meiner Redaktion habe ich erst am Vortag einen Versuch vereinbart, nach Kriegsende über die Kriegsfront auf die arabische Seite hinüber zu wechseln, zu den Verlierern. Das große Ziel ist ein Interview mit Jordaniens König Hussein in Amman, um zu erkunden, wie es jetzt weitergehen könnte – auf Seiten der geschlagenen Araber und überhaupt.

„Sie wollen also nach Jordanien, wie ich höre“, sagt der freundliche Israeli beim dritten Glas zu meinem Erstaunen. Und dann: *„Wir helfen ihnen dabei. Dafür aber möchten wir Ihnen ein paar Fragen mitgeben, die uns interessieren.“* Wer *„wir“* ist, sagt er nicht, aber es ist mir inzwischen klar. Auch eine Geldsumme bietet mir der *„alte Wiener“* – als ich das ablehne, lockt er mich mit einem Exklusiv-Interview mit Außenminister Abbba Eban. Ich, jung und naiv, gehe auf diesen Deal ein – und lese am nächsten Morgen enttäuscht ein Telex meiner Redaktion: *„Abraten dringend jeden Versuch, nach Jordanien zu kommen – alle Journalisten in Israel jetzt in Arabien auf ‚schwarzer Liste‘. Bitte kein Risiko eingehen!“* Schade. Nur: Ich möchte unbedingt das Interview mit Israels Außenminister – und entschließe mich also, dem freundlichen Herrn bei unserem nächsten Gespräch nichts von dieser Warnung zu sagen. Bald aber ist klar, wie sehr ich den Emissär vom geheimen Dienst unterschätzt habe: Als er am nächsten Abend in mein Hotel kommt, öffnet er eine neue Flasche *Carmel Avdad,*

klopft mir freundlich auf die Schulter und sagt: *„Sie Armer, Sie dürfen ja gar nicht nach Jordanien fahren …“*

Das große Exklusiv-Interview mit Abba Eban bekomme ich trotzdem – ohne die besprochene Gegenleistung. Und da sich Israels Regierung in diesen Kriegstagen – vom Kriegshelden Moshe Dayan abgesehen – in totales mediales Schweigen hüllt, findet es auch international große Beachtung.

Freilich: Als ich später, aus dem Krieg nach Wien heimgekehrt, meinem Chefredakteur die näheren Umstände erzähle, gibt mir Hugo Portisch eine Lektion fürs Leben: *„Nie – niemals – ein Geschäft mit Geheimdiensten! Um keinen Preis, auch wenn er journalistisch noch so attraktiv ist. Das ist der Anfang vom Ende jeder journalistischen Freiheit.“* Sein Worte begleiten mich jahrzehntelang durch manch ähnliche Herausforderung. Später erlebe ich in meiner engsten beruflichen Umgebung erschüttert, wie liebe Kollegen irgendwann an ähnlichen Verlockungen zerbrechen.

Fragen an den unbekannten Vater

Meinen eigenen Vater habe ich nie kennen gelernt – vier Wochen vor meiner Geburt war er 1943 als Kriegsberichterstatter des Zweiten Weltkriegs gestorben. Später, als Jugendlicher, lese ich auf unserem Dachboden seine Berichte in vergilbten Zeitungen mit einer Mischung aus Neugier und Distanz: Wie konnte ein so christlich fundierter Mann jener furchtbaren Ideologie auf den Leim gehen? *„Du musst damit leben, einen Verbrecher zum Vater zu haben“*, sagt mir ein Israeli später. Alles in mir rebelliert. Jahre danach finde ich die Briefe meines Vaters aus jenen Kriegstagen an seine Schwester: Seine Gewissenskämpfe, immer hin- und her gerissen zwischen Charakter und Karriere, zwischen Anstand, Anpassung und Anfälligkeit für öffentliche Anerkennung. Oft frage ich mich in den folgenden Jahren: Wie lernfähig macht uns – die Erben – eigentlich eine solch tragische Erfahrung?

Israel wird zum Land meiner Bewährung. Als Journalist und als Mensch. Darf man – gerade als Österreicher – ein Volk mit dieser schrecklichen Geschichte überhaupt kritisieren? Und wenn ja: Wo läuft die Scheidelinie zwischen notwendigem politischem Widerspruch gegen manches, was mich an Israels Politik immer wieder irritiert und verzweifeln lässt – und einer ungewollten Beihilfe zum noch immer latenten Antisemitismus? Wie lässt sich mit diesem Dilemma halbwegs anständig umgehen?
Ich erlebe israelische Botschafter in Österreich, die mich attackieren und meine Abberufung als Nahost-Berichterstatter fordern. Und Nachfolger, die mich stützen und rührende Gesten der Dankbarkeit zeigen. Über Jahrzehnte hinweg sitze ich zwischen Stühlen – und spüre alle Zweifel, alle Widersprüche des Nahen Ostens auch in mir. Fassungslos stehe ich in und um Jerusalem vor der Gefühllosigkeit und Bauwut jüdischer Einwanderer – und entdecke nur Minuten später in den Augen eines alten jüdischen Kaufmanns das ganze erlittene Leid seiner Generation.
Wie, so frage ich mich immer wieder, wie kann man den Zeitzeugen der *Shoa* und ihren Nachkommen gerecht werden – und die eigenen ethischen Grundsätze trotz allem nicht aufgeben? Im Nahen Osten die innere Balance zu halten – journalistisch und persönlich – ist nicht immer einfach; gerade dann, wenn einem auf allen Seiten dieses Endlos-Konflikts Freunde, Vertraute zuwachsen. Wie kann es gelingen, zugleich distanziert und betroffen zu sein – und doch auch eingespannt in die übervollen Scheunen der dunklen gemeinsamen Erinnerung?

≈

Irgendwann sitze ich im burgenländischen Eisenstadt bei einem Symposium am Podium. Ein jüdischer Mitdiskutant erzählt von seinem Sohn, der im Sechstagekrieg als Israeli einem ägyptischen Soldaten gegenüberstand: Aug in Aug. Wer zuerst schoss, der überlebte. Der Sohn hat geschossen – und trägt seither die Halskette seines toten Gegenübers mit einem Koranspruch, erzählt der Vater nicht ohne Stolz und Rührung. *„Das ist ein neuer Beweis für die ewige humanitäre Mission des Judentums – kein Muslim würde Ähnliches tun“*, sagt jemand unter allgemeiner Zustimmung – und lässt mich nachdenklich nachhause fahren. Anderntags schreibe ich in meiner Zeitung: *„Ist es nicht die ewige Tragödie des jüdischen Volkes, entweder unterschätzt oder überschätzt und überfordert zu werden?“*. Und weiters: *„Warum darf es nicht ein ganz normales Volk sein, so wie jedes andere auch?“* In den folgenden Tagen geht es mir beruflich nicht gut – in der Redaktion und bei vielen Lesern. Solche Sätze sollte man nicht schreiben, heißt es. Nicht über Israel – und schon gar nicht in Österreich.

Die Last der Geschichte und der Gegenwart

Journalist in Israel – gar als Österreicher – bedeutet unvermeidbar das Eintauchen in ein Netzwerk von Gefühlen, Erfahrungen, Erinnerungen, das auch mit dem Zeitabstand nichts von seiner emotionellen Sprengkraft verliert. Immer wieder spüre und durchlebe ich in Israel das Drama eines Landes zwischen grellem Selbstbewusstsein, nagenden Selbstzweifeln und Selbstzerfleischung; zwischen jüdischem Kleinstaat und großisraelischem Anspruch; zwischen der biblischen Zusicherung, *„ein gutes und weites Land“* zu erben, *„ein Land, darin Milch und Honig fließt“* (2. Buch Moses) – und der tragischen Wirklichkeit von Krieg, Terror und latenter Existenzangst.
Dazu noch die besondere Last der gegenseitigen Geschichte: In Österreich der Widerstreit zwischen alten antisemitischen Stereotypen und Schuldkomplexen, zwischen Bewunderung für Israels Aufbauleistung – und einem weit verbreiteten Unverständnis gegenüber der konkreten Politik Jerusalems, vor allem im Umgang mit den Palästinensern. Und in Israel ein latentes Gemenge von Distanz und Nähe zu Österreich, von Misstrauen

und ritueller Beschwörung einer versunkenen gemeinsamen Kulturgeschichte. Wie viele spannende, auch spannungsreiche und bittere Gespräche habe ich erlebt – und wie oft sind sie bei der zum Symbol vereisten Erinnerung an die jubelnden Menschenmassen jenes 13. März 1938 am Wiener Heldenplatz gelandet: Ein ganzes Volk im Hitler-Fieber. *„Ihr kennt nur die, die damals dabei waren“*, sage ich dann bisweilen recht hilflos, *„aber ihr kennt nicht die anderen, die zuhause waren – und weinten.“* Innerlich aber spüre ich, wie wenig überzeugend mein Argument im Grunde ist.

Als das Tonband ganz tonlos war

Mit der üblichen Zwischenstation Zypern bin ich im Mai 1973 zwischen Kairo und Tel Aviv unterwegs – und stelle dieselben Fragen an die beiden amtierenden Regierungschefs Ägyptens und Israels, Abdul Kader Hatem und Yigal Allon. Ein Doppelinterview als *indirekten Dialog* sozusagen, zur Überwindung der beiderseitigen Gesprächsverweigerung. Beide Seiten wissen, wer ihr jeweiliger Partner sein würde; beide akzeptierten diese Herausforderung. Tage später wird dieses *Gespräch zwischen den Fronten* über Nachrichtenagenturen und Zeitungen buchstäblich um die Welt gehen.

Die innere Geschichte dieser Interviews ist aufregend. Yigal Allon, damals Israels Vizepremier und ein leidenschaftlicher Befürworter eines territorialen Ausgleichs mit den Palästinensern, lädt mich ein, das Gespräch in seinem Auto zu führen – unterwegs von Jerusalem nach Petach Tikvah, wo seine Chefin, die legendäre Ministerpräsidentin Golda Meir, eben im Krankenhaus liegt.

Ist es die persönliche Nähe im Fonds seines Regierungswagens oder einfach die Gunst der Stunde, die diesem Gespräch die nötige Zeit und Gelassenheit schenkt? Jedenfalls: Es wird ein tolles Interview. Aber beim Aussteigen bemerke ich voller Schrecken: Die Tonbänder sind leer. Kein Wort von allem, was wir eben besprochen haben, ist festgehalten. Ich bin verzweifelt und versuche, Allon zu einer Wiederholung zu überreden. „*Nein*“, sagt er, „*das wird jetzt nichts Vernünftiges mehr.*“ Und fügt lächelnd hinzu: „*Macht gar nichts – schreiben Sie einfach, was Sie im Gedächtnis haben. Und wenn es mir nicht gefällt, dann dementiere ich. Vergessen Sie nicht: Sie haben jetzt gar nichts in der Hand ...*“

Das „Gespräch zwischen den Fronten“ von Ägyptens Vizepremier Abdul Kader Hatem (im Bild) und Israels stv. Regierungschef Yigal Allon wird zur Medien-Sensation.

nussbaumer

beirut, lebanon,p(ap)-a dozen lebanese newspapers saturday splashed pictures and stories of the exclusive interview premier takieddin solh gave to heinz nussbaumer, foreign editor of the vienna newspaper kurrier.

most of the reports quoted solh as praising austria for its decision to close down a transit camp within its borders for soviet jews emigrating to israel.

a headline in a leading nationalist daily alanwar said, +austria asserted its sovereignty by rejecting israeli pressures: solh.+ the article was accompanied by a picture of solh with nussbaumer.

Von dem spannenden Gespräch im Regierungsauto bleibt am Ende nur eine recht schwache Sicherheits-Version übrig. Journalisten-Schicksal.

„Der Libanon, das unzivilisierteste Land der Erde!"

Auch mit Abba Eban, dem langjährigen brillanten Außenminister Israels, der mir nach unserem Exklusivgespräch während des Sechstagekriegs 1967 noch mehrmals zu Gesprächen zur Verfügung steht, endet ein Interview recht kurios. Eban ist 1973 wieder einmal in Wien, wir sitzen unter vier Augen in der Beletage des noblen *Imperial-Hotels* – und der sonst so zurückhaltende Herr mit dem feinem Sprachgefühl und trockenen britischen Humor beginnt unerwartet einen wilden Angriff auf Israels nördlichen Nachbarn: *„Mein Freund"*, sagt er zu mir, *„der Libanon ist das unzivilisierteste Land der Erde!"* Ich horche auf: Ungeschriebene diplomatische Regeln verbieten es, zu Besuch in einem Gastland derart gegen ein drittes Land zu wettern. Habe ich richtig gehört und richtig verstanden? Ich bitte Eban, den letzten Satz zur Sicherheit zu wiederholen. Er tut es lachend und mir wird klar: Das ist seine Botschaft, die offenkundig weithin gehört werden soll.

Das Interview erscheint anderntags, findet ein Riesen-Echo – und prompt melden sich warnend arabische Regierungen, allen voran der Libanon selbst: Hier schaffe sich Israel einen Vorwand für neue Luftangriffe auf Beirut und die Gebiete entlang der gemeinsamen Grenze, heißt es jetzt.

Wenige Stunden später habe ich Rudolf Kirchschläger am Telefon, damals Österreichs Außenminister unter Bruno Kreisky. Er hat, so sagt er, das Interview gelesen, Eban eben zur Rede gestellt und auf die heikle Situation aufmerksam gemacht. Und: Der Israeli sei gewillt, seinen verbalen Großangriff notfalls zu dementieren – was dann freilich auf Kosten meiner journalistischen Glaub-

„Der Libanon ist das unzivilisierteste Land der Erde!" Ein Interview mit Israels Außenminister Abba Eban sorgt 1973 für einen diplomatischen Eklat.

würdigkeit ginge. Vorsichtig fragt mich Kirchschläger, wie ich auf ein solches Dementi reagieren würde. *„Nein"*, sage ich, *„als Opfer dieses Spiels stehe ich nicht zur Verfügung."* Schließlich hätte ich ja glücklicherweise das ganze Interview im Wortlaut am Tonband – auch mit meiner sehr bewussten Nachfrage. Ich könnte die Antwort Ebans also auch ein zweites Mal abdrucken ...

Stunden des diplomatischen Tauziehens vergehen. Der Ausweg, den beide Herren finden, läuft kurze Zeit später über die Agenturen und ist in seiner Kuriosität kaum zu überbieten. Wörtlich heißt es da: *„Auf seiner Fahrt zum Flughafen Wien-Schwechat erklärte der israelische Außenminister Abba Eban am letzten Tag seines Österreich-Besuchs gegenüber seinem österreichischen Gastgeber Rudolf Kirchschläger, er habe den in einer Wiener Tageszeitung (Kurier) zitierten Satz, der Libanon sei ‚das unzivilisierteste Land der Welt', zwar gesagt, aber nicht böse gemeint ..."*

Das Barthaar des heiligen Markus

Eines Tages sitzt der legendäre Simon Wiesenthal, Holocaust-Überlebender und Chef des *Dokumentationszentrums Jüdischer Verfolgter*, auf dem Heimflug aus Israel neben mir – und erzählt mir ein ganz aktuelles Erlebnis: Für Oberösterreichs Alt-Landeshauptmann Heinrich Gleißner habe er bei einem Antiquitätenhändler in Jerusalem ein Geburtstagsgeschenk kaufen wollen. Der empfahl eine kleine silberne Dose mit besonderem Inhalt – einem *„Haar des hl. Markus"*. Wiesenthal ließ sich eine Lupe bringen und war ganz sicher, ein Ziegenhaar vor sich zu sehen. Der Händler beharrte auf seiner Rarität und seinem Preis – und wälzte die Bedenken mit dem unschlagbaren Argument nieder: *„Sie können da ganz sicher sein: Das ist ein heiliges Barthaar. Wir bekommen diese Reliquien immer aus dem Vatikan ..."*

Simon Wiesenthal erlebt beim Einkauf in Jerusalem eine Begegnung mit „Reliquien".

Kreiskys Gardinenpredigt vor Israels Führern

Irgendwann entdeckt auch Bruno Kreisky meine Nahost-Leidenschaft, sucht einen Gesprächspartner und stillen Helfer. Komme ich aus Israel, lässt er mich bisweilen schon am Flughafen ausrufen. Einmal darf ich meine frischen Eindrücke sogar – unter seinem wohlwollenden Kopfnicken – in der damals noch existierenden *„Sendung des Bundeskanzlers"* im Radio erzählen. Kreisky als Interviewer, ich als der Interviewte. Geschieht im Orient wieder einmal Furchtbares, treffen wir einander spontan. Seine öffentliche Wortwahl vor allem gegenüber Israels Regierung, aber auch gegenüber dem Judentum ist nicht die meine, seine nahostpolitischen Ziele aber teile ich weitgehend. Seine Gesinnungsfreunde – der jüdische österreichische Industrielle Karl Kahane, der Palästinenser Issam Sartawi (siehe Kapitel über die Araber), der friedensbewegte Israeli Uri Avnery und andere – sind auch die meinen. Und seine Bitte, gelegentlich Briefe und mündliche Botschaften von hier nach dort und über alle Sprachlosigkeit hinweg mitzunehmen und einen *stillen Briefträger* zu spielen, macht mich natürlich stolz. Erst viel später weiß ich, dass Kreisky als genialer Taktiker natürlich auch diesen Stolz eines Journalisten mit einkalkuliert.

Gemeinsam fliegen wir mehrmals in den Nahen Osten. In die arabische Welt – und im Februar 1977 auch zum Wahlkongress der damals noch mächtigen Arbeiterpartei nach Israel. Im *Mann-Auditorium* von Tel Aviv geht es vor 3.000 Delegierten wieder einmal um die Entscheidung: Wer wird Parteichef – Kriegsheld Yitzhak Rabin oder Parteistratege Shimon Peres? Die Spaltung sitzt tief. Einer von beiden – lassen wir offen, wer – flüstert mir in dieser aufgeheizten Stimmung ins Ohr, der Andere sei *„nichts als ein Adoptivkind von Sozialismus und Demokratie“*. Freilich, auch der Andere ist unter vier Augen nicht mit der feinsten Klinge unterwegs.

Dann tritt Bruno Kreisky vor die Delegierten – und ich bewundere seinen Mut: In Israel – für den Kanzler buchstäblich die Höhle des Löwen, wo ihm seit Jahren wegen seiner palästinenser-freundlichen Haltung der *„Verrat am Judentum“* angehängt wird – sagt er jetzt, was hier noch keiner in dieser Klarheit gewagt hat: *„Ich bin nicht hierher gekommen, um euch zu bitten, mit dem zufrieden zu sein, was ich jetzt sage*“, beginnt er. Und legt dann los: Es sei nicht Sache der Israelis, zu entscheiden, wer ihr Nachbar ist – so wie auch die Araber nicht entscheiden könnten, ob Israel ihr Nachbar sei. Und: Es sei auch nicht Israels Sache, zu entscheiden, wer die Palästinenser führe – so wie es nicht in der Entscheidung der Palästinenser liege, wer in Israel die politische Verantwortung trage. Und noch ein Drittes: Nein, sagt Kreisky den verdutzten Delegierten der Labourparty, es sei auch nicht Sache Israels, zu entscheiden, ob ein palästinensischer Staat überhaupt lebensfähig sei – so wie auch die Araber nicht zu beurteilen hätten, ob Israel ohne Hilfe von außen eigentlich lebensfähig ist. Golda Meir, Israels „Frau aus Granit“, sitzt zwei Klappstühle weiter und denkt gar nicht daran, einen Hauch von Zustimmung zu mimen.

Ein einziges Mal wird Bruno Kreisky bei dieser Rede von einem Delegierten unterbrochen: Als er plötzlich konziliant einräumt, sich letztlich doch *„jener Schicksalsgemeinschaft verbunden zu fühlen, der meine Vorfahren angehört haben“*. In diesem Augenblick ruft eine Stimme aus dem Saal *„Nicht nur deine Vorfahren, Bruno, auch deine Kinder!“*

Am späten Abend kommen wir noch mit Willy Brandt, Olof Palme, Shimon Peres und anderen in einem Kibbuz zusammen, singen gemeinsam und schon ein wenig weinselig die *Internationale,* das berühmte hebräische *Hava Nagila (Lasst uns glücklich sein!)* und auch *Shalom Haverim* (Es ist, wie sich im Rückblick zeigt, das letzte Mal, dass der österreichische Kanzler israelischen Boden betreten hat.) Nach einer wilden israelischen Zeitungsattacke *(„Kreisky ist der schmutzigste Jude der jüngeren Geschichte)* und aus Sorge vor Demonstrationen wird acht Jahre später eine geplante Vortragsreise des inzwischen zum Altkanzler gewendeten „Sonnenkönigs“ abgesagt. Bei einem unserer Telefonate sagt er zunächst noch: *„Heuer ist sicher nichts mit Israel. Zuerst ist es zu heiß dort – und dann bin ich ausgebucht!“* Aber schon ein paar Wochen später wird es definitiv: *„Mit mir und Israel ist es aus“*, sagt er enttäuscht, *„ich will mit diesem Land nichts mehr zu tun haben. Ich werde es nie mehr betreten!“*

Das Glas Wasser als Mediensensation

Schon Jahre zuvor ist die ganze Tiefe dieses Bruchs erkennbar: Als zwei palästinensische Geiselnehmer am 28. September 1973 – dem jüdischen Neujahrsfest – im Bahnhof Marchegg an der damaligen ČSSR-Grenze (heute Slowakei) drei jüdische Emigranten aus der Sowjetunion in ihre Gewalt bringen, beugt sich Kreisky ihrem Druck und lässt das jüdische Transitlager Schönau schließen, in dem jüdische Auswanderer aus der Sowjetunion bisher auf ihre Weiterreise nach Israel gewartet haben. Eine empörte israelische Regierungschefin Golda Meir kommt daraufhin nach Wien, um Kreisky umzustimmen. Sie scheitert. *„Wir gehören zwei verschiedenen Welten an"*, sagt der Kanzler seiner völlig verstörten Besucherin – und die Erzählung, Kreisky habe Frau Meir nicht einmal ein Glas Wasser angeboten, wird trotz aller Dementis zur großen Mediengeschichte.

Ich stehe an diesem 2. Oktober 1973 auf den Stufen des Kanzleramtes, als die „Mutter Courage Israels" nach zwei Stunden em-

Legendäre Begegnung im Oktober 1973: Wurde Golda Meir kein Wasser angeboten?

pört aus Kreiskys Büro kommt. Ihre legendär gewordene schwarze Handtasche ist weit aufgesprungen, der Inhalt droht bei ihrem wilden Abgang über die Stufen heraus zu fallen. *„Frau Meir“*, sage ich ihr leise, *„Achtung, Ihre Tasche ist offen.“* Sie schaut entgeistert und sichtlich noch in einer anderen Gedankenwelt verfangen für ein paar Augenblicke auf mich, dann auf ihre Tasche – und sagt polternd: *„Das ist mir egal. Dafür habe ich meine Sicherheitsleute!“* Mit geöffneter Handtasche verschwindet sie in ihr Auto und zum Flughafen.
Wenige Tage später ist Bruno Kreisky am Telefon: Ja, bestätigt er, mit Golda sei es *„hart auf hart gegangen“*. Aber: *„Sie ist doch der letzte Mensch auf der Welt, den ich kränken wollte“*, fügt er ungewohnt milde hinzu. Dass ihn jüdische Medien nach der Schönau-Affäre aber zum *„Abtrünnigen“* und *„Schandfleck“* gestempelt hätten, das überschreite alles Erträgliche. *„Ich betrachte mich nicht mehr als Jude“*, verrät er mir unter dem Siegel der Verschwiegenheit. Wenige Stunden später freilich lese ich dieselbe Formulierung schon in Kreisky-Interviews mit großen israelischen Medien.

„Es riecht nach Pulver, mein Freund!“

Spätestens zu diesem Zeitpunkt – wir schreiben den Oktober 1973 – muss sich unser Blick von Israel auf die größere Region weiten. Denn was jetzt geschieht, verändert nicht nur Israel, sondern den ganzen Nahen Osten. Hoch oben im libanesischen Shuf-Gebirge sitze ich nur wenige Tage später, am 5. Oktober, mit einem der höchsten Politiker des Landes in seinem Sommerhaus. Es ist Takieddin El-Solh, der (sunnitisch-)muslimische Ministerpräsident des Libanon. Nach der konfessionellen Machtteilung stellen die (maronitischen) Christen den Staatspräsidenten, die sunnitischen Muslime den Premier und die Schiiten den Parlamentspräsident. Takieddin El-Solh ist ein Mann von Intellekt und Charisma und gilt bis heute als einer der besten Regierungschefs in Beirut. Er empfängt mich mit seiner traditionellen Kopfbedeckung, dem *Tarboush* (Fez), früher das obligate Dienstabzeichen islamischer Staatsbediensteter, das später in der Türkei und in Ägypten als Zeichen der Rückständigkeit verboten wurde. Und er überrascht mich mit seiner genauen Kenntnis großer historischer Nähe zwischen Österreich und dem Libanon.

Libanons Premier beim Gespräch unmittelbar vor dem Oktoberkrieg 1973: „Es riecht nach Pulver, mein Freund, fliegen Sie morgen!"

Linke Seite: Hoch in Libanons Shuf-Bergen: Ministerpräsident El-Solh – mit traditionellem Tarboush – verrät ein Geheimnis, das den Nahen Osten verändert.

Am Ende unseres Gespräches aber geht er mit mir auf die Terrasse, lässt Dolmetscher und Begleitung zurück, und fragt mich mehrmals beziehungsvoll: *„Haben Sie schon Ihren Rückflug nach Wien gebucht? Wann geht die Maschine?"* Noch drei Tage bin ich in Beirut, sage ich ihm, dann geht es nachhause. Der Premier schaut in die Ferne und flüstert: *„Es riecht nach Pulver, mein Freund, fliegen Sie morgen!"* Auf meinen ratlosen Blick hin wiederholt er den Satz.

Ich fahre nach Beirut zurück und rufe Bruno Kreisky an. Irgendetwas braut sich einmal mehr über dem Nahen Osten zusammen, vermute ich. Und tatsächlich: Wenige Stunden später beginnt der „Yom Kippur-Krieg", für die Araber der „Ramadan-Krieg", den der Westen „Oktoberkrieg 1973" nennen wird, mit dem

überraschenden Angriff der Ägypter über den Suezkanal – ausgerechnet an Israels höchstem Feiertag.
Dieses Telefonat aus Beirut steht am Beginn eines Rituals, das Kreisky über Jahre hinweg gerne wiederholt: Kommt Besuch aus dem Nahen Osten nach Wien, dann stellt mich der Kanzler seinem Gast wiederholt mit den Worten vor: *„Das ist der Mann, der vom Oktoberkrieg früher wusste als die Israelis ...“*

„Der Professor klettert“, sagt das Radio

Eines Tages sitze ich bei israelischen Freunden zuhause. Im Hintergrund läuft das Radio. Kein anderes Volk ist so nachrichten-süchtig wie die Israelis, auch aus ständiger Sorge, Wichtiges zu versäumen. Plötzlich wird es still im Raum: *„Lasst doch die Blumen nicht verwelken“*, sagt die Rundfunkstimme. Und in ganz Israel erheben sich in dieser Minute viele Tausende Männer vom Mittagstisch, drücken ihren Frauen und Kindern noch einen flüchtigen Kuss auf die Wange und verlassen die Häuser. *„Der Professor klettert“*, heißt es Sekunden später im Radio. Wieder verlassen Tausende ihre Schreibtische und Werkbänke, schlüpfen in Uniformhosen und steigen in das nächste vorbeifahrende Auto. *„Pamela kommt nach Hause“*, verkündet dieselbe lakonisch-gelassene Stimme schließlich. Da sind die Taxis, die Busse und Lastautos längst voll mit jungen Männern, die alle nur ein Ziel kennen: die Verteidigung ihrer Heimat.
Was mich dabei besonders berührt, ist die fast gespenstische Gelassenheit, mit der hier das Volk zu den Waffen gerufen wird. An diesem Tag ist es nur ein Test für den Ernstfall – aus bitterer Erfahrung. Im Oktoberkrieg 1973 hat der Ägypter Sadat den Judenstaat am höchsten religiösen Feiertag überrumpelt. Es soll nie wieder passieren.

≈

Amerikas legendärer Außenminister Henry Kissinger überredet bald nach diesem Krieg die Konfliktparteien, in Genf erstmals an den Konferenztisch zu kommen. Es ist der 21. Dezember 1973 – und Kurt Waldheim hat als UNO-Generalsekretär den Vorsitz. Ich bin knapp vor Konferenzbeginn bei Waldheim, als Amerikas Vize-Außenminister Joseph Sisco aufgeregt anklopft: Eine Einigung über die Sitzordnung sei trotz stundenlanger Nachtgespräche gescheitert, keine arabische Delegation will neben Israel sitzen.

Auf der Galerie sind schon die Journalisten versammelt, die Delegationen warten in den Salons des Völkerbund-Palastes, als das Duo Kissinger-Waldheim buchstäblich in letzter Minute einen Ausweg findet und so ein Scheitern verhindert: Ausgerechnet Russland wird jetzt neben Israel platziert, die Amerikaner dafür zwischen zwei arabischen Außenministern.

Kaum hat die Konferenz begonnen, legt Israels Außenminister Abba Eben gegen seinen ägyptischen Kollegen Ismail Fahmy los – und der wiederum gegen Eban. Beide treffe ich noch am selben Abend – getrennt voneinander und unter vier Augen. Fahmi war lange Jahre Ägyptens Botschafter in Österreich und in dieser Zeit zum Freund geworden. Irritiert frage ich Eban und Fahmy, ob eine so harte öffentliche Abrechnung am Beginn einer Friedenskonferenz notwendig und sinnvoll sei. Beide sagen mir lächelnd fast wortgleich dasselbe: *„Aber natürlich – wäre ich nett zu ihm gewesen, hätte er doch zuhause bei seinen Scharfmachern nur Probleme bekommen.“* Tragische Nahost-Wirklichkeit.

Jahrzehntelang werden die führenden Politiker im Nahen Osten vor allem in zwei zoologische Gruppen geteilt: in die *Falken,* die Unerbittlichen – und die *Tauben,* die Kompromissbereiten. Eban ist die vielleicht prominenteste *Taube* seiner Zeit. *„Mag schon sein, dass Tauben immer gefährdet sind*“, sagt er mir Jahre später – inzwischen wieder Privatmann – in einem Wiener Kaffehaus. *„Nur: War es nicht gerade die Taube, die als erste die Arche Noah* *verlassen durfte, um nachzusehen, ob nach dem Chaos die Zeit für eine Rückkehr zur Normalität gekommen ist? Das war das Vorrecht der Taube – obwohl auch Falken und Löwen mit an Bord waren!"*

≈

Wie viele Vorträge, wie viele erhitzte, erbitterte Nahost-Diskussionen führen mich in diesen Jahren durch Österreich und darüber hinaus! Und wie oft gehe ich enttäuscht, ja entsetzt nachhause; betroffen von der Unfähigkeit so vieler meiner Landsleute, im palästinensischen Volk etwas anderes als einen Haufen Terroristen zu sehen. Bestürzt aber auch über das Maß an dumpf brodelndem Antisemitismus. In einer mit Zuhörern voll gepackten Wiener Kirche versuche ich eines Abends, bei einem Dialoggespräch Christen-Juden-Muslime, die spirituelle Nähe der Christen mit ihren *„älteren Brüdern"*, den Juden, deutlich zu machen. Prompt spüre ich auch Interesse, Nachdenklichkeit, vielleicht auch Ergriffenheit unter den Zuhörern. Bis am Ende der alte Pfarrer aufsteht und meint, an dem Gesagten sei schon viel Wahres daran. Nur: Wenn er an Juden denke, bekomme er immer einen Juckreiz – *„im Kaftan sind doch immer viele Läuse und Flöhe".* Für einen Moment wünsche ich mir ein biblisches Zeichen – Blitz und Donner aus dem Stuckhimmel des Gotteshauses.

„Versteht ihr Österreicher unsere Empfindsamkeit?"

Im Juni 1986, am Höhepunkt der „Causa Waldheim", versucht Israels Staatspräsident Chaim Herzog in einem Exklusiv-Interview mit mir die stürmischen Wogen zwischen Judentum und Österreich zu glätten. Herzog war während Waldheims Zeit als UNO-Generalsekretär der UNO-Botschafter Israels und mit dem Ehepaar Waldheim auch persönlich befreundet. Die wilden Attacken israelischer Regierungspolitiker gegen das antisemitische Österreich will er nicht teilen, aber: *„Ich frage mich, ob ihr Österreicher jemals die tiefe Empfindsamkeit der israelischen Gesell-*

schaft versteht, die all das umschließt, was mit dem Holocaust zu tun hat – ein Drittel unseres Volkes ist damals vernichtet worden.“

≈

Im August 1977 malen Unbekannte ihre finstere politische Grundfarbe am Wiener Zentralfriedhof auf jüdische Gräber: *„Saujud“* und Hakenkreuze. Keiner merkt es offenbar. Bis Israels Mehrfach-Ministerpräsident und Held des Sechstagekriegs von 1967, Yitzhak Rabin, nach einem Besuch im Lager Wien-Simmering (inzwischen die erste Station jüdischer Auswanderer aus der Sowjetunion) entsetzt vor diesen Nazi-Schmierereien steht. *„Ich habe nicht geglaubt, dass es so etwas heute noch gibt“*, sagt er am selben Abend bei einer Kundgebung erschüttert.
Eine Woche später meldet sich ein empörter Friedhofbesucher bei mir: *„Die Aufschriften sind noch immer auf den Gräbern!“* Ich rufe den damaligen Wiener Bürgermeister Leopold Gratz an und frage ihn: Findet sich denn niemand, der Pinsel und Farbe zur Hand nimmt, um diese Schändung zu tilgen? Er befragt den Friedhofsdirektor – und ruft mich zurück. Seine Antwort ist erschütternd: Städtische Pinsel und Farben wären bereitgestanden, aber sie seien gestoppt worden. Nicht von der kommunalen Bürokratie und nicht von altbrauner Verzögerungstaktik. Nein, von der Jüdischen Kultusgemeinde, den Opfern dieser Schandtat. Ich frage die Verantwortlichen: Warum nur, um Gottes Willen? Die erste Antwort bleibt ungenau: *„Aus bestimmten Gründen …“* Erst beim zweiten Nachfragen wird es präziser: *„Es sollte als Menetekel dienen!“* Für alle, die nicht Aramäisch sprechen: Als Mahnmal für den herrschenden Ungeist. Ich bin traurig und fassungslos. Welche furchtbare Logik muss im jüdischen Überlebenskampf gewachsen sein, dass sie den perversen Urschrei politisch Irrer als Sympathiewerbung zu brauchen glaubt?
Hätte der schon in Israel geborene Yitzhak Rabin gewusst, warum sich die Schmierereien so lange auf den jüdischen Gräbern halten konnten, er wäre vermutlich doppelt geschockt heim gefahren.

Im Rückblick gewinnt die Geschichte eine zusätzliche Tragik. Der Friedensnobelpreisträger Yitzhak Rabin wird im November 1995 von einem jüdischen Extremisten in Tel Aviv ermordet.

≈

Immer wieder treiben mich die Nahost-Politik und die innere Nähe nach Israel. Ich erlebe Kissinger und so viele andere Friedensvermittler – und lande eines Tages selbst mit UNO-Generalsekretär Kurt Waldheim in einer winzigen Maschine auf direktem Weg von Amman in Jerusalem-Atarot. Ein Flug, den es eigentlich nicht gibt – nur als Sonderflug des UNO-Chefs. Ein Flug auch, der mich mehr bewegt als viele abenteuerliche Grenzübertritte vorher und nachher, am alten, längst verschwundenen *Mandelbaumtor* in Jerusalem oder auf der berühmten *Allenby-Brücke* über den Jordan. Es sind nur sieben Minuten reine Flugzeit von dort nach hier. Sieben Minuten, hoch über biblischen Landschaften – und wie viel an Leid und Verzweiflung, Hass und politischem Wahnsinn liegt doch dazwischen!

Friedensdienst unter blauen Helmen

Zehntausende österreichische UNO-„Blauhelme" stehen an Israels Grenzen: Am Golan, in Sinai, an der israelischen Nordgrenze und auch im UNO-Hauptquartier (ausgerechnet am *Berg des Bösen Rates)* in Jerusalem. Immer wieder bin ich stolz auf sie – sie sind ein rares Stück Weltoffenheit meines außenpolitisch oft so hermetisch denkenden Heimatlandes. Meine Hoffnungen, gerade aus diesem Friedenseinsatz größeres außenpolitisches Interesse wachsen zu sehen, bleiben aber meist unerfüllt. Ich überrede einen Verteidigungsminister, jedem österreichischen Friedenssoldaten eine kleine Fibel mit der Geschichte des Nahostkonflikts in die Hand zu geben, um ihnen den Sinn ihres Auftrags und ihres Kampfes gegen Wüstenhitze und Schneestürme (am Mt. Hermon) begreifbarer zu machen.

Mit dem strikten Auftrag, nur ja *„ganz objektiv und neutral"* zu bleiben, darf ich die Broschüre irgendwann auch gleich selbst verfassen. Der Erfolg meines Textes und auch die Leidenschaft des Bundesheeres, ihn wirklich zu verteilen, bleibt über Jahre begrenzt. Und irgendwann, Jahre später, verliert ja auch Österreichs eigenständige Nahost-Politik an Dynamik und Kreativität; der Ruf als ehrlicher Mittler und Begegnungsort der Konfliktparteien verliert an Glanz. Liegt das an der Öffnung Osteuropas mit ihren ganz eigenen Herausforderungen für Österreich? Liegt es an Österreichs Einordnung in die EU-Außenpolitik? An den handelnden Persönlichkeiten? An einer neuen Zeitrechnung? Ich kenne viele Friedenssüchtige – auf beiden Seiten des Nahostkonfliktes –, die diese Entwicklung bedauern.

Das Wunder, als Sadat kommt

Als der Ägypter Anwar Sadat nach Jerusalem kommt, stehe ich – wie so viele Medienvertreter aus aller Welt – aufgeregt am Flugfeld von Tel Aviv. Es ist der 19. November 1977, spätabends. Selbst die abgebrühten Kriegsreporter haben Tränen in den Augen,

Anwar Sadat in Jerusalem: Zwei Tage, in denen alle politische Logik außer Kraft gesetzt ist: Hier Israels Golda Meir, Ägyptens Präsident und Shimon Peres (rechts).

angesichts einer Realität, die alle politische Logik außer Kraft setzt. *„Ich habe die Mondlandung gesehen“*, sagt ein Amerikaner neben mir, *„aber was war das alles gegen diesen Tag – nichts!“* Unvergessliche Momente reihen sich in dieser Nacht aneinander: Als die weiß-rot-gelbe Sondermaschine des Ägypters im Nebel der israelischen Begrüßungsböller aufsetzt und die ersten Schüsse im 30jährigen Krieg zu hören sind, die nicht gegeneinander, sondern füreinander abgefeuert werden; als sich die Fahnen Israels mit dem Davidstern vor dem großen Feind neigen; als Politiker und Generäle beider Seiten – Feinde, die einander in vier bitteren Kriegen Tod und Elend beschert hatten –, plötzlich in die Arme fallen ... Wahrscheinlich ist und bleibt es der größte Moment, den ich je erlebt habe. Das Wunder einer Nacht, das dem politischen *Morgen danach* leider nicht standgehalten hat.

≈

Immer wieder erlebe ich auch die innere Zerrissenheit dieses Landes. Im Parlaments-Wahlkampf 1981 werde ich Zeuge einer erschütternden Szene. In diesen Wochen steht das Ringen zwischen der linken Arbeiterpartei unter Shimon Peres und dem rechten Likud unter Menachem Begin wieder einmal auf des Messers Schneide. Und plötzlich geht es um die beiden historischen Urängste des Judentums – die Holocaust-Angst und die Faschismus-Angst –, die jetzt auf beklemmende Weise zur Waffe gegeneinander werden: Ministerpräsident Begin hämmert: Kommt die Arbeiterpartei, dann kommt auch der PLO-Staat – und die Vernichtung Israels. Die Opposition unter Peres aber warnt: Kommt Begin, dann wird Israel vom jüdischen Faschismus regiert. Und tatsächlich hat Begin ja eine Terror-Vergangenheit als Chef der Untergrundorganisation *Irgun Zwe Leumi* im israelischen Unabhängigkeitskrieg 1948/49. Angesichts dieser Wahl-Konfrontation erinnern sich selbst große US-Medien wieder an Begins dunkle Biographie.

In der Industriestadt Ashdod bin ich bei einer Wahlkundgebung

Begins mit dabei. Ganze Autobusladungen von Likud-Anhängern sind herbeigekarrt worden, um ihrem Idol massive Stimmunterstützung zu geben – für eine Jause und ein wenig Alkohol. Als Premier Begin dann kommt, begrüßen sie ihn vor laufenden westlichen Kameras naiv-jubelnd als *„König Israels"* – ein furchtbares Lob für den um demokratische Akzeptanz ringenden Premier. Alle seine Versuche, seine enthemmten Anhänger zum Schweigen zu bringen – *„Hört auf – ich bin nur ein Volksvertreter, kein König!"* – sind chancenlos. Am Ende kommt, was die ganze Tiefe der gesellschaftlichen Brüche in Israel zeigt: Die Polizei treibt Begins eigene Anhänger in die Autobusse zurück und transportiert sie ab.

Israels Premier Menachem Begin bei seiner Wahlkampfrede in Ashdod - lässt die eigenen Anhänger abführen.

≈

Kurt Waldheim wird über Jahre hinweg ein wichtiger Faktor in meinen Beziehungen zu Israel und seinen arabischen Nachbarn. In seiner UNO-Zeit bin ich bisweilen mit dabei, wenn er im Nahen Osten unterwegs ist, um heikle Konfliktpotentiale auszuräumen und gefangene oder tote Soldaten auszutauschen. Gemeinsam erleben wir 1977 in Jordaniens Hauptstadt Amman jenen Abend, an dem Husseins Frau, Königin Alia, ums Leben kommt – doch davon später. Gemeinsam erleben wir auch, wie mühselig sich die Streitparteien die Verlängerung von Waffenstillstandsverträgen abringen lassen – obwohl sie ja in ihrem ureigensten Interesse sind. *„Härte zeigen"*, heißt ihre Devise, und der UNO nur ja nicht mehr Bedeutung geben, als es den jeweiligen Schutzmächten – hier die USA und dort die UdSSR – lieb ist.

Die politisch-emotionale Bruchlinie könnte nicht schärfer sein: Den Arabern ist der UNO-Generalsekretär Kurt Waldheim ein

Symbol der Hoffnung, den Israelis bestenfalls ein notwendiges Übel. Als Exponent der Vereinten Nationen steht er zu oft im Widerspruch zum Anspruch Israels, im Notfall das Recht in die eigenen Hände zu nehmen. Nicht zuletzt für zwei UNO-Beschlüsse – die Einladung Yasser Arafats vor die Generalversammlung und die unselige *Zionismus-Resolution* der UNO-Generalversammlung, die Waldheim hinter den Kulissen bis zuletzt zu verhindern versucht hat – zahlt er später einen bitteren Preis. Politisch und menschlich – bis zum Ende seiner Amtszeit als österreichischer Bundespräsident im Juli 1992, ja bis zu seinem letzten Atemzug im Juni 2007. Aber das ist eine andere Geschichte ...

Das Gebet des Rabbiners

Mit Thomas Klestil als Bundespräsident beginnt ein neues Kapitel österreichischer Auslandsbeziehungen – auch und gerade gegenüber Israel. Im November 1994 fliegt er als erstes Staatsoberhaupt seit dem Holocaust und der Gründung des Juden-

Mit Thomas Klestil und vielen Medienvertretern hoch über Israel: Der erste Besuch eines österreichischen Staatsoberhaupts nach der Tragödie des Holocaust.

staates zum Staatsbesuch nach Jerusalem. Eine Reise, die nicht brisanter sein könnte, die aber auch Israels Wunsch dokumentiert, das Verhältnis zu Österreich nach Waldheim, Kreisky und manch anderen heißen Themen zu entkrampfen. Israels gesamte Führung steht bereit, dem neuen Staatsoberhaupt aus Wien die Türen zu öffnen.

≈

Während des Staatsbesuchs sind wir eines Abends nach *Kiryat Mattersdorf* eingeladen, einem Stadtteil von Jerusalem, in dem auch überlebende orthodoxe Juden aus Österreich, vor allem aus dem Burgenland, eine neue Heimat gefunden haben. Thomas Klestil ist recht mulmig zumute, lieber würde er im *King David-Hotel* bleiben und ein wenig krank werden. Er fragt sich und mich: *„Wie werden wir dort empfangen – nach allem, was war?“* Er fürchtet Proteste, ja Demonstration. Ich versuche ihn zu beruhigen. Aber die Spannung ist groß.
Dann, im untergehenden Abendlicht, erreichen wir *Kiryat Mattersdorf.* Noch eine letzte Ecke – und plötzlich ist die Straße taghell. Scheinwerfer tauchen eine Häuserfront – und dann uns – in gleißendes Licht. Hunderte, vielleicht Tausende Orthodoxe drängen sich am Straßenrand, singen und winken.
In einer Woge von Wärme werden wir in ein Haus geschoben, werden berührt und an den Händen gehalten. Und dann ist da der alte Oberrabbiner, der zwischen Lachen und Weinen diesen einen, für mich unvergesslichen Satz sagt: *„Herr Bundespräsident, heute kann ich Ihnen endlich sagen, dass es keinen Abend in meinem Leben gibt, an dem ich mein Abendgebet nicht mit den Worten beende: ‚Gott schütze Österreich!‘“*

„Man hat mir meine Rede gestohlen!“

Krönung und Abschluss des Staatsbesuchs ist Klestils große Rede vor der *Knesseth,* Israels Parlament. Als Pressechef der Hofburg

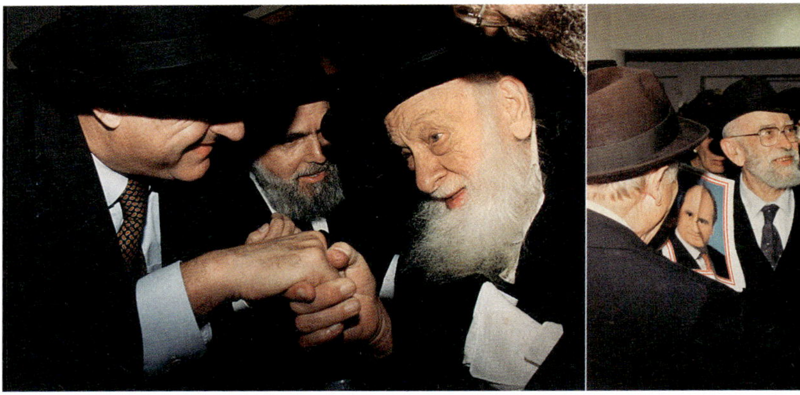

Als sich die Angst des Bundespräsidenten in Rührung verwandelte: Bewegender Empfang orthodoxer Juden in Kiryat Mattersdorf - und Harmonie mit Shimon Peres.

und Sprecher des Bundespräsidenten bin ich für die Vorbereitung solcher Ansprachen zuständig – in den zehn Jahren meines Dienstes werden es über 600 Reden sein. Die Knesseth-Rede ist die heikelste davon, jedes Wort hat Gewicht. Sie soll auch vom israelischen Fernsehen direkt übertragen und später gedruckt werden. Die Last der Geschichte ist schwer – nächtelang sitze ich vor dem Computer, entwerfe und verwerfe. So vieles ist schon gesagt worden – und so wenig hat wirklich berührt. Endlich ist der Text geboren. Erleichtert drücke ich auf die *Speicher*-Taste – und vernichte alles: Irgendwie habe ich ein anderes Dokument über den fertigen Text gespeichert.
Verzweifelt beginne ich von vorne und spüre bald: Im Zeichen der Panik ist jede Erinnerung, jede Originalität verloren gegangen. Der Bundespräsident weiß freilich nichts von meinem Drama – er findet sich auch mit dem zweiten Versuch zurecht, gottseidank. Aber das nagende Gefühl in mir bleibt: Es hätte besser, viel besser sein können.

≈

Das Protokoll hat die Abläufe auch des letzten Staatsbesuchs-Tages genau fixiert: Schon am Vormittag geht unser Reisegepäck

zum Flughafen und wird in die Sondermaschine geladen. Nur das Handgepäck bleibt in unseren Zimmern – wir werden es bei einem letzten Zwischenstopp vor der Fahrt ins Parlament abholen.

Sorgsam habe ich zwei Kopien der Bundespräsidenten-Rede in meinem Zimmer aufbewahrt, um sie bei unserer kurzen Pause – zum *„Händewaschen“*, wie wir Unverschiebbares ganz präsidentiell umschreiben – in einer noblen Ledermappe mit Staatswappen mitzunehmen. Jetzt komme ich in mein Zimmer und entdecke: Mappe und Rede sind weg! In 20 Minuten aber muss Thomas Klestil vor der *Knesseth* seine große Ansprache halten. Panisch durchsuche ich jeden Winkel, schaue unter Bett und Schränken – nichts. Ich rufe die Sicherheitsleute, sie zucken mit den Schultern. Mit zitternden Händen wähle ich die Nummer der Hofburg in Wien und fordere per Fax eine Blitz-Kopie an. Dann gehe ich zu Thomas Klestil. Er ist aufbruchsbereit. Mein Satz *„Wir haben keine Rede“* lässt alle Farbe aus seinem Gesicht schwinden. Die Sicherheitsleute drängen zum Aufbruch, die begleitenden Regierungsmitglieder Alois Mock, Rudolf Scholten und Maria Fekter stehen ratlos vor Klestils Türe, die Diplomaten und Begleit-Journalisten sitzen schon in ihren Autos, die Motoren laufen. Längst ist der Innenstadtverkehr in Jerusalem gestoppt, ein

Vor Klestils Knesseth-Rede: Noch liegt die Anspannung der vergangenen Stunde über dem Bundespräsidenten und Israels Präsidenten Ezer Weizmann (rechts).

Wolkenbruch geht über der Stadt nieder – und Israels Fernsehen beginnt eben seine Live-Übertragung.

Verzweifelt laufe ich zwischen meinem Zimmer und der Präsidenten-Suite hin und her, aber alle Hektik nützt nichts: Unbeschreiblich langsam läuft die Rede aus dem Faxgerät. Drei, dann vier und fünf Seiten sind bald da und irgendwann sind es zehn – aber 34 Seiten in großen, leicht lesbaren Buchstaben müssen es am Ende sein. Verzweiflung geht in Lähmung über.

Als endlich – wir sind weit über jeder Zeitvorgabe – die ganze Rede vorliegt, will Klestil sie unbedingt noch einmal lesend kontrollieren. Sie ist ihm zu wichtig, um plötzlich vor dem Parlament einen falschen, unvollständigen Text vor sich zu haben. Dann rasen wir durch Israels Metropole. Vor dem Parlament, an der ewigen Flamme für die Toten der Kriege, wartet die gesamte Staatsführung Israels – Präsident, Premier, Parlamentschef – mit eisigen Mienen. Den Ehrensoldaten läuft das Regenwasser bereits aus den Stiefeln. Der Bundespräsident versucht die Lage mit Theatralik zu retten: *„Man hat mir meine Rede gestohlen“*, ruft er Israels verdutzter Staatsspitze zu.

Die Abgeordneten im Saal empfangen uns frostig. Als Thomas Klestil zu reden beginnt und mit seinem Satz *„Manche der ärgsten Schergen der nationalsozialistischen Schreckensherrschaft waren Österreicher. Diese Verbrechen können durch nichts ent-*

schuldigt werden ..." die Menschen in der Knesseth und an den Fernsehern zurückgewinnt, da erlebe ich ein bisher unbekanntes Phänomen: Für Sekunden schlafe ich im Stehen ein – das Notsignal eines über den Grenzbereich hinaus belasteten Nervensystems.
Übrigens: Meine Redetexte warten Stunden später auf uns im Flugzeug. Irgendjemand hat die Anweisungen des Protokolls nicht gelesen und auch die Ledermappe in meinem Zimmer frühzeitig weggebracht ...

Ich habe den falschen Pressetext verschickt

Jahre später kommt hoher politischer Besuch aus Israel in die Hofburg, der neue Ministerpräsident Benjamin Netanjahu. Der Bundespräsident hat gemeinsam mit mir eine Erklärung vorbereitet, die er nach dem Gespräch mit seinem Gast vor den Medien verkünden will. Ihr zentraler Inhalt: Klare Unterstützung Israels im Kampf gegen arabische Rückeroberungspläne und gegen den Terror – aber auch eine deutliche Mahnung, dem Palästinenserstaat endlich eine Chance zu geben. Ein paar Kopien davon soll ich schon an einige Medien verschicken, meint Klestil, vor allem an jene, denen der Weg zum Ballhausplatz und zum Pressegespräch mit dem Gast aus Jerusalem wieder einmal zu weit ist.
Irgendwann – die beiden Herren haben sich seit gut einer Stunde in das Arbeitszimmer des Präsidenten zurückgezogen – werde ich zu diesem Tête-à-tête hinzugezogen – und erfahre: Der Gast aus Jerusalem ist mit unserem Kommunique absolut unzufrieden. Er besteht darauf, den Text umzuformulieren. Und er diktiert mir, an einem betroffen, nein, verbittert wirkenden Bundespräsidenten vorbei, gleich selbst den Text auf Englisch – als *Gemeinsame Erklärung*. Der Palästinenserstaat findet nun keine Erwähnung mehr und auch sonst klingt alles neu und anders. Ich aber habe Stunden zuvor den nun falschen Pressetext verschickt ...

„Herr Redakteur, setzen'S besser auf den Sharon!"

Arik Sharon ist längst Ministerpräsident in Israel und Bruno Kreisky seit neun Jahren tot, als sich 2001 in Wien eine prominente Schar österreichischer Altpolitiker der Ära Kreisky zu einer Analyse der – inzwischen längst versunkenen – österreichischen Nahostpolitik versammelt. Eine Würdigung Kreiskyscher Weitsicht anlässlich seines 90. Geburtstags.
Ich sitze mit am Podium, als sich ein enger Kreisky-Vertrauter erleichtert zeigt, dass sein Chef und Idol die provokante Politik des Haudegen Sharons nicht mehr habe miterleben müssen. Ich bin gut vorbereitet, stelle ein Tonband auf den Tisch – und spiele eine Passage aus einem meiner Gespräche mit Bruno Kreisky vor. Da ist sie wieder, die vertraute, dunkle Stimme des Altkanzlers: *„Herr Redakteur, ich sag' Ihnen was: Setzen'S besser auf den Sharon. Die Arbeiterpartei, das ist doch eine Hinsichtl- und Rücksichtl-Partei. Die sagen, sie bauen nur noch zwei Wehrdörfer im besetzten Land – und in Wahrheit bauen sie zehn. Der Sharon sagt, er baut zehn – aber der baut dann nur fünf. Also: Setzen'S besser auf den Sharon!"* Eine verdutzte, peinliche Stille liegt über dem Raum.

≈

Die Redaktionskollegen machen mir am Ende meiner fünfundzwanzig KURIER-Jahre ein besonderes Geschenk. Sie haben alle Reportagen, Kommentare, Analysen und Interviews meiner Jahrzehnte als Journalist zum Buchbinder getragen. Ich blättere in den vielen hunderten Artikeln, die über Israel und Österreich entstanden sind. Und ich staune über die enorme Zeitstrecke und die vielen Schauplätze, an denen ich die Friedenssuche im Nahen Osten und all ihre Rückschläge begleiten durfte: im Orient, in den USA, quer durch Europa und auch in Österreich. Es ist ein Papiergewordener, endloser Marathon von Hoffnungen und Enttäuschungen, von Warten und Hektik, von Aufbrüchen und Abbrüchen.

Immer wieder frage ich mich: Warum ist gerade dieser Konflikt so unlösbar? Warum scheitert menschlicher Geist, menschliche Empathie, menschliche Friedenssehnsucht an der Überwindung der Barriere zwischen zwei der großen Opfervölker unserer Zeit? Gelegentlich erinnere ich mich dann an die alte Redaktionssekretärin der kleinen deutschsprachigen israelischen Zeitung *Yedioth Hadashot* (später *Israel-Nachrichten),* die mir in einer langen Kriegsnacht des Jahres 1967 gesagt hat: *„Wahrscheinlich ist dieser Konflikt unlösbar. Und wir müssen warten, bis in unserer Region eine ganz andere Bedrohung von Außen auftaucht, die uns beide – Israelis und Araber – gemeinsam existentiell bedroht. Bis wir uns plötzlich auf derselben Seite einer Konfrontation finden. Bis unser Konflikt zwar nicht gelöst ist, aber für beide Seiten unwichtig wird. Weil dann Größeres auf dem Spiel steht."* Fast scheint es, als würde sich diese Analyse als prophetisch erweisen.

≈

Heute ist Israel ist für mich wieder das, was es schon ganz am Beginn war: Ein aufregendes und berührendes privates Reiseziel – und ein Schauplatz ständig neuer politischer Schlagzeilen. Meine unmittelbare Betroffenheit ist zurückgetreten, auch wenn die Ereignisse nicht erlauben, den Blick abzuwenden. Irgendwann begegne ich auf einer Wanderung am Semmering einem alten Herren – Urlaubsgast aus Israel altösterreichischer Herkunft. Jahr für Jahr kommt er in diese *Welt von gestern,* sagt er. Aus Nostalgie, aber auch, um die permanente Angespanntheit in seinem Land für ein paar Wochen abzulegen. Lange reden wir über den Weg Israels und über den Endlos-Konflikt im Nahen Osten. *„Wissen Sie",* sagt er abgeklärt, *„wir leben ja in einer hochinteressanten Zeit. Aber ich bin schon zu alt für diese Aufregungen – viel lieber würde ich darüber lesen." Und fügt mit bitterem Humor hinzu: „Wäre unser Land ein menschliches Wesen, es wäre ständig in der Nervenklinik."*

[6] IN ÄGYPTEN, LIBYEN, JORDANIEN UND PALÄSTINA

Arabiens Führer – Nahaufnahmen

IN DEN **HAUPTROLLEN**

Ägypten
MOHAMMED NAGUIB
GAMAL ABDEL NASSER
ANWAR SADAT
ISMAIL FAHMY
Eine Historikerin der CIA

Libyen
MUAMMAR GADDAFI

Jordanien
KÖNIG HUSSEIN
KÖNIGIN ALIA
PRINZ HASSAN

Palästinenser
YASSER ARAFAT
AHMED SHUKEIRY
YAHYA HAMMOUDEH
BISCHOF SIMAAN
ISSAM SARTAWI
GHAZI HUSSEIN

sowie
BRUNO KREISKY
und KURT WALDHEIM

Nein, es ist keine Sympathie auf den ersten Blick. Meine Annäherung an die arabische Welt steht anfangs unter einem schlechten Stern. Als junger Journalist erlebe und beschreibe ich den Sechstagekrieg 1967 von Israel aus, bange mit den Israelis um das Überleben ihrer historischen und neuen Heimat – und empfinde ihre unglaublichen Siege über die arabischen Armeen als einen Akt der Befreiung. Die Folge: In den umliegenden arabischen Ländern habe ich zunächst Einreiseverbot – das ein Jahr später nur durch die Standhaftigkeit meines Chefredakteurs Hugo Portisch aufgebrochen wird: Allen Verlockungen aus dem Orient widerstehend – *„Ein Vertreter Ihrer Zeitung ist herzlich zu uns eingeladen, aber nicht Nußbaumer“* – schickt er die immer gleiche Antwort zurück: *„Sehr gerne – aber nur Nußbaumer!“* So beginnt für mich im Sommer 1968 eine merkwürdige Beziehung, genährt zunächst aus widersprüchlichen Gefühlen: Neugierde, Skepsis – aber auch einem wachsenden Bedürfnis nach Gerechtigkeit.

Im Rückblick wird deutlich: Keiner anderen Weltgegend gilt über Jahrzehnte hinweg sosehr mein journalistisches Interesse wie dem Orient. Keine andere außereuropäische Kultur und Religion beschäftigt mich mehr als die islamische. Und keine anderen Konflikte berühren mich – auch weit über das Berufliche hinaus – so intensiv wie die Dramen im Nahen Osten. Und sie tun es noch heute.

Wie viele Kriege und Revolutionen, wie viele Staatsbesuche und Staatsbegräbnisse, wie viele Hoffnungen und Enttäuschungen habe ich miterlebt? Ich weiß es nicht mehr. Wie viele Stunden habe ich über Konfliktlösungs-Modelle diskutiert, wie viele Kommentare und Reportagen geschrieben, wie viele Interviews geführt und umgekehrt auch selbst Interviews für Kollegen aus dem Orient und anderswo gegeben? Es waren sehr viele. Und: In wie viele Geheimdienst-Fallen und falsche politische Fährten bin ich vermutlich unwissend getappt – und wie viele habe ich mit

zunehmender Erfahrung zeitgerecht durchschaut? Es ist nicht feststellbar.
Nirgendwo sonst habe ich Politik – und das Gespräch mit den Machthabern – ähnlich spannend empfunden. Denn mangels etablierter demokratischer Strukturen und funktionierender Zivilgesellschaften wird alles Geschehen in der arabisch-islamischen Welt über Jahrzehnte hinweg letztlich immer von einigen Wenigen gestaltet. Umso größer aber ist ab 2011 meine Faszination und Freude über jenes *Arabien im Aufbruch,* das so viele unveränderbar scheinende Machtsysteme im Sturmwind hinwegzufegen beginnt – geprägt von einer ganz neuen Generation junger freiheits- und demokratiesüchtiger, idealistisch-mutiger arabischer Menschen.
Was immer in den kommenden Jahren in den arabischen Metropolen geschehen wird – die *„Mühen der Ebenen“* werden unvermeidlich sein. Viele aktuelle Entwicklungen bestärken, viele aber korrigieren auch all das, was ich aus vielen *Nahaufnahmen* im Orient gelernt zu haben glaubte. Gestärkt ist vor allem meine Überzeugung, dass wir Europäer keine fernen Zuschauer nahöstlicher, islamischer, arabischer Ereignisse sind und sein dürfen, sondern auf vielfache Weise ganz unmittelbar Mitverantwortung tragen. Denn das Schicksal Europas wird künftig – allen *„Festungsmauern“* zum Trotz – von jenem des Nahen und Mittleren Ostens nicht mehr zu trennen sein.
Die Aufstände in Arabien zwingen uns aber auch, manche unserer alten, bequemen Stereotypen und Feindbilder über die islamische Welt möglichst rasch zu korrigieren, ja über Bord zu werfen. Dazu gehört vor allem die tief sitzende Vermutung einer geschlossenen, den *Westen* bedrohenden muslimischen Großregion. Im Pariser Invalidendom liegt der französische Marschall Hubert Lyautey (1854-1934) bestattet. Von ihm stammt der Satz, der noch immer in unseren Köpfen spukt: *„Es gibt einen Tambour im Orient – und wenn der seine Trommel schlägt, dann fallen die*

Völker zwischen Atlantik und Hindukusch in seinen Schritt." Dieser *Tambour* ist natürlich der Islam. Im religiösen Sinn mag der Satz seine Bedeutung haben – politisch gedeutet aber führt er in die Irre. Denn: Weder kennen die Muslime eine – mit anderen Religionen vergleichbare – gemeinsame Führung. Noch sind sie politisch ein monolithischer Block. Groß ist die Bandbreite islamischer Führungen – vom islamischen *Gottesstaat* bis zu ganz gottlosen Diktaturen, von feudalistischen über sozialistische bis zu nationalistischen Regimen. Diese Spannweite wird mit den Geschehnissen ab 2011 noch größer werden.
Warum ich das erwähne? Weil es ganz und gar unmöglich ist, im Rahmen dieses Buches all meine Begegnungen mit Monarchen, Präsidenten, Militärs, Revolutionären usw. usw. in der arabischen Welt zu erwähnen und sie auch noch vor einen zeitgeschichtlich gut ausgeleuchteten Hintergrund zu stellen. Manches ist ja schon im Kapitel über Israel erwähnt, und vieles kann aus Platzgründen keine Erwähnung finden. Vier Völker und ihre politischen Führer stehen deshalb im Vordergrund dieses Rückblicks auf meine Begegnungen mit der arabischen Welt: Ägypten, Libyen, Jordanien und die Palästinenser. Anders gesagt: Nasser/Sadat, Gaddafi, König Hussein und Yasser Arafat. Schon allein diese Auswahl zeigt die enorme Vielfalt nahöstlicher Herrschaftssysteme. Dazu kommt noch – in einem anschließenden Kapitel – die Welt der arabischen Halbinsel und der Golfküste: die Könige, Sultane und Fürsten im Welt-Erdölparadies. Aus Begegnungen mit ihnen ist meine Faszination – zu oft aber auch meine Verzweiflung – über Arabien gewachsen.

Ägypten · NAGUIB/NASSER/SADAT ...

Am 28. September 1970 stirbt Gamal Abdel Nasser, der Präsident und *Vater* Ägyptens und der große Held der arabischen und islamischen Welt. Nie zuvor und niemals später erlebe ich hautnah

Nasser-Begräbnis 1970 in Kairo: Hunderttausende trauernde Ägypter umdrängen am Nilufer den in eine ägyptische Flagge gehüllten Sarg ihres großen Helden.

eine solche Massenhysterie von Schock und wilder Verzweiflung. Ganz Ägypten ist eine offene Wunde. Acht Millionen Menschen umdrängen am Tag der Beisetzung weinend den Trauerzug der Staatsoberhäupter. Panzer pressen dem Kondukt den Weg frei – und Elitesoldaten peitschen mit ihren Gewehrkolben die herandrängenden Massen vom Sarg herab. *„Ade Gamal, Geliebter von Millionen"* brüllt es aus den Lautsprechern. Mit einer Gruppe internationaler Journalisten stehe ich auf dem Dach des Parlamentsgebäudes an der *Corniche*, Kairos Uferstraße am Nil, und erlebe, wie die Palmen entlang des Flusses unter der Last der Menschen, die in den Ästen hocken, zusammenbrechen. Hunderte Ägypter sterben an diesem Tag in den Massen – viele schon

unterwegs zum Begräbnis: Auf einem völlig überfüllten Zug etwa sitzen zahllose Menschen am Dach; als die Waggons in einen Tunnel einfahren, werden Dutzende von ihnen geköpft.
Es ist das ergreifende, furchtbare Schauspiel eines Volkes, das seine geistige Mitte verloren hat. Kein Staatsmann des 20. Jahrhunderts, kein Ägypter seit den Tagen der Pharaonen ist je so betrauert worden – obwohl Nasser 1967 den Sechstagekrieg gegen Israel und die ganze Halbinsel Sinai verloren hat; obwohl schon vorher so viele Ägypter für seine pan-arabischen Träume und Militäraktionen sterben mussten; obwohl seine gewaltigen Rüstungsprogramme sein Volk in die Armut gejagt haben; obwohl sein Polizeistaat die Freiheit erdrückt hat.
Auch der Tourismus, für Ägypten eine lebenswichtige Einnahme, ist in den letzten Lebensjahren Nassers weitgehend zum Erliegen gekommen. Unvergesslich ein Abend im Herbst 1969, als ich von Kairo hinaus nach Gizeh fahre, um das grandiose Schauspiel von *Son et lumière* mitzuerleben – allabendlich erzählen dort unzählige Lautsprecher und Scheinwerfer die vieltausendjährige Geschichte Ägyptens vor der gewaltigen Kulisse der Pyramiden. In dieser Nacht aber läuft die eindrucksvolle Show für einen einzigen Besucher – für mich. Ein Gänsehaut-Erlebnis.

Nachruf auf Nasser – aus dem Fenster geworfen

Jetzt, da Nasser, der *große Pharao der Neuzeit*, vor unseren Augen zu Grabe getragen wird, versuche ich die unglaubliche Stimmung in Ägyptens Metropole auf meiner Schreibmaschine festzuhalten, kämpfe mich zum Zensor durch, der jeden journalistischen Bericht vor dem Versenden lesen muss – und scheitere am Ende an der Bürokratie, die sich für ihre Telex-Dienste von uns, den Berichterstattern, großzügig bestechen lässt, am Ende aber trotzdem unfähig oder unwillig ist, mit der notwendigen Technik zurecht zu kommen. Wütend werfe ich mein Manuskript irgendwann aus dem Fenster im zehnten Stock des Informationsministeriums. Gottseidank lädt mich Österreichs Botschafter für den Nachtmittag zu sich. Von seinem Dienst-Telefon erreiche ich endlich und vermutlich unerlaubterweise meine schon längst in Zeitpanik verfallene Redaktion und erzähle das Erlebte aus der Erinnerung.

Um die Legende Nassers politisch nicht sterben zu lassen, schreibt sein Vertrauter Mohammed Heikal, Chefredakteur der großen halb-amtlichen Zeitung *Al Ahram*, noch rasch ein Jubelbuch über den Toten. Ich kenne Heikal aus mehreren Begegnungen als machtbewussten politischen Propagandisten und beschreibe in einer kritischen Buchrezension, wo Heikal an der Wahrheit gedreht hat. Wenige Tage später werde ich von einem ägyptischen Diplomaten in Wien zum Abendessen in seine Wohnung geladen. Kaum bin ich angekommen, erscheint die Hausfrau – und empört sich lautstark über meinen Artikel. Als ich versuche, ihr die Fakten zu erklären, schreit sie: *„Egal, ob falsch oder richtig – Mohammed Heikal ist mein Bruder!“* Es wird kein entspannter Abend.

Besuch beim vergessenen Präsidenten

Sieben Jahre vergehen nach Nassers Tod, da treffe ich 1977 in aller Vertraulichkeit einen Mann, den es offiziell gar nicht (mehr) gibt: Mohammed Naguib – einst die überaus populäre Gallionsfigur der Revolution gegen König Faruk und erster Präsident Ägyptens, jetzt Yogi und Asket. Im Juli 1952 hatte Naguib, ganz Gentleman-General, den letzten Monarchen *„mit Tränen in den Augen“* zum Rücktritt und zur Fahrt ins Exil überredet – und bis November 1954 stand er an der Spitze Ägyptens. Dann hat ihn der machthungrige Oberst Nasser aus allen Ämtern gedrängt, unter Hausarrest gestellt und langsam dem Vergessen preisgegeben.

Nach 17 Jahren Hausarrest vergessen: Ägyptens erster Präsident Naguib.

Es ist eine verwilderte, unauffällige Villa, die Naguib draußen in der Vorstadt von Kairo bewohnt: 17 Jahre lang war er hier eingesperrt und mehrfach für tot erklärt worden. In diesen 17 langen Jahre bewohnte ein Geheimdienst-Trupp seinen Garten – und ein Bewacher musste immer neben Naguib im Ehebett schlafen. Irgendwann starb dann sein Sohn in Deutschland bei einem mysteriösen Unfall. Der alte, zerbrechlich wirkende Mann mit weißem Stiftenkopf und einem kleinem Bärtchen hat all das überlebt. *„Mit mir haben sie falsch kalkuliert“*, sagt er und macht dabei eine seiner Yoga-Übungen: zehn Minuten Kopfstand. *„Nasser und seine Freunde glaubten, ich würde unter diesen furchtbaren Umständen ohnedies bald tot sein. Aber ich lebe – und sie sind gestorben.“* Als Lebenselixier in totaler Einsamkeit nennt er seine Selbstdisziplin und Genügsamkeit – die Tugenden eines Wüstenoffiziers – und sein tiefes Eindringen in Geschichte, Religion, Mystik und fremde Sprachen: *„Mit meinen Büchern habe ich alles überstanden!“*

Mit dem Amtsantritt von Nassers Nachfolger Anwar Sadat im Jahr 1970 sind zwar die Wachen aus seinem Garten verschwunden, aber auch der neue Präsident lässt den alten Naguib aus Angst vor den Nasser-Anhängern noch jahrelang in Vergessenheit. Ein uralter amerikanischer Straßenkreuzer als Nobel-Auto (mit Chauffeur vom Geheimdienst) und zwei Telefonleitungen sind eine Art stiller *Ehrengabe* und eine erste Verbindung zur Außenwelt. Naguib hat inzwischen kein Bedürfnis mehr, aus sei-

ner Isolation auszubrechen. Mein Gespräch, über die Zufälligkeit gemeinsamer Freunde zustande gekommen, bleibt das einzige, das er mit einem ausländischen Medienvertreter führt.
Der vergessene Präsident besteht dann aber darauf, mich in seinem Auto bis zu meinem Hotel zu begleiten. Entlang der Strecke passieren wir eine Reihe stählerner Triumphbögen mit den Bildern der beiden politischen Götter Ägyptens, Nasser und Sadat. Naguib fehlt. Dann aber erlebe ich plötzlich eine seltsame Szene: Aus dem Rückfenster einer Straßenbahn vor uns bohren sich die Blicke älterer Ägypter in unsere schwarze Karosse, zuerst nur neugierig, dann verwirrt und aufgeregt, dann lachend und winkend: Sie haben das Gesicht ihres ersten Präsidenten wieder erkannt, flüstern es im Waggon weiter – und ein unglaubliches Gedränge und Geschiebe zum Fenster beginnt. Der alte Mann neben mir zeigt seine Freude nur in der Stimme: *„Ich weiß, dass sie mich respektieren und lieben. Ein gutes Gefühl – nach allem, was passiert ist …“*
Im August 1984 stirbt Mohammed Naguib – 14 Jahre nach Nasser und drei Jahre nach dem Mord an Anwar Sadat. Der neue Präsident Hosni Mubarak kommt sogar zu seinem Begräbnis – und heute trägt eine Metro-Station in Kairo Naguibs Namen.

Oktoberkrieg 1973 – wer ist Sieger, wer Verlierer?

Wenigen arabischen Führern begegne ich in den kommenden Jahren ähnlich oft wie Präsident Anwar Sadat – beruflich und persönlich. Der Oktoberkrieg 1973 gegen Israel – auch Yom-Kippur-Krieg genannt – ist *sein* Krieg. Zugleich aber ist er auch der Auftakt einer ungewöhnlichen Nahbeziehung des Ägypters zu Österreich, zu Bundeskanzler Bruno Kreisky – und auch zu mir. Es ist ein Höhenflug nahostpolitischer Visionen, zwischenstaatlicher Freundschaft und wirtschaftlicher Hoffnungen.
Die historischen Fakten sind bekannt und rasch erzählt: Nach

drei bitteren arabischen Niederlagen gegen das kleine, aber hochgerüstete Israel (1948, 1956, 1967) überrascht Sadats Großangriff vom 6. Oktober 1973 die Israelis und die Welt ausgerechnet am höchsten jüdischen Feiertag (*Yom Kippur,* das jüdische Versöhnungsfest). Israels Armee ist an diesem Tag zu einem guten Teil auf Heimaturlaub, als Zehntausende Ägypter über den verminten Suezkanal stürmen, dort Israels Verteidigungslinien überrennen und dessen Soldaten erfolgreich vom Kanalufer zurückwerfen.
Aber nach Blitz-Einberufungen in Israel und einer gewaltigen Luftbrücke mit US-Nachschub wendet sich das Kriegsglück: Hunderte vorwärts stürmende ägyptische Panzer werden in Sinai eingekesselt – und der Kriegshaudegen Arik Scharon, später Israels Ministerpräsident, schafft sogar noch die Überquerung des Suezkanals nach Westen, um Sadats Dritte Armee auf eigenem Boden einzuschließen. Bald muss Ägypten um einen raschen Waffenstillstand betteln, der unter der gemeinsamen Regie des amerikanischen Außenministers Henry Kissinger und des österreichischen UNO-Generalsekretärs Kurt Waldheim tatsächlich zustande kommt.
Wer aber ist nun Sieger und wer Verlierer? Israel behält am Ende militärisch die Oberhand, verliert aber seinen Mythos der Unverwundbarkeit. Umgekehrt schrammt Anwar Sadat zwar an einem Debakel vorbei, wird aber wegen seiner Courage und seiner Anfangserfolge in Ägypten zum *Vater der Ehre* und *Heros der Freiheit* gekürt.
Es ist dieser unklare Ausgang, der ab 1973 eine bis dahin nicht gekannte politische Dynamik wachsen lässt. Ihre beiden Höhepunkte: Die (schon im Israel-Kapitel besprochene) legendäre Reise Sadats nach Jerusalem im November 1977 – und der *Camp David-Frieden* vom März 1979 zwischen Ägypten und Israel. Freilich: Ohne Einbindung der Palästinenser und anderer Araber-Staaten bleibt es ein *kalter* Frieden, der Ägypten über viele Jahre in der arabischen Welt isoliert und letztlich zur Ermordung

Sadats im Oktober 1981 führt. So steht es in den Geschichtsbüchern – und sehr viel Neues ist auch aus den folgenden drei Jahrzehnten nicht zu berichten.

Allgegenwärtig: Präsident Anwar Sadat, der Held des Oktoberkriegs von 1973.

Aber da ist noch die merkwürdige innere Geschichte, die auch mich in bescheidenem Ausmaß recht unmittelbar in das Nahost-Geschehen involviert: Aus einem Gespräch mit Libanons Regierungschef Takieddin El-Solh habe ich, wie schon berichtet, vor Ausbruch des Oktoberkriegs die stille Botschaft entnommen, dass ein neuer Nahost-Waffengang unmittelbar bevorsteht – und von Beirut aus Bruno Kreisky telefonisch verständigt. Aus diesem Anruf wächst eine Vertrautheit in Nahostfragen, die mir in den folgenden Jahren kleine, stille *Briefträger-Dienste* im Nahen Osten einträgt – und letztlich auch eine gewisse Nähe zu Anwar Sadat. *„Kreisky, das ist überhaupt der beste Mann für alles!“*, sagt der Ägypter wiederholt und entdeckt in den folgenden Jahren das neutrale Österreich nicht nur für Privaturlaube, sondern auch als Schauplatz für bedeutsame politische Begegnungen.

Schon vor dem Oktoberkrieg hat Sadat die Sowjet-Militärberater aus Ägypten verjagt und drei Jahre später kündigt er selbstbewusst auch den *Freundschaftspakt* mit Moskau. Die Auswirkungen erlebe auch ich: Seit Jahren bin ich mit Ägyptens Außenminister Ismail Fahmy befreundet. Als ich ihn einmal in seinem Büro am Tahrirplatz im Zentrum Kairos besuche, hat er zu meiner Überraschung enorm viel Zeit für mich, obwohl sein Kabinetts-Chef schon mehrfach mahnend den Kopf durch die Zimmertüre steckt. Als ich die Initiative ergreife und mich von Fahmy verabschieden will, sagt der: *„Nein, bleib’ noch ein wenig.*

Wiedereröffnung des Suezkanals im Juni 1975: Auf dem alten Königsschiff vorbei an den Schlachtfeldern vergangener Kriege – und ganz Arabien feiert begeistert mit.

Draußen sitzt der sowjetische Geschäftsträger. Der soll nur lernen, dass er in Ägypten warten muss …“
Der Totalschwenk Sadats weg von Moskau und hin zu Washington ereignet sich dann in Österreich: Auf Schloss Kleßheim bei Salzburg legen der Ägypter und US-Präsident Gerald Ford im Mai 1975 das Fundament zu *„einer neuen Schicksalsgemeinschaft“*. Sadats Logik ist einleuchtend: Nur Amerika kann Frieden im Nahen Osten machen und entsprechend Druck auf Israel ausüben. Bald sind die Sowjets für Ägyptens Präsident nur noch *„Lügner, Ehrabschneider und Kriegshetzer“* – Sadat setzt jetzt ganz auf die *Pax Americana*.

Schwimmende Weltgeschichte

Am 5. Juni 1975 wird der Suezkanal wieder eröffnet. Acht Jahre lang, seit dem *Sechstagekrieg* 1967, war die Hauptschlagader der Weltwirtschaft nur totes Wasser: von versenkten Schiffen, Waffen und zerstörten Brücken blockiert, von Wüstenstürmen versandet,

von der Seefahrt fast vergessen. Siebenmal wird der Kanalboden jetzt Zentimeter für Zentimeter abgesucht, ehe endlich *grünes Licht* für die Schifffahrt kommt – Taucher und Spezialgeräte haben 150.000 Minen, 8000 Raketen, Bomben und Granaten und 41.000 andere Geschosse aus dem Wasser gehoben; sogar versunkene Panzer und Flugzeuge.

Jetzt ist der wichtigste Schiffskanal der Erde wieder frei und der Seeweg zwischen Europa und Asien um 7500 Kilometer kürzer. Außenminister Ismail Fahmy verdanke ich, dass ich an diesem Eröffnungstag als einziger Europäer unter den Staatsgästen auf dem 110 Jahre alten Königsschiff *Horriya* mit dabei sein kann: Sechs unvergessliche Stunden auf hoher See und doch mitten durch die Wüste, vorbei an der Trümmerlandschaft vergangener Schlachten. *„Nein“*, sagt Kapitän Hanafi zur versammelten Prominenz an Deck, *„das hier ist kein Schiff, das ist schwimmende Weltgeschichte“*. Tatsächlich: Schon bei der Eröffnung des Suezkanals im November 1869 fuhr die *Horriya* an der Spitze des Konvois der Könige aus Arabien und Europa.

An diesem 5. Juni 1975 aber unterbrechen die Gäste an Bord plötzlich ihren gemütlichen Plausch, eilen verwirrt zur Reling –

und der Kapitän verteilt Ferngläser. Denn im schmalen Kanal schiebt sich eine schwimmende Festung näher und näher an die *Horriya* heran und zieht schließlich an uns vorbei. Es ist der Kreuzer *Little Rock,* Flaggschiff der 6. US-Flotte im Mittelmeer, der unerwartet die Spitze des festlichen Konvois übernimmt und demonstrativ das Banner Amerikas flattern lässt. Klarer könnte die politische Symbolik dieser Stunde gar nicht sein ...

„Von Kreisky Sozialismus lernen!"

Anwar Sadat ist ab 1975 der interessanteste Dauer-Gast in Österreich und in der Wiener Kreisky-Villa – manche Stunde davon darf ich miterleben und auch Wünsche äußern. So gelingt es im April 1976 tatsächlich, einem israelischen Journalisten-Kollegen erstmals die Türen zu einem Interview mit Ägyptens Präsidenten zu öffnen – der lädt ihn sogar nach Kairo ein. Umgekehrt schickt

Die Vermittlung gelingt: Präsident Sadat redet in Wien erstmals mit einem israelischen Journalisten, „Maariv"-Korrespondent Menachem Oberbaum (links vorne).

In Wien wird Nahost-Geschichte geschrieben: Bruno Kreisky und Willy Brandt versuchen 1976, mit Sadat und Shimon Peres den Friedensprozess neu zu beleben.

Sadat nun auch seine Partei- und Regierungselite immer öfter zu politischen „*Trainingskursen*“ nach Österreich, um „*von Kreiskys Weg des demokratischen Sozialismus zu lernen*“.

Was den Ägypter aber für immer unvergesslich macht, ist die schon ausführlich geschilderte Nacht des 19. Novembers 1977, als Anwar Sadat die Barriere der Herzen und der politischen Logik durchbricht und nach Israel fliegt. Es sind nur 28 Minuten Flugzeit – und doch ist es eine Reise in eine andere Welt. Als die Todfeinde eines endlosen Konflikts einander am Flughafen von Tel Aviv in die Arme fallen, bin ich zutiefst glücklich, mit dabei sein zu dürfen. Es ist das zur Wirklichkeit gewordene politische Paradoxon. Keine andere Stunde in meinem Journalistenleben hat mich ähnlich bewegt und erschüttert.

Allzu rasch aber verfliegt der Zauber dieses Jahrhundert-Ereignisses – und so kommt Anwar Sadat schon im folgenden Jahr gleich zweimal nach Österreich, um mit Israels Oppositionschef Shimon Peres und Bruno Kreisky, aber auch mit Willy Brandt die schwindenden Friedenshoffnungen neu zu stärken. In dieser Zeit wird der schnurrbärtige Pfeifenraucher aus Kairo mit Kreiskys

Unterstützung auch für mich zu einem beinahe vertrauten Gesprächspartner: in Wien und Salzburg, in Fuschl bei Salzburg und im Helenental bei Wien, aber auch in Kairo. Auf eines dieser Treffen warte ich einmal in Kairo wegen einer Erkrankung Sadats eine ganze Woche unter kuriosen Umständen: Im alten, einst noblen *Semiramis-Hotel*, das jetzt unmittelbar vor dem Abbruch steht, bin ich der letzte und einzige Gast. Das Personal ist schon abgezogen.

Ghostwriter für Sadats Tischrede

Und dann ist da noch jener andere Abend in Kairo, Anfang Februar 1981. Bruno Kreisky kommt wieder einmal nach Ägypten und wird – als Zeichen besonderer Wertschätzung – samt Delegation in dem etwas abgewohnten *Abdin-Palast* untergebracht, in dem sonst nur arabische Monarchen absteigen dürfen. Auch das Gala-Diner wird dort serviert. Noch während die Vorspeise aufgetragen wird, winkt mich der Präsident über die lange Tafel hinweg zu sich. Er habe doch während des Zweiten Weltkriegs in britischer Militärhaft auch Deutsch gelernt, flüstert mir unser Gastgeber ins Ohr (schon früher einmal hat er mir erzählt, er könne es vermutlich sogar besser als der aus Nürnberg stammende Henry Kissinger).

Mit Kreisky im Sadat-Sonderflugzeug: Im „Salon" gibt es nur einen Sitz – für den „großen Führer". Wer etwas zu berichten hat, muss daneben in die Knie gehen.

Heute Abend wolle er seinem Freund aus Österreich eine spezielle Freude machen. Also bittet er mich, für ihn ein paar sehr herzliche, sehr rühmende Sätze über Kreisky und Österreich in Deutsch zu entwerfen – jetzt sofort und auf der Stelle.

Bruno Kreisky in Ägypten: Jubelnde Nubier empfangen den österreichischen Bundeskanzler in Theben am Nilufer.

Minuten später finde ich mich hinter Schwingtüren in einem Raum, in dem nachtschwarze nubische Diener die Speiseplatten unseres Staats-Diners garnieren. Zwischen klapperndem Geschirr und herrischen Befehlen des Serviermeisters schreibe ich für Sadat eine Passage in seiner Tischrede. Stolz hört der Kanzler, wie Anwar Sadat kurz vor dem Dessert mit angenehm dunkler und orientalisch getönter Stimme anhebt, dem *„Sehr geehrten Herrn Bundeskanzler und lieben Freund"* viel Schönes zu sagen.

Was Ägyptens Präsident in diesen Minuten an allen politischen Kontrollinstanzen vorbei über den Stand der ägyptisch-österreichischen Freundschaft sagt, beeindruckt Bruno Kreisky sosehr, dass er noch auf dem Heimflug die mitreisenden österreichischen Journalisten auf die so ungewöhnlich herzlichen Worte seines Gastgebers hinweist. Als Zeichen der besonderen Huld lässt mir Anwar Sadat übrigens noch am selben Abend einen versilberten Brieföffner mit graviertem Autogramm ins Zimmer bringen – ich habe ihn jedenfalls nicht als Fingerzeig für einen nun von mir erwarteten rituellen Selbstmord gedeutet. Dem Kanzler sind die wahren Zusammenhänge entgangen, nicht aber dem österreichischen Wochenmagazin *profil*, das meine „Nebenbeschäftigung" in seiner nächsten Nummer prompt enthüllt.

Es ist übrigens in dieser Nacht, dass mich zu sehr später Stunde die telefonische Bitte des Bundeskanzlers erreicht, in sein Appartement zu kommen. Dort finde ich Kreisky aufgelöst in Pyjama und Morgenmantel – seine Suche nach einem Lichtschalter, um das Schlafzimmer endlich zu verdunkeln, war erfolglos. Und die Alarmglocke weckt weder einen arabischen Diener noch einen österreichischen Sicherheitsbeamten. Während ich noch nach hilfreichen Geistern suche, hat der Kanzler das Problem auf seine Weise gelöst – und das Deckenlicht im Schlafzimmer mit einem Schuhwurf gelöscht ...

Staatsbegräbnis hinter Stacheldraht

Am 6. Oktober 1981 wird Anwar Sadat erschossen. Es ist der achte Jahrestag seines Überraschungskrieges vom Oktober 1973 und für Ägypten ein Feiertag: der Tag, an dem Sadat sein Land *„von der Demütigung erlöst hat"*, wie es offiziell heißt. Zur traditionellen Militärparade in Nasr City, einem Vorort Kairos, bin auch ich eingeladen, sage aber wegen einer anderen Reise kurz-

Der Moment, als im Oktober 1981 – mitten in einer Militärparade – Sadats Leben zu Ende geht: Radikale Islamisten wollen Ägypten „von der Demütigung erlösen".

Sadats Begräbnis hinter Stacheldraht und mit viel politischer Prominenz aus dem Westen und Israel - aber das ägyptische Volk ist zuhause geblieben.

fristig ab. Um 12:40 Uhr donnern dort Formationen der Luftwaffe mit ihren bunten Rauchfahnen in den Nationalfarben Ägyptens über die Ehrentribüne. Sadat blickt hinauf und salutiert. Genau in diesem Moment bricht ein Armeelastwagen aus der Kolonne aus und fährt direkt vor die Tribüne. Drei Männer springen heraus und laufen mit Maschinengewehren auf Sadat zu. Dann detoniert eine Granate, Rauch füllt die Luft, Kugeln durchschlagen Holz- und Glaswände und auch die eng geschnittene Paradeuniform des Präsidenten – so eng, dass Sadat auf die kugelsichere Weste verzichtet hat. Der Rettungsflug ins Militärkrankenhaus von Maadi rettet nichts mehr. Anwar Sadat und zehn Politiker und Militärs, die um ihn standen, sind kurze Zeit später tot.

Fünf Tage später erlebe ich in Kairo Sadats Begräbnis. Welch ein Unterschied zur wilden Trauer um Gamal Abdel Nasser elf Jahre vorher: Völlig isoliert vom ägyptischen Volk wird der ermordete Präsident beigesetzt. Ein 88 Meter langes Straßenstück weit drau-

ßen an den Rändern der Nil-Metropole ist der einzige, weltweit übertragene Schauplatz für die Trauer um einen Friedens-Nobelpreisträger. Es gibt keinen Kondukt durch die Stadt, keine Massenhysterie, nichts. Hinter Stacheldraht und der Menschenmauer Tausender Polizisten und Soldaten nimmt die Elite der Weltpolitik, darunter drei US-Präsidenten und Israels Premier Menachem Begin, Abschied vom ägyptischen Kriegs- und Friedenshelden.
Nur wenige Meter vom Schauplatz des Mordes entfernt, steht seither Sadats Mausoleum. Wann immer ich dort vorbeikomme, erlebe ich Amerikaner, Japaner und Europäer, die dem toten Anwar Sadat die Ehre erweisen – kaum aber Ägypter. Sie besuchen lieber die Grabmoschee ihres Volkshelden Gamal Abdel Nasser.
Mit den Todesschüssen von Nasr City hat auch für mich eine ungewöhnliche Beziehung ihr Ende gefunden.

Mein Freund, der Außenminister

Ismail Fahmy: Seine Kritik an Sadats Politik will im Westen niemand hören.

Eine andere persönliche Nähe, weit intensiver als jene zu Anwar Sadat, aber überlebt: Ismail Fahmy, Ägyptens Außenminister in den dramatischen Jahren zwischen Oktoberkrieg und Sadats Jerusalemreise, ist 1977 empört zurückgetreten, als sein Präsident das Flugzeug nach Israel bestieg. Kaum sind in Kairo die Todesschüsse gefallen, setzt sich Fahmy an die Schreibmaschine, um seine Abrechnung mit Sadat und dessen Friedenspolitik niederzuschreiben. *„Alles ein kolossaler Irrtum – dieses Land ist nicht mehr Ägypten“*, ist er überzeugt. Denn: Mit Sadats Flug nach Jerusalem habe das große Ägypten all seine Trümpfe für einen echten Nahost-

Frieden leichtfertig aus der Hand gegeben. Mit dem Hinauswurf der Sowjets habe sich Sadat ganz den Amerikanern, den Schutzherren Israels, ausgeliefert. Und mit dem *Camp David*-Seperatfrieden habe Kairo als Zentrum der arabischen Welt abgedankt und die Palästinenser verraten. Und Sadat persönlich? *„Er war ein gewaltiger Medien-Profi, aber einer, der es mit der Wahrheit nicht so genau genommen hat und der jedem das sagte, was der gerade hören wollte. Noch schlimmer: Er hat Fakten gesehen, die es nicht gab – und Dinge gesagt, die nicht stattgefunden haben ...“* Fahmy schickt mir seine Manuskripte und will mit mir über die Inhalte streiten. Das tun wir auch – schriftlich, telefonisch und in einem Sechs-Stunden-Marathon auf seinem Balkon in Kairo. Manche überscharfe Bemerkung kann ich ihm ausreden, Anderes nicht – es findet unter Sadat-Kritikern, vor allem in der arabischen Welt, enorme Aufmerksamkeit. Als Fahmys Buch fertig ist, bittet er mich, eine deutsche Ausgabe zustande zu bringen. Ich klappere alle großen Verlage ab, korrespondiere mit Helmut Schmidt und anderen. Fazit: Niemand will dieses Buch drucken. *„Sadat ist eine Legende – wir werden sie nicht mehr zerstören“*, schreibt mir ein Verleger zurück.

Die Professorin von der CIA

Ach ja, da ist noch eine Erinnerung, die eine Erwähnung verdient: Im März 2002 – längst habe ich den Tages-Journalismus und auch die Wiener Hofburg hinter mir gelassen – bin ich wieder einmal in Ägypten: Ein TV-Auftritt und zwei Referate an Kairoer Universitäten stehen am Programm. Vor meiner Gastvorlesung an der *American University* lädt der Rektor zu einem Mittagessen im kleinen Kreis von Professoren aus allen Teilen Arabiens. Mir gegenüber aber sitzt eine blonde, leicht ergraute amerikanische Professorin und stellt sich als *Historikerin der CIA* vor. So steht es auch auf ihrer Visitenkarte.

Ich bin verwundert über diesen offenen Zugang einer Angehörigen des US-Geheimdienstes zu ihrem ganz speziellen Arbeitgeber. Flüsternd erzählt mir der Rektor, wie sehr auch er überrascht war, als die Dame erstmals bei ihm auftauchte und einen Vortrag über Amerikas Nahostpolitik anbot. Und weil sie offenkundig kein Problem damit hatte, ihren Dienstgeber auch auf Ankündigungs-Plakate drucken zu lassen, war die große *Orient-Hall* der Universität auch prall gefüllt.

„Es war ein toller Vortrag – sehr gescheit", sagt mir der Rektor während unseres Essens, *„unsere Studenten waren über ihr Wissen und ihre Distanz zur Nahostpolitik der US-Regierung schwer beeindruckt."* Wie es denn möglich sei, habe nach dem Vortrag eine junge Ägypterin gefragt, dass die CIA so gescheite Leute beschäftige, die Nahostpolitik Amerikas aber seit Jahrzehnten so kurzsichtig und einseitig sei? Ohne zu zögern habe, so erzählt mir der Rektor, die Professorin vom US-Geheimdienst geantwortet: *„Ach, das kommt daher, dass unsere Analysen von den Spitzenpolitikern nicht wirklich gelesen werden – da oben wehen einfach andere Winde ..."*

Ich bin vom Gehörten beeindruckt und frage die Dame aus den USA, ob sie Lust hätte, nach dem Mittagessen noch eine Tasse Kaffee mit mir zu trinken. Sie sagt *„Aber ja!"* – und wir wechseln vom Rektorat in die Cafeteria der Uni. Interessiert frage ich sie, wie es denn jetzt wohl weitergehe – in dieser verfahrenen Nahost-Situation und in der Golfregion. Ihre Antwort wirft mich um: *„Krieg"*, sagt sie kurz und knapp. *„Krieg? Wo und wieso?"*, frage ich verblüfft zurück. *„Mein lieber Österreicher"*, sagt sie, *„wir Amerikaner haben im Nahen Osten zwei große Verbündete: Israel und Saudi-Arabien. Israel ist stabil, Saudi-Arabien nicht. Was immer dort passiert, ist schlecht für Amerika. Bleibt die Saud-Familie dort weiter an der Macht – schlecht für uns: Die müssen so viel an ‚Abschlagszahlungen' an Terrorgruppen leisten, um politisch zu überleben. Verlieren sie aber die Macht – noch schlechter für uns:*

Wer dann kommt, ist sicher kein Freund Amerikas, hat aber die weltgrößten Ölreserven unter Kontrolle. Das heißt: Amerika braucht dringend Öl-Alternativen. Beim Stand der Ölreserven kommt nur der Irak in Frage. Saddam Hussein ist ohnedies fällig – ein Gangster erster Ordnung.“
Ich bin perplex. Aber die Dame ist ja nicht irgendwer. Es ist der 19. März 2002. Punktgenau ein Jahr später, am 19. März 2003, beginnt nach langem Nervenkrieg der Einmarsch der US-Truppen im Irak. Saddam Hussein wird gestürzt und dass die Soldaten Amerikas zunächst das Erdöl-Ministerium in Bagdad besetzen, klingt jetzt plötzlich ganz logisch.
Lange Zeit geht mir das Gespräch nicht aus dem Sinn: Vielleicht war sie doch nicht so weit von den großen Entscheidungen Amerikas entfernt, wie sie mir damals erzählt hat ...

Libyen · GADDAFI

Mit Sicherheit ist der Libyer Muammar Gaddafi der seltsamste Staatsmann, dem ich je gegenüber sitze – und das im Lauf der Jahre gleich mehrfach, zum letzten Mal freilich vor mehr als 25 Jahren. Alles an diesem Mann, an seinen Aussagen und an dem Umfeld unserer Begegnungen ist außergewöhnlich, schwer in den gewohnten Umgang mit politischen Führern Arabiens einzuordnen und vielleicht gerade deshalb auch besonders reizvoll.

„Jetzt kenne ich zwei Henrys“: Gaddafi bei unserer Begegnung 1975 in der Wüste.

Der Libyer fühlt sich seit

seiner Revolution vom Oktober 1969 als letzter der großen Revolutionäre und als Erbe des Ägypters Gamal Abdel Nasser. Dieses selbst auferlegte Vermächtnis belastet über Jahrzehnte hinweg die schwierige Nachbarschaft zwischen den beiden großen Nationen in Nordafrika: Hier Ägypten, dort Libyen. Hier Sadat und Mubarak, dort Muammar Gaddafi. Hier das uralte, große Kulturland am Nil, überbevölkert und bettelarm, dort der junge Wüstenstaat, unterbevölkert und steinreich. Hier auch der bürokratisch-versteinerte Einparteienstaat, dort der „revolutionäre Massenstaat". Und dazwischen eine Grenze, die ebenso willkürlich wie umstritten ist: Mehr als einmal hat Libyens Machthaber sein Volk zum Marsch an die Grenze aufgerufen, um die trennenden Balken und Zäune wegzureißen und aus zwei Ländern ein einziges zu machen – immer vergeblich.
Die heute Mächtigen in Kairo hält er schon in jungen Jahren allesamt für Verräter an der gemeinsamen arabischen Sache. Und umgekehrt gilt Gaddafi den anderen Führern Arabiens – allen voran den Ägyptern – schon seit Beginn seiner schließlich 42-jährigen Herrschaft als eher schräge Persönlichkeit und als Ziehvater des Terrors.
Mehrfach bin ich zwischen 1975 und 1986 mit Muammar Gaddafi zusammengetroffen: In seiner Hauptstadt Tripolis, im Wüstengebiet der Großen Syrte, im Zelt seines Vaters – und auch in Wien. Mit ihm habe ich eine Form von Streitgesprächen geführt wie mit keinem anderen politisch Verantwortlichen: Ganz und gar undiplomatisch offen und provozierend – aber nicht ohne Herzlichkeit. Wahrscheinlich ist gerade das so faszinierend an ihm: Einem Rebellen, Diktator, Phantasten gegenüber zu sitzen, der beides ganz unmittelbar in sich trägt: die Träume von einer besseren Welt, aber auch die Finsternis gnadenloser Gewalt. Und vielleicht erklärt sich daraus auch die einstige Faszination des jungen Gaddafi auf Millionen Araber – und schließlich die aufgestaute Wut und Verzweiflung seines Volkes gegen seinen

Irgendwo im Wadi-el-Sharif: der junge Revolutionsführer Muammar Gaddafi, arabischer Träumer und späterer Langzeitdiktator, erzählt in sechs unvergesslichen Stunden von seiner Sympathie für Freiheitskämpfer und / oder Terroristen.

Führer, der im Dauerbesitz der Macht all seine eigenen Sehnsüchte und Versprechen verraten hat und schließlich auf so opferreiche Weise aus seiner Allmacht verjagt wird.

„Jetzt kenne ich zwei Henrys - Kissinger und dich."

Keine unserer Libyen-Landkarten vermerkt das *Wadi el-Sharif*, irgendwo in der Steinwüste zwischen Tripolis und Benghazi, mehr als 500 Kilometer von Libyens Hauptstadt entfernt. Mittendrin eine Senke, in die der letzte Regen etwas Grün gezaubert hat. Hier sitzt im Februar 1975 der damals 33-jährige Muammar Gaddafi ein erstes Mal vor mir: In zerschlissener Militärjacke, grüner Arbeitshose und mit braunen Wüstenstiefeln. Gegen die tief stehende Sonne hat er die Kappe in die Stirn gezogen. Seine Stimme ist dunkel, sein Lachen laut und anhaltend. Vor uns die Becher mit Ziegenmilch, sonst nichts.

Ein bizarrer Widerspruch zur politischen Wirklichkeit – schon damals: Das also ist der Mann, der sechs Jahre zuvor, kaum 27-jährig, Libyens König Idris vertrieben und die Macht an sich gerissen hat. Der nach der Revolution seiner *Freien Offiziere* die Amerikaner mit ihrem riesigen Luftwaffenstützpunkt *Wheelus Airfield* aus dem Land geworfen hat – und ebenso die Engländer und die Italiener, Libyens frühere Kolonialmacht. Der die internationalen Ölgesellschaften und die ausländischen Banken verstaatlicht hat und dem sein Land – immerhin 21 Mal größer als Österreich – irgendwann zu klein erscheint. Der deshalb in immer neuen Anläufen versucht, die Nachbarn für ein Großreich in Nordafrika zu gewinnen – vergeblich.
Zudem ist dieser Muammar Gaddafi ein gefährlicher Visionär, der schon damals die Grenze zwischen Befreiungskampf und Terror ganz anders zieht, als das der Westen und viele seiner arabischen Kollegen tun. Ein Brandstifter, für den die Politik und die Medien immer neue Namen erfinden: *Robin Hood, Rächer der Enterbten, Möchtegern-Napoleon, Gefährlichster Mann der Welt,* aber auch *Wirrkopf* und Schlimmeres.

KURIER-Karikatur von Rudolf Angerer vor Kreiskys erstem Besuch bei Gaddafi.

Dennoch: Gaddafi erwartet gerade jetzt, im Februar 1975, hohen Besuch: Bruno Kreisky hat sich angesagt, gemeinsam mit Vertretern der *Sozialistischen Internationale.* Der österreichische Kanzler setzt auf Dialog statt Isolation. Ein seltsames Duett steht da bevor: Der erfahrene jüdische Staatsmann und der junge arabische Hitzkopf.
Ich bin als eine Art journalistische Vorhut und Minengänger unterwegs – und ahne bald: Nie mehr in meinem journalistischen Leben wird mir ein solch exzentrischer Gesprächspartner in so

ungewöhnlicher Atmosphäre gegenüber sitzen. Die Wüste schluckt alles Höfische zwischen uns – kein noch so heikles Thema bleibt ausgeklammert. Es geht um Gaddafis enorme Aufrüstung, um seinen stillen Beistand für Terroristen, um seine Freunde und Feinde. Und ganz ungeschminkt sind auch seine Antworten: Ja, sagt Gaddafi, er unterstütze *„alle, die für die Freiheit kämpfen"* – von radikalen Palästinensergruppen über die baskische Untergrundarmee ETA in Spanien und die irische IRA bis zu philippinischen Rebellen. Denn: *„Mich interessieren nicht ihre Taten, sondern ihre Anliegen."* Sind denn, so fragt er mich, die feinen Herren in Washington und Tel Aviv nicht auch Terroristen – und das Tag für Tag? Und lachend fügt er hinzu: *„Jetzt kenne ich zwei Henrys, Kissinger und dich – der Henry aus Amerika aber interessiert mich gar nicht!"*

Eine knappe Woche zuvor bin ich Tunesiens Präsident und Staatsgründer Habib Bourguiba in seinem Palast in Karthago bei Tunis gegenüber gesessen. Er hat mir eine Frage an seinen Nachbarn mitgegeben: Wozu denn Gaddafi so viele Waffen brauche? *„Sag' Bourguiba, er kann ruhig schlafen, er hat ja nichts, was Großmächte brauchen"*, sagt der Libyer entspannt, *„ich aber muss 2000 Kilometer Küste und einen enormen Ölreichtum schützen."*

Es werden sechs unvergessliche Stunden. Gaddafi erzählt mir von seiner *Dritten Weltlehre*, die jeder Libyer – nach dem chinesischen Vorbild der roten *Mao-Bibel* – aus jenem *Grünen Buch* lernen soll, das eben erscheint: Kapitalismus und Kommunismus seien gescheitert, sagt er. Der Kapitalismus, weil Privatbesitz unausweichlich zur Ausbeutung führe; der Kommunismus, weil jede Staatsmacht letztlich in Unterdrückung ende. Also ist nur die Volksherrschaft ein wahrhaft gelebter Sozialismus. Gaddafis Credo: Weg mit Präsidenten, Regierung und Parlament, dafür eine Volksherrschaft, eine Pyramide von Volksgremien. Leitbild und sozialer Kodex ist für ihn der Koran. Später einmal sagt Bruno Kreisky nach seinem Versuch, Gaddafis Thesen zu studieren, er habe *„bei näherem Hinschauen nur eine mittelmäßige Sammlung von eklektizistischen Versatzstücken“ gefunden.*

Lange redet der *Bruder Oberst* an diesem Tag über die Sünden der Verstädterung, den dort verlorenen *reinen Islam* – und über sein Ziel, Libyens Revolution zum weltweiten Modell zu machen. Am frühen Abend besuchen wir dann gemeinsam auch Gaddafis Vater in seinem Zelt – und plötzlich wird aus dem jungen *Propheten der Wüste* ein unterwürfiger Sohn, der im väterlichen Dunstkreis nichts mehr zu melden hat. Wir sitzen am Feuer und dann führt mich Gaddafi bei Sonnenuntergang auf einen Hügel, um mir jenseits davon tausende Bäume zu zeigen, die eben gepflanzt wurden. *„Du sollst ja nicht nur zu uns kommen, um mit mir zu reden“*, sagt er *„das musst du sehen!“*

≈

Die Stunden mit Gaddafi in der Wüste bleiben nicht das einzig bemerkenswerte Erlebnis dieser Libyenreise. Mein Hotel in der Hauptstadt Tripolis ist eben *vom Volk übernommen* worden. Das bisherige Personal – Rezeptionisten, Kellner und Reinigungskräfte – sind abgezogen, eine undefinierbare Menge Menschen lagert nun ohne ersichtlichen Arbeitseifer in der Lobby. Zu allem Unglück bekomme ich hohes Fieber und das Hotel ist außerstande, einen Arzt zu besorgen. So bin ich enorm dankbar, dass der österreichische Botschafter allabendlich mit Sandwiches und Getränken vorbeischaut und mein Überleben sichert. Unweigerlich wachsen in diesen Stunden starke Zweifel, ob Gaddafis *Dritter Weg* tatsächlich ein Weg zum Erfolg sein wird.

Mordanschlag auf „Bruder Ezzedin“

Der Mann, der meine erste Begegnung mit Gaddafi möglich gemacht und mich als Dolmetscher in die Wüste begleitet hat, ist ein Freund Gaddafis aus Revolutionszeiten und später Mitglied der libyschen Führung. Ab 1971 ist er Botschafter seines Landes in Österreich: Ezzedin al-Ghadamsi. Genau zehn Jahre nach unserem gemeinsamen Besuch bei Gaddafi wird er im Februar 1985 – inzwischen abgesetzt und als Gaddafi-Kritiker bekannt – mitten in Wien niedergeschossen. Schwer verletzt kann er einem Augenzeugen noch zuflüstern: *„Ja, ich glaube, ich weiß, wer das war."* Der Täter flüchtet, so heißt es, unmittelbar nach der Tat in einem libyschen Diplomatenauto. Die Regierung in Tripolis aber verurteilt offiziell den *„feigen terroristischen Anschlag auf Bruder Ezzedin"* und behauptet, dass *„die schmutzige Tat von bösen und verbrecherischen Arafat-Terroristengruppen mit Unterstützung der CIA und der so genannten Moslem-Bruderschaft"* verübt worden sei. Für Ghadamsi, der den Mordanschlag nur mit bleibenden gesundheitlichen Schäden überlebt, ist die Gefahr aber noch nicht gebannt: im Mai 1987 übersteht er in der Wiener Innenstadt auch ein zweites Schussattentat – und wieder führen die Spuren zu Libyens Diplomaten.

Begleiter bei Gaddafi: Libyens Botschafter Ghadamsi – ein früherer Freund des Staatschefs und später Opfer zweier Attentate in Wien.

Schon seit 1980 sind Libyens Botschaften in aller Gaddafis Welt in sogenannte *Volksbüros* umgewandelt worden. Mit kuriosen Folgen auch für Österreich: Da die dort arbeitenden Mitglieder als *Volksausschuss* alle gleichrangig sind, können die Wiener Behörden zunächst nicht herausfinden, wer nun eigentlich der Botschafter ist. Findige Außenamts-Beamte wissen sich aber zu helfen und schicken den Libyern ein sehr schmales Blatt Papier mit dem Ersuchen, das Botschaftspersonal untereinander aufzuschreiben. Das erzwingt eine Hierarchie: Der ganz oben Stehende ist für Österreich jetzt der Botschafter ...

Das *Libysche Volksbüro* ist in diesen Jahren ein besonderes Sorgenkind der österreichischen Sicherheitsbehörden. Im Oktober 1984 fällt der Polizei bei einer zufälligen Verkehrskontrolle eine für das Volksbüro bestimmte Waffenlieferung in die Hände: 16 Präzisionsgewehre, die als typische Attentatswaffen gelten. Prominente Mitglieder des Volksbüros erweisen sich zudem als anderswo bereits verurteilte Folterer – und viel libysches Geld fließt in seltsame libyen-freundliche österreichische Medien und wissenschaftliche Institutionen. Aber das ist ein anderes Thema ...

≈

Im Juni 1975 erlebe ich – wie schon berichtet – die Wiedereröffnung des Suezkanals auf dem ägyptischen Königsschiff *Horriya* mit. Kairos Außenminister Ismail Fahmy, der mich als alter Freund an Bord gebracht hat, will in der Mittagsglut an Deck die anwesenden Staatsgäste mit einem Scherz unterhalten. Also zeigt er auf mich: *„Der da"*, sagt er, *„das ist ein Freund Gaddafis. Aber er glaubt noch immer nicht, dass er es mit einem Geistesgestörten zu tun hat."* Unter den hohen Herrschaften, vorwiegend aus der arabischen Welt, bricht Gelächter aus.

„Der hat seinen ganzen Hausrat nach Wien mitgebracht."

Die Jahre vergehen: Im März 1982 lädt Bundeskanzler Bruno Kreisky den inzwischen völlig isolierten Gaddafi zum Besuch nach Österreich. Über die genauen Motive der Einladung wird gerätselt: Geht es darum, den Libyern ein Stahlwerk zu verkaufen? Will Kreisky bei Gaddafi einen „Kultivierungsversuch" machen, um den psychisch so labilen Wüstensohn nicht durch völlige Isolierung im Westen in die Abhängigkeit von Moskau zu treiben? Sicher ist: Wer im Dunstkreis des Libyers steht, muss mit Argwohn, ja Widerstand rechnen. Umso mehr, als Gaddafi von Wien aus Amerika massiv attackiert. Die USA protestieren jedenfalls heftig – und der Kanzler hat fortan in Washington einen schwarzen Punkt auf seinem Konto. Vertraulich erzählt er mir, der Libyer hätte offenbar *„seinen ganzen Hausrat in einem Begleitflugzeug nach Wien mitgebracht"*. Ja ja, das ewige Schicksal eines Revolutionärs, sagt Kreisky – und nennt Gaddafi *„eine Mischung aus Robespierre und Saint-Just"*.

≈

Ende April 1984 treffe ich in Kairo den Nachfolger Fahmys als Außenminister und späteren Ministerpräsidenten Ägyptens, Kamal Hassan Ali. Der verzichtet auf jede Diskretion: *„Gaddafi ist verrückt"*, sagt er mir ins Mikrofon, *„der war schon bald nach seiner Revolution zwei Monate als Patient in einem unserer Irrenhäuser – gut, nennen wir es psychiatrische Klinik."* Und ergänzt auf meine Nachfrage: *„Was der hat: Schizophrenie, Depression oder beides – ich kenne mich da nicht so aus."*

Wiedersehen in Gaddafis Zelt

Am 27. Dezember 1985 erreicht der Terror den Flughafen Wien-Schwechat: Drei Attentäter, vier Tote, 39 Verletzte. Zeitgleich sterben auch am Airport Rom-Fiumicino 15 Menschen. Bundeskanzler Fred Sinowatz erfährt, dass ich den *Terror-Paten* Gaddafi persönlich kenne, der dem Vernehmen nach schon beim Wiener Attentat gegen die OPEC-Minister im Dezember 1975 die Hand im Spiel gehabt hat. Also sitze ich knapp zwei Wochen später, Anfang 1986, wieder einmal im Flugzeug nach Tripolis: Ofiziell zum Interview mit Gaddafi – und inofiziell, um möglichst vertraulich Licht ins Dunkel der Bluttat von Schwechat zu bringen. Hohe Sandsteinmauern umschließen im Süden der Hauptstadt die Militärzentrale Gaddafis, geschützt von Panzern, Videokameras und aufgeregten Soldaten. Erst nach Einbruch der

Wiedersehen in Oberst Gaddafis legendärem Zelt in der Hauptstadt Tripolis, das US-Präsident Ronald Reagan nur wenige Wochen später bombardieren ließ.

Dunkelheit bringt mich ein unbeleuchtetes, gepanzertes Auto zum Schauplatz unseres neuerlichen Treffens: Dem legendären Zelt, das US-Präsident Ronald Reagan nur drei Monate später in der *Operation El Dorado Canyon* bombardieren lässt. *„Hitler“*, *„Barbar“* und *„stinkender, verlotterter Kreuzfahrer“* nennt ihn Gaddafi dafür.

Das Mobiliar im Zelt des *großen Führers* ist karg: Eine Schlafmatte und zwei Telefone am Boden, dazu Heizungsradiatoren, ein TV-Gerät, alte Fauteuils, ein Gebetsteppich – und ein Gewehr am Zeltmast. Gaddafi, im Jogginganzug, mit Kopf- und Halstuch gegen die Nachtkühle geschützt, gibt die Spielregeln vor: Erst Interview, dann das Tonband abschalten und weiterreden. *„Ich bin gegen Terror – aber auch Abu Nidal* (seine Gruppe gilt als Schwechat-Attentäter) *ist ein Freiheitskämpfer.“* Und: *„Ich habe denen gesagt: Wir wollen nicht, dass dem befreundeten Österreich etwas passiert. Auch nicht, um Gefangene herauszupressen. Ich habe ein reines Gewissen, aber: Wer kann Palästinenser schon überreden, etwas nicht zu tun?!“*

An diesem langen Abend lässt mich Muammar Gaddafi aber einmal mehr spüren, dass ihn Politik nur noch am Rande interes-

siert – und seine Gedanken in Wahrheit ganz anderen Themen gelten. Als ich während unseres Gesprächs versuche, mein mehr als bescheidenes Arabisch zu testen, legt mein Gegenüber prompt eine fertige These vor: Die menschliche Gefühlswelt sei untrennbar mit der jeweiligen Muttersprache verbunden, sagt er. Und: Die Seele des Orients könne nur der ergründen, der Arabisch beherrsche. Gaddafi hat dafür auch ein Beispiel zur Hand: *Badawi,* der Beduine – ein Wort, das bei allen Arabern eine Flut von positiven Gefühlen auslöse, sagt er. Denn Beduinen seien ihrem Gott und dem wahren Islam noch ganz nahe. Und: Die Wüste erlaube keine Sünden, wer in ihr lebe, der sei gastfreundlich, solidarisch und ein freier Mensch. Jede Übersetzung in andere Sprachen aber führe in die Irre, sagt Gaddafi und nennt als Beispiel das englische Wort *desert*: sprachlich und emotionell lauere da der *Deserteur* gleich um die nächste Ecke. Ich denke an unser so menschenfeindlich klingendes Wort *Wüste* – und empfinde für einen Moment den tiefen Graben gegenseitiger Missverständnisse. *„Wir werden es noch erleben"* meint Gaddafi schließlich, *„dass ihr in Europa auch Arabisch lernt. Wir sind ja eure Nachbarn – die Amerikaner sind es nicht! …"*

Es wird ein langer Abend – und er endet kurios: Gaddafi weiß, dass Bruno Kreisky drei Tage später 75 Jahre alt wird. Er will mir unbedingt ein Geschenk mitgeben. Ich empfehle ein arabisches Kaffeeservice. *„Nein“*, sagt er, *„das ist gar nicht originell.“* Gaddafi pfeift laut – und ein herbeigeeilter Leibwächter bekommt flüsternd einen Auftrag. 15 Minuten vergehen, dann erlebe ich die bizarrste Modeschau meines Lebens: Drei unrasierte männliche *Mannequins* paradieren mit grob karierten amerikanischen Sportsakkos vor mir. Eines davon soll ich auswählen. Im Wissen um Kreiskys Alter und so ganz anderen Geschmack nehme ich letztlich einfach irgendeines.

≈

Ein Staatswagen bringt mich am nächsten Tag zum Flughafen und hält plötzlich unterwegs an: *Bruder Muammar* hat, so höre ich, Auftrag gegeben, mir einen Sack Orangen für meine Söhne mitzugeben. Ich zahle dafür enormes Übergepäck – das gewichtige Geschenk einfach stehen zu lassen, wäre aber eine grobe Unhöflichkeit. Zwei Wochen später, zurück in Wien, erscheint ein Libyer mit einem wattierten Kuvert aus Tripolis. *Bestechung,* denke ich und hole Zeugen in mein Redaktionsbüro. Welch ein Irrtum: Muammar Gaddafi hat mir schöne Muscheln für meine Kinder geschickt ...

Das war es dann auch. Als Jörg Haider & Freunde später ihre Nähe zum Libyer entdecken, ist er für mich schon ein Fremder. An der Seite von Bundespräsident Kurt Waldheim erlebe ich noch, wie Gaddafi immer wieder Besuchseinladungen in die Hofburg schickt. Aber Waldheim dankt höflich und bleibt lieber zuhause.

Jordanien · KÖNIG HUSSEIN

In keinem anderen Land des Orients empfinde ich meine Besuche so sehr als *Heimkehr* wie in Jordanien; spüre ich eine so tiefe Vertrautheit mit Geschichte und Kultur, mit den Menschen und ihrem Schicksal. Das hat wesentlich mit jenen Persönlichkeiten

Jordaniens Haschemiten-Stammbaum: v. r. König Abdullah, Vater Hussein, Großvater Talal, Urgroßvater Abdullah und dessen Vater Groß-Scherif Hussein von Mekka.

zu tun, die das kleine Königreich im Auge des nahöstlichen Taifuns regieren und bemerkenswert stabil gehalten haben, allen voran der 1999 verstorbene König Hussein. Unvorstellbare 47 Jahre lang war er der bedrohte, verfolgte und geliebte, jedenfalls aber unersetzliche Herrscher über Jordaniens Beduinenstämme und Flüchtlingsmassen. *„Gäbe es König Hussein nicht, kein Mensch wüsste, dass es Jordanien gibt“*, hat es einmal ein Diplomat plakativ auf den Punkt gebracht. Dem König verdanke auch ich viele bleibende Erinnerungen, schöne und interessante, aber auch dramatische und traurige.

≈

Unvergesslich ist vor allem der 9. Februar 1977. UNO-Generalsekretär Kurt Waldheim hat mich eingeladen, mit ihm auf Nahost-Mission zu gehen. Unser winziger Jet mit dem weiß-blauen Emblem der Vereinten Nationen hat insgesamt nur sieben Sitze – ich bin der einzige Journalist an Bord. Waldheim weiß, dass der Nahe Osten *mein Revier* ist, also kann ich unterwegs gelegentlich mithelfen, an Reden, Erklärungen und Kommuniqués zu feilen und sie vielleicht attraktiver auf den Punkt zu bringen. Zwölf endlos lange, minutiös geplante Verhandlungstage sind wir auf dieser Reise unterwegs. Es ist ein Querfeldein am Himmel über dem Orient: Kairo – Riad – Kuwait – Damaskus – Beirut – Amman – Jerusalem ... Und ein tägliches Wechselbad unserer Quartiere: Hier ein atemberaubender Gästepalast, dort ein armseliges Gästehaus, in dem es nur einmal am Tag warmes Wasser gibt. Aber Waldheim ist genügsam und endlos geduldig.

Der Tag, als die Königin stirbt

Der 9. Februar 1977 ist ein trüb-kalter Tag. Nebel liegt über der jordanischen Hauptstadt Amman. Draußen im Garten des *Hashamiya-Palastes,* wo sich bei klarer Sicht der Blick tief hinunter ins Jordantal weitet und das ski-begeisterte Königspaar seit kurzem sogar eine kleine Kunstschnee-Piste besitzt, bleibt es in diesen Stunden verhangen. Nur König Hussein, der große Überlebende aller Lasten und Listen im Nahen Osten, ist wie immer herzlich – und freut sich über den Rosenstrauß, den Kurt Waldheim für Königin Alia mitgebracht hat. Der König muss sie heute entschuldigen, mit dem Gesundheitsminister ist sie im Hubschrauber in den Süden, nach Tafilah geflogen. Aus dem Krankenhaus dort seien Missstände gemeldet worden, sagt er. Und Hussein wird unerwartet persönlich: Lieber hätte er die Königin hier – auch wegen des schlechten Wetters.

Wiedersehen mit König Hussein – im Rahmen einer UNO-Mission mit europäischen Nahost-Spezialisten.

Irgendwann während des folgenden Gesprächs kommt Mr. Hekmat, der Hofminister, sichtlich aufgewühlt und steckt dem König einen Zettel zu. Der springt auf, bittet kurz um Entschuldigung und verlässt den Raum. Wir blicken uns ratlos an, Hussein ist als besonders höflicher, rührend um seine Gäste bemühter Monarch bekannt. Sein Verhalten ist unerklärbar – und irgendwann erweist sich unser Warten auf seine Rückkehr als vergeblich. Hier ist ganz offenkundig Gravierendes geschehen. Wir werden gebeten, in unser Gästehaus zurückzufahren.

„Mein ganzes Glück": Hochzeitsbild von König Hussein mit Königin Alia, Tochter aus einer Palästinenser-Familie.

Ich entsinne mich noch genau an diese Autofahrt an Waldheims Seite. Beide sind wir wortlos, ja verstört. Knapp vor unserem Ziel höre ich die Lautsprecherstimme von einem Minarett rufen – und bald dröhnt es über die ganze Stadt: *Al malaka matat! – Al malaka matat!* Was das heißt, fragt mich Waldheim. Mein karges Arabisch reicht aus, um die Hiobsbotschaft zu übersetzen: Die Königin ist tot! Der Wintersturm hat sich an diesem Nachmittag an der Senke hinunter zum *Wadi Arava* zu einer Faust geballt und den Helikopter in die Tiefe gerissen.

Kurz vor Mitternacht erscheint der König, der schon so viel Furchtbares – Kriege, Bürgerkriege, Attentate – erlebt und überlebt hat, weinend vor der Kamera des jordanischen Fernsehens: *„Mein ganzes Glück ist zu Ende"*, sagt er seinen Landsleuten, *„sie war eure Königin, sie war die Mutter unserer Kinder – und sie war meine Frau ..."* Am nächsten Morgen, ehe wir weiterfliegen, werfe ich noch einen Blick in die Sonderausgaben jordanischer

Immer ein herzlicher Gastgeber: Jordaniens Prinz Hassan, Bruder König Husseins und 25 Jahre lang auch Kronprinz - hier mit seiner Tochter, Prinzessin Sumaya.

Zeitungen. Ein Bild zeigt Königin Alia besonders strahlend und fröhlich: Es ist ein Foto, aufgenommen während des Staatsbesuchs in meiner österreichischen Heimat – beim Besuch der *Hellbrunner Wasserspiele* in Salzburg, der Stadt Mozarts.

Kasperltheater, Vanillekipferln und Skiwasser

Sicher gehört dieses Erlebnis – zusammen mit der jahrzehntelangen Verbundenheit des jordanischen Königshauses zu Österreich – zu den Wurzeln meiner besonderen Nähe zu diesem Land. Wie oft bin ich mit Bundespräsidenten, Bundeskanzlern, Außenministern aus Wien in Jordanien unterwegs – und immer hat der König viel Zeit für uns. Wie oft ist die Herrscherfamilie in Österreich, als Staatsgäste, aber auch ganz privat. Und wie oft darf ich Hussein unter vier Augen oder gemeinsam mit seinem Bruder, Kronprinz Hassan, zum Interview bitten, sie auch beim Skifahren am Arlberg und anderswo besuchen. Einmal spiele ich für ihre Kinder sogar Kasperltheater: Ein seltsames Gefühl, vor Königskindern mit Puppen-Prinzessinnen und -Prinzen zu agieren.
Immer gibt es in diesen Jahren im Königspalast auch hilfreiche Geister aus Österreich. Immer bemühen Hussein und Hassan mit

ihren enormen Bass-Stimmen ihr rührendes Deutsch, wissen um „Vanillekipferl“ und „Skiwasser“. Und irgendwann ist da – während meiner Jahre in der Wiener Hofburg – auch der Hilfe suchende Anruf des Kronprinzen: Immer habe das Land Vorarlberg der Königsfamilie für ihren Skiurlaub doch dieselben Sicherheitsbeamten und Skilehrer beigegeben, die ihnen längst zu Freunden geworden seien. Jetzt würden sie durch jüngere Kollegen ersetzt, habe man gehört; durch Spezialisten, deren waches Auge im Ernstfall noch schärfer, deren Reaktionsschnelligkeit noch besser sei. Aber das wäre für Hussein und seine Familie nicht akzeptabel: Freunde sind Freunde, sagt Hassan am Telefon – und besteht auf denselben, inzwischen bald pensionsreifen Bewachern.

≈

Im März 1978 – ein Jahr nach dem Tod von Königin Alia – schmücken Hunderte überlebensgroße Bilder Rudolf Kirchschlägers die jordanische Hauptstadt Amman, als der österreichische Bundespräsident auf Staatsbesuch kommt. Der König selbst schwingt sich in den Pilotensitz unseres Sonderflugzeugs unterwegs in den Süden; zieht vor uns als Wasserskifahrer seine eleganten Schwünge durch die Bucht von Akaba am Roten Meer – und legt abends sein vorbereitetes Manuskript zur Seite, um an die Tage in Salzburg *„an der Seite meiner geliebten, nun toten Frau“* zu erinnern. *„Heute weiß ich“*, fügt er hinzu, *„dass es die glücklichste Zeit meines Lebens war!“*

1980, am Beginn des Golfkriegs Iran-Irak, ist auch Jordanien-Besucher Bruno Kreisky so fasziniert von diesem kleinen Land und seinem König, dass er wie ein eben wach geküsster Prinz seine zuvor erschöpfte Liebe zum Orient neu entdeckt. In Akaba, keinen Steinwurf von Israels Grenze entfernt, sagt Kreisky lachend: *„Freunde, da bleiben wir jetzt!“* Und als ich – auf den damals aktuellen AKH-Skandal in Wien verweisend – einen Reim hinzufüge: *„Kein AKH in Akaba“*, ergänzt Kreisky fröhlich: *„Nur Araber in Akaba, gottseidank!“*

Ein Holzpferd, das den König ärgert

Auch für Kurt Waldheim zählt König Hussein nicht nur zu den besonders erfahrenen Gesprächspartnern im Orient, sondern auch zu den persönlichen Freunden und verlässlichen, mutigen Helfern – sowohl in seiner Zeit als UNO-Generalsekretär als auch später als Bundespräsident Österreichs. Als Waldheim im Sommer 1990 mehr als hundert österreichische Geiseln aus der Hand des Irakers Saddam Hussein befreit, stellt ihm der jordanische König für diesen Husarenflug seinen persönlichen Jet zur Verfügung und vermittelt alle notwendigen Kontakte nach Bagdad. Und als Waldheim Monate später – auch auf vertrauliche Bitten der USA – einen letzten Versuch unternimmt, Saddam Hussein zum freiwilligen Abzug aus dem besetzten Kuwait zu bewegen, erwartet uns das Brüderpaar Hussein und Hassan bei einer Zwischenlandung schon am Flughafen Amman, um einen vertraulichen Telefonkontakt mit Saddam Hussein herzustellen.

Den vielleicht stärksten Beweis seiner Freundschaft mit Waldheim aber liefert der Monarch bei einem offiziellen Besuch in Innsbruck: Verärgert über die Trägheit der Tiroler Sicherheitsbehörden, die tatenlos zusehen, wie Waldheim-Gegner am Straßenrand das berühmte Holzpferd Alfred Hrdlickas in Stellung bringen, verweigert Hussein den dafür Verantwortlichen den – bei Staatsbesuchen üblichen – Dank durch jordanische Orden.

≈

Herzliche Widmung König Husseins nach jahrzehntelanger Bekanntschaft in schönen und vielen bitteren Zeiten.

Und in Begleitung von Thomas Klestil erlebe ich dann im Februar 1999 in Amman den ziemlich beispiellosen Abschied der versammelten internationalen Prominenz vom verstorbenen König, der noch im Todeskampf – auf wessen Drängen auch immer – die Thronfolge geändert und statt seines Bruders Hassan seinen 37-jährigen Sohn Abdullah zum Nachfolger bestimmt hat. In Husseins Begräbniszug marschieren auch alle seine einstigen Todfeinde mit – und US-Präsident Bill Clinton ist sogar mit drei seiner Amtsvorgänger angereist. Mein Vorschlag, der Bundespräsident möge Kurt Waldheim einladen, zur Trauerfeier nach Amman mitzukommen, findet in Klestils engster Umgebung leider keine positive Resonanz.

Über den Jordan gehen und doch überleben

Natürlich darf König Husseins Rolle auch in diesem Konnex nicht auf das kleine Kapitel jordanisch-österreichischer Beziehungen reduziert werden. Ein erstes Mal höre ich seine Stimme am 8. Juni 1967, dem dritten Tag des Sechstagekrieges. Einer Fügung von Zufällen verdanke ich es, dass ich schon in dieser frühen Phase des Krieges in die – bisher jordanische – Altstadt von Jerusalem und dann auch ins Westjordanland komme. So erlebe ich den Jubel israelischer Soldaten an der eben eroberten *Klagemauer* im Herzen Jerusalems, aber auch die vielen Toten in den Straßen der Altstadt. Auf der Weiterfahrt nach Jericho höre ich aus dem israelischen Militärradio – krächzend und kaum verständlich – die Stimmen zweier Männer, die immer als Todfeinde galten: Ägyptens Präsident Nasser und Jordaniens König Hussein. Die Israelis haben ein Telefonat abgehört, in dem die Beiden vereinbaren, ihren Völkern die unausweichliche Niederlage mit dem angeblich massiven Eingreifen Amerikas und Englands auf Seiten Israels zu erklären. Eine offenkundige Lüge.
In diesem Krieg verliert Jordanien nicht nur die den drei mono-

Die Allenby-Brücke am Jordan zwischen Jordanien und dem seit 1967 israelisch besetzten Westjordanland – lange Zeit die einzige Landverbindung zwischen Feinden.

theistischen Religionen heilige Stadt Jerusalem, sondern auch seine fruchtbarsten Gebiete, das ganze Westufer des Jordan. Zwischen den Minenfeldern entlang des Flusses gibt es für viele Jahre nur einen einzigen Punkt, an dem palästinensische Araber mit Sondererlaubnis den Jordan überschreiten dürfen: Die legendäre *Allenby-Brücke* nahe der Einmündung des Jordan in das Tote Meer. Bis zum Sechstagekrieg ist sie die wichtigste Verbindung zwischen den beiden größten Städten Jordaniens, Jerusalem und Amman. Auf dem Rückzug aus dem verlorenen Krieg wirft ein verzweifelter jordanischer Soldat im Juni 1967 einen Sprengsatz in dieses alte Bauwerk aus Holz und Stahl. Was bleibt ist eine Ruine, über die Zehntausende Araber nach Kriegsende aus dem israelisch besetzten Westjordanland in ihre neue Heimat Transjordanien hinüberklettern; einer Zukunft entgegen, die im Regelfall Flüchtlingscamp heißt. Erst viel später verbindet ein provisorischer Holzsteg die beiden Ufer.

Ein Jahr nach dem Krieg bin auch ich mit einer Sondererlaubnis des Königshofs über die Kriegsfront unterwegs, von Jordanien

nach Israel. Es ist ein aufregendes Schauspiel: Zuerst all die Kontrollposten der königlichen Armee, dann jene der palästinensischen Kämpfer – das Jordantal ist zu jener Zeit *Fatah-Land* (nach der größten palästinensischen Kampfgruppe, Yasser Arafats *El Fatah).* König Hussein hat die Kontrolle über das unmittelbare Grenzgebiet zu Israel weitgehend verloren. Unten am Fluss, in einer zerbombten Schule, thront der zuständige Armee-Kommandant für die *Allenby-Brücke* auf zwei Orangenkisten, in einer dritten hat er seine Akten deponiert. Auf einem Schmierzettel findet sich tatsächlich mein Name. Endlich ist der Weg hinüber zum Feind frei.

Bis zum Brückenpfeiler begleitet mich ein jordanischer Soldat. *„Immer nur nach vorne schauen“*, befiehlt er. Drüben, jenseits des Flusses, verbergen sich israelische Artilleriestellungen in unförmigen Sandhügeln. Der nun folgende Gang über die provisorische Brücke ist ein bizarres Schauspiel: Auf einen Pfiff hin zieht ein Araberjunge einen Holzkarren zur Brücke und übernimmt mein Gepäck. Ein Wink der jordanischen Offiziere – und der Bub und ich marschieren hinaus auf die Brücke über den Jordan. Genau über der Flussmitte ist ein weißer Strich gezogen. Und genau vor diesem Strich bleibt mein junger Träger mit dem Karren stehen. Es vergehen bange Sekunden, bis sich drüben, auf der israelisch-besetzten Seite, ein Araberjunge aus dem flirrenden Dunst löst und nun seinen Holzkarren bis zu uns in die Brückenmitte zieht. Auf seiner Seite des weißen Strichs macht er halt. Umladen muss ich selbst. Der jordanische Träger nimmt sein *Bakschisch* und fährt zurück, der israelische Araber bringt mich ans westliche Ufer. Alles in bewusster Langsamkeit, um nur ja keine Panikreaktionen der Militärs auszulösen. Hunderte Soldaten haben in den Stellungen entlang des Wassers zugeschaut.

„Gegen Guerillas, Schimpansen und anderes Affenzeug!"

Auch die dunkelsten Stunden Jordaniens erlebe ich aus nächster Nähe mit. Bis 1970 haben Hunderttausende palästinensische Flüchtlinge – meist in furchtbarster Not und politischer Radikalisierung – Husseins Königreich zum Zentrum ihres Untergrundkampfes gemacht: Gegen Israel, aber auch gegen das Königshaus in Amman. *„Der Weg zur Rückeroberung Israels führt über die Leiche Husseins“*, rufen palästinensische Führer ihren Kämpfern zu. Jetzt aber zeigt der König seine Muskeln: Mehrfach droht er, *„Guerillas, Schimpansen und anderes Affenzeug“* zu vernichten. Vorerst ohne Wirkung. Nach einem Attentatsversuch auf Hussein entführen Palästinenser 1970 drei Verkehrsflugzeuge aus der Schweiz, den USA und Großbritannien auf einen jordanischen Wüstenflughafen. Umlagert von waffenstarrenden Guerillas, gepeinigt von 40 Grad Hitze und dem Gestank überfließender Toiletten, bangen 300 Fluggäste als Geiseln tagelang ihrer Erlösung – oder ihrem Tod – entgegen. Nun schlägt König Husseins Armee in ganz Jordanien zurück, das folgende Gemetzel an den PLO-Kämpfern geht als *Schwarzer September* in die Geschichte ein.

In den Kellerräumen des *Intercont-Hotels* in Amman erlebe ich nur das Dröhnen der königlichen Kampfjets im Großangriff auf die Waffenzentralen und Flüchtlingslager der Palästinenser. *„Was macht dieser Mörder hier?“*, brüllt der inzwischen zum PLO-Chef aufgestiegene Yasser Arafat bei einem Arabergipfel in Kairo, als König Hussein den Saal betritt, um – unter massivem Druck des Ägypters Gamal Abdel Nasser – einen Waffenstillstand mit der PLO zu unterschreiben. Wenige Tage später stirbt Nasser an einem Herzinfarkt.

≈

Es ist hier nicht der Platz, um den ganzen Wahnsinn der folgenden Jahre nachzuerzählen. Das Grund-Drama aber bleibt das immer gleiche: Drei Völker – Israelis, Palästinenser und Jordanier – leben auf einem Stück Boden, der höchstens für zwei von ihnen Platz bietet – und ringen um ihre Selbstständigkeit. Als klar ist, dass Israel die stärksten Karten hat, heißt der Entscheidungskampf: Werden die Palästinenser irgendwann dem Staat Israel zugeschlagen – oder dem Königreich Jordanien? Ubernehmen die Palästinenser die Macht und stürzen den König? Die friedlichste Version – die Gründung eines palästinensischen Kleinstaates zwischen Israel und Jordanien – ist die am meisten beschworene, aber schwierigste Variante: Zu viele Tote und zu viele historische Ansprüche auf engstem Raum belasten das Sicherheitsbedürfnis und die politischen Träume der betroffenen Völker.
Jahre und Jahrzehnte vergehen – und aus dem Königreich Jordanien, in dem mehr als die Hälfte der Bevölkerung palästinensischer Abstammung ist, wird – dank König Hussein – ein Ruhepol der arabischen Welt. Im Sturmwind des Nahostkonflikts hat er zwar den Rücken vor vielen Mächtigen beugen müssen, aber seinem Land und seiner Herrschaft das Überleben gesichert.

Nächste Seite: Einst weltvergessen und lange Zeit nur mit offiziellem Geleitbrief und in Begleitung der Beduinen-Polizei zu besuchen, jetzt aber Jordaniens größte Tourismus-Attraktionen: Die Wüsten des Wadi Rum nahe der Saudi-Grenze - und das „Weltwunder“ der nabatäischen Felsenstadt Petra.

Von all dem, was ich ihm verdanke, möchte ich nur noch zwei Privilegien erwähnen: Mit seinem Geleitbrief habe ich noch lange, ehe der Touristenstrom nach Jordanien einsetzt, eine unvergessliche Nacht in der sonst während der Dunkelheit gesperrten, menschenleeren Felsenstadt Petra verbracht – in einem Notquartier für Archäologen. Und eine weitere Nacht verbringe ich mit den Wüstenpolizisten im alten Fort des Wadi Rum. Mit ihnen bin ich dann auch hoch zu Kamel und mit umgehängtem Winchester-Gewehr auf Patrouille unterwegs – von Zelt zu Zelt im fast endlos scheinenden Land der Beduinen.

Palästina · ARAFAT & CO

Sadat, Gaddafi, Hussein – und Arafat: Mehr als alle anderen Könige, Präsidenten und Revolutionsführer im Orient prägen diese vier Männer meine Erinnerungen an die arabische Welt. Keiner aber ist so schwer zu beschreiben wie PLO-Chef Yasser Arafat. Von 1968 bis zu seinem Tod 2004 hat er einem unerschöpflich scheinenden Thema seinen Stempel aufgedrückt. Es spannt sich von der humanitären Tragödie des palästinensischen Volkes über den unlösbar scheinenden Nahostkonflikt und die vielen innerarabischen Dramen bis hin zum Terrorismus, der die Weltpolitik und den Journalismus seit Jahrzehnten im Banne hält. Über all das sind unzählige Bücher geschrieben worden. Allein über den Nahost-Terrorismus und seine Auswirkungen auf Österreich oder Deutschland sind vielhundertseitige Dokumentationen erschienen. Mit ihnen in Wettbewerb treten, kann und will ich hier nicht. Also bleibt es bei einer Sammlung von persönlichen Begegnungen, Erlebnissen und Erfahrungen. Es sind nur kleine Steinchen in einem übergroßen, aufregenden Bild.

≈

Mehr als zwei Jahrzehnte lang ist es das immer gleiche Ritual, ob im umkämpften Beirut, im revolutions-fiebrigen Amman, in

Algier, Tunis und anderswo: Da ist zunächst eine schwierige Anfahrt – mit mehrfachem Routen- und Autowechsel unterwegs. Immer sind da dunkle Straßen, dunkle Gänge, dunkle Begleiter. Und schließlich, irgendwo versteckt, das Wiedersehen mit einem seltsam entspannt, ja fast zeitlos wirkenden Yasser Arafat. Ein Ritual von Umarmungen und persönlichen Nachfragen – selbst wenn draußen die Welt in Trümmer fällt. Und dazu dieser oft wahnwitzig erscheinende Optimismus: *„Also gut, jetzt machen wir beide eine Geschichtsstunde“*, sagt der völlig übermüdete und unrasierte PLO-Chef in einem Keller mitten im libanesischen Bürgerkrieg. *„Wo sind die Kreuzfahrer heute im Nahen Osten? Und wo ist Hitler in Russland? Wo sind die Franzosen in Algerien? Und wo die Spanier in Lateinamerika? Wo sind die Amerikaner in Vietnam – und wo das ganze britische Empire? Weg sind sie alle, vom Wind verblasen! Und warum? Weil sie gegen die Wellen der Geschichte unterwegs waren! Wir Palästinenser aber gehen mit der Geschichte – unsere Sache ist gerecht und heilig. Wir sind ein vertriebenes Volk, uralt und doch modern, heute die bestausgebildete Nation der arabischen Welt. Niemand kann uns die Heimat auf Dauer wegnehmen. Ja, wir sind zum Frieden bereit, aber wir sind keine Schmeichelkätzchen. Wir sind Tiger – und überleben jeden Taifun!“* Ein anderes Mal – in einer versteckten Villa hoch über Tunis, die nur Wochen später von Israels Luftwaffe zerbombt wird, kommt Arafats Geschichtsstunde Nr. 2: *„Wissen Sie“*, sagt der PLO-Chef, *„wie wir, die Palästinenser – die alten Philister –, vor 2.000 Jahren die römische Besatzung überlebt haben? Wir haben einen unserer Fischer nach Rom geschickt: den heiligen Petrus. Wir haben Rom nicht besetzt – ein einziger Fischer genügte. Wir haben die Herzen der Menschen gewonnen, das ist unsere Erbschaft. Wie dumm doch Israel ist: Ein so altes Volk – und lebt glatt an der Geschichte vorbei. Will nicht Teil des Nahen Ostens werden. Will über andere Völker herrschen. Merkt nicht, wie die Welt hinter ihrer Propaganda die Wahrheit erkennt und die Fakten durchschaut.“*

Mit UNO-Generalsekretär Waldheim auf Nahost-Reise: Ein Gespräch mit Arafat gehört zum Pflichtprogramm.

Wie oft ich Yasser Arafat getroffen habe? Oft. Auch in Palästen der am Arabischen Golf, in Hotels in Europa, im New Yorker UNO-Hauptquartier ... Kurt Waldheim und Bruno Kreisky verdanke ich meine ersten Begegnungen mit ihm – und vermutlich auch Arafats bleibende Aufmerksamkeit. Irgendwann nennt mich einer seiner Begleiter *Abu Zakzouka* (*Vater des Bärtchens*) – Arafat übernimmt es und bleibt dabei, über viele Jahre hinweg.

„Juden ins Meer werfen? Das muss ein Irrtum sein!"

Arafat ist nicht der erste Chef der 1964 gegründeten PLO. Ehe er nach dem Sechstagekrieg 1967 an die Spitze der „Palästinensischen Befreiungsorganisation" geschwemmt wird, kommandieren zwei längst vergessene Männer die Exilorganisation: Ahmed Shukeiry und Yahya Hammoude. Beiden begegne ich unter seltsamen Vorzeichen. Shukeiry hat sich nach seinem Rückzug aus der PLO hoch über der libanesischen Hauptstadt Beirut ein kleines Häuschen mit Garten gekauft und züchtet Rosen. Als ich ihn an seinen legendären Kampfruf erinnere, alle Juden Palästinas ins Meer zu werfen, sagt er erstaunt: *„Ich? Nein, das muss ein Irrtum sein. Davon war nie die Rede. Wir haben doch gewusst, wie stark Israel ist. Wir wollten immer nur Gerechtigkeit, mehr nicht..."* Yahya Hammoudeh, sein Erbe, ist ein eher gemütlich wirkender Rechtsanwalt aus Jerusalem. Bei einer Tasse türkischem Kaffee verkündet er mir den Beginn einer neuen Ära des palästinensischen Kampfs: Die Zeit des Wartens auf die Hilfe arabischer Armeen ist vorbei, sagt er, jetzt müssten die Palästinenser ihr

Hotels, Paläste, Bunker: Die Schauplätze der Begegnungen mit Arafat wechseln – unverändert aber ist seine lebenslange Zuversicht, einen Staat gründen zu können.

Schicksal in die eigenen Hände nehmen. Sein Vorbild sind die Algerier, die in den 50er-Jahren die Kolonialmacht Frankreich durch einen Guerillakrieg aus ihrem Land vertrieben haben – *„genauso machen wir es auch mit Israel!“* Israels früherer Geheimdienstchef Jehoschaphat Harkawi, den ich Wochen später treffe, lacht über diesen Vergleich: *„Ja, die Algerier haben den Abzug der Franzosen erzwungen. Nie aber hätten sie die Franzosen aus ihrer Heimat Frankreich vertreiben können. Unsere Heimat ist Israel – und kein anderer Platz auf Erden. Keiner vertreibt uns von hier!“*

≈

Yahya Hammoudeh „verdanke“ ich zwei ungewöhnliche Begegnungen. Zunächst vermittelt er mich an den katholischen Bischof Jordaniens, Monsignore Simaan, der nicht lange herumredet: Er sei Palästinenser – und ein Anhänger der Guerillas. Widerstand gegen Israel sei gerechtfertigt, sagt er. Und: Oft schon hätten sich die PLO-Kämpfer vor ihrem Einsatz bei ihm Rat geholt. Seine Haltung sei klar, erzählt er mir: *„Bomben und Minen gegen militärische Objekte – das kann ich gutheißen. Anschläge gegen Menschen*

aber nicht.“ Und fügt ein wenig resigniert hinzu: „*Vielleicht hat sich deshalb keiner von ihnen in den vergangenen Tagen bei mir sehen lassen …*“ Sechs Jahre später wird ein hoher christlicher Kleriker, der griechisch-katholische Erzbischof Hilarion Capucci, beim Versuch, Handfeuerwaffen und Sprengmittel in palästinensisches Gebiet zu schmuggeln, von Israels Militär verhaftet.

Spannender noch ist eine andere Vermittlung durch Yahya Hammoudeh. In meinem Hotelzimmer über den Hügeln von Amman besucht mich im Frühling 1969 ein bärtiger Kämpfer der El Fatah – stilecht in ausgewaschenem Khaki-Anorak, einer alten Militärhose und dunkler Sonnenbrille. Auf höfliche Umschweife verzichtet er: In der Nacht sei es am besten für uns, meint er. Ich verstehe zunächst nicht recht. „*… und Sie müssen einen Zettel unterschreiben, dass Sie freiwillig mitgehen.*“ Langsam begreife ich. „*Wohin mitgehen?*“, frage ich vorsichtshalber. „*Hinüber*“, sagt er kurz. Hinüber ins Westjordanland, über die Front. Zum Kampf gegen die Israelis. Gemeinsam mit fünf *Fatah*-Leuten. Die Araber bepackt mit Sprengstoff, ich mit Papier und Bleistift. Im ersten Moment klingt es irgendwie verlockend: „*Vier Uhr früh*“, so könnte mein Bericht über dieses nächtliche Abenteuer beginnen, „*wir gehen im Gänsemarsch*

durch den schweren Duft der Orangenbäume hinunter zum Fluss. Die Nacht des Ramadan ist schwarz wie Tinte …“ Aber dann sage ich nein – ich mache nicht mit.
Ein paar Stunden später weiß ich, dass ich die Prüfung nicht bestanden habe. Wer nicht grundsätzlich bereit ist, auf *Bombentour* mitzugehen, der wird auch keine Ausbildungslager sehen. Der wird zwar mit den Propagandisten der *El Fatah* oder anderer PLO-Gruppierungen stundenlang in verrauchten Zimmern diskutieren können, aber das eigentliche Leben der Guerillakämpfer bleibt ihm verborgen. Auch später unter Arafat – ja da ganz besonders.

Kreisky – Freund der Palästinenser und strenger „Vater“ Arafats

„Ein friedliches, neutrales Palästina – so wie Österreich“, das ist Arafats oft wiederholter Traum. Immer, auch unter schlimmsten Vorzeichen, ist da zuerst seine Frage nach Waldheim und vor allem nach Kreisky. Beide haben seiner PLO auf dem Weg zur internationalen Wahrnehmung enorm geholfen, und beide haben dafür auch massiv gebüßt: Eine der Wurzeln für die *Causa Waldheim* liegt in Arafats spektakulärem Auftritt vor den Vereinten Nationen (November 1974) unter dem österreichischen UNO-Generalsekretär. Und die Anschläge radikaler, Arafat-feindlicher Palästinenser auf österreichischem Boden – vor allem aus dem Kreis um Abu Nidal – sind letztlich auch eine Bestrafung für Kreiskys enorme Unterstützung der palästinen-

Umarmungen, aber keine ungetrübte Freundschaft: Kreisky und Arafat.

Chef-Terrorist Abu Nidal: Bis zu seinem Tod bleibt er ein Phantom – es gibt nur dieses eine, unscharfe Foto.

sischen Sache und für seine Bemühungen um einen Friedensdialog im Nahen Osten.

Dabei geht Kreisky schon aus seiner ersten Begegnung mit Arafat (1974 in Kairo) mit einer tiefen Skepsis: Der Kanzler hält sein Gegenüber für schwach und unaufrichtig – eine typische Kompromissfigur (*„Da spür ich kein Gewicht!“).* Und obwohl beide später immer wieder das wärmende Wort *„Freundschaft“* bemühen, bleibt das Verhältnis über die Jahre letztlich recht unausgewogen: Hier der friedenssüchtige, bisweilen auch väterlich-strenge und verärgerte Kanzler, der engagiert versucht, die PLO aus ihrer weltweiten Illegalität herauszuholen – der sich aber über sein Gegenüber Arafat keine Illusionen macht. Dort

الرقم : ....

التاريخ : ....

حركة التحرير الوطني الفلسطيني

فتح

القيادة العامة لقوات العاصفة

المجلس الثوري

Memorandum : Urgent & Special

c/o :- The Austrian Embassy in Kuwait

To – His Excellency Chancellor Bruno Kreisky
– The Respectable members of the Austrian government

Greetings ,

The Palestine National Liberation Movement (Al-Fateh) submits to you this memorandum in order to point out the real dangers threatening the security of your country . These dangers are the result of the policies of your government worked out in collusion with the Zionist movement and the American imperialists. These policies that your government has pursued in the past few years ; in the name of the social democratic party of Austria contradict the programme of the party that put you in power in 1970. This has led to a series of wrong policies affecting

Einer der Drohbriefe gegen Österreich: Abu Nidal bezeichnet seine Mördertruppe immer als „die wahre El Fatah“ – und brüskiert damit PLO- und „Fatah“-Chef Arafat.

der dankbare, bittende, oft schlitzohrige PLO-Chef. Unglaublich der Briefwechsel zwischen den Beiden: Mehrfach kündigt Bruno Kreisky dem Palästinenserchef *„schockiert und entsetzt“* die Freundschaft auf; am leidenschaftlichsten, als Wien zum Schauplatz des Terrors wird – und auch, als Arafat den Mord am Ägypter Sadat bejubelt. Immer wieder aber bettelt Arafat um Verständnis und Unterstützung und versucht zu erklären: *„In unseren Flüchtlingslagern ist ein Heer von Verzweifelten, das von Geheimdiensten aller Art – Feinden und angeblichen Freunden – für ihr schmutziges Geschäft missbraucht wird, um dann uns zu Mördern zu stempeln.“*

Kreiskys Einschätzung Arafats als Manövrierkünstler und Jongleur erweist sich letztlich als tragisch richtig. Bis zu seinem Tod bleibt der PLO-Chef schicksalhaft gefangen zwischen diesen beiden Extremen: Hier Revolutionär und Terrorist, dort Staatsmann, ja Friedensnobelpreisträger. Hier aggressiv, dort warmherzig – ein Mann, gebrochen und zerbrochen an den inneren Widersprüchen Arabiens, an Israels Dialogverweigerung und an der Zerrissenheit der Palästinenser. Immer ist ihm das Überleben der PLO als Sammelbewegung und sein eigenes Überleben wichtiger als politischer Mut – das tragische Beispiel seiner ermordeten Gegner-Partner Sadat und Rabin ist ihm Warnung genug.

Wie viele Tode ist Yasser Arafat trotzdem gestorben – immer wieder gehetzt und verraten, belagert, eingekesselt und in die Flucht gebombt. Wie oft ist er Ziel von Verschwörungen und Attentaten nahöstlicher Geheimdienste und inner-palästinensischer Todfeinde. Wie oft gilt er als politisch erledigt und nicht mehr zu retten. *„Arafat – ein Toter lässt schön grüßen“*, schreibe ich, als ihn wieder einmal irgendwelche Feinde von Gestern in letzter Minute vor den Feinden von Heute in Sicherheit bringen. Ist nicht genau das auch unser bleibendes Bild von ihm: Der Vertriebene mit der zum Siegeszeichen erhobenen Hand?

Immer lebt er im Schatten des Todes – und stirbt am Ende doch fern der Heimat in einem französischen Krankenhausbett. In seinem jahrzehntelangen Überlebenskampf in einer von politischen Haifischen übervollen Region zieht Arafat alle Register seiner Tricks und Schliche; beweist er alle Kunst der doppeldeutigen Rede und der Halbwahrheit; spielt er Arabiens Führer unter ständig wechselten Szenarien immer wieder gegeneinander aus. *„Er hat sein Wort niemals länger als eine Woche gehalten"*, sagt mir einer seiner großen Feinde, Syriens Außenminister Abdul Halim Khaddam, einmal. Es ist keine Einzelmeinung.

„Diese Region ist wie eine Wanderdüne ..."

Wie er das eigentlich schaffe, all jene problemlos zu umarmen und zu küssen, die gestern noch seine Todfeinde waren und es vielleicht morgen wieder sein werden, frage ich Arafat einmal. Seine Antwort ist umwerfend – und umwerfend ehrlich: *„Wenn Ihnen das ein Problem ist, dann verstehen Sie die arabische Welt doch nicht"*, lacht er. *„Diese Region ist wie eine Wanderdüne. Der Wind bläst von hier – und verändert die Landschaft. Der Wind bläst von dort – und verändert sie wieder. Schauen Sie, die einfachen Menschen hier haben keine Probleme miteinander. Konflikte haben nur die Führungen. Was gegeneinander prallt, das sind die Machtinteressen – die sind nie auf Dauer angelegt. Also wollen uns heute irgendwelche israelischen, syrischen, irakischen, libyschen oder andere Agenten töten. Wenn wir aber irgendwie überleben, dann werden wir morgen wieder mit ihren Auftraggebern zusammensitzen. Eines Tages wird das auch mit Israel so sein, so sein müssen!"*
Eine Wanderdüne ist Yasser Arafat auch selbst. In seinen Kampfmethoden: Vom Chefterroristen hin zum Friedenspropheten – und wahrscheinlich zu lange auch beides zugleich. Und in seinen politischen Zielen: Zunächst träumt er von der Zerstörung Israels und einem jüdisch-arabischen Staat Palästina, dann von Föderationen mit Jordanien, Israel oder mit beiden – und ist zuletzt mit

einem palästinensischen Mini-Staat im Westjordanland und Gaza zufrieden. Aber auch der bleibt sein Leben lang ein Traum. Der Gewalt als letzter Trumpfkarte eines Machtlosen ist er nie wirklich entkommen – die Schuld daran teilt er freilich mit Vielen im Nahen Osten, aber auch mit einer am Schicksal der Palästinenser desinteressierten Welt.

Schon bald nach dem Sechstagekrieg 1967 wächst in den Flüchtlingslagern eine schreckliche Überzeugung: *„Wir können schreien, dass uns furchtbares Unrecht geschieht, aber niemand hört uns zu. Also müssen wir Menschen in New York, Paris oder Wien töten – und plötzlich werden sich die Menschen dort fragen: ‚Warum hat der Arme sterben müssen?'"*

So beginnt das Zeitalter des globalen Terrors: Flugzeuge, Schiffe, Züge und Busse werden entführt, Botschaften, Synagogen, Discotheken, Cafés, Markthallen, Kindergärten usw. usw. überfallen, Menschen als Geiseln genommen und ermordet. Je grausamer die Tat, desto größer die weltweite mediale Aufmerksamkeit.

In Kairo erlebe ich ganz unmittelbar mit, wie Wasfi Tell, Jordaniens Ministerpräsident während des *Schwarzen Septembers* 1970, auf den Stufen des *Sheraton-Hotels* von vier Palästinensern niedergeschossen wird. Als ich aus der Lobby komme, tanzen die Attentäter um den Toten.

In München erlebe ich im September 1972 bei den Olympischen Sommerspielen aus nächster Nähe, wie der palästinensische Terror im Dunkel der Nacht über die *heiteren Spiele* hereinbricht: Bei der Geiselnahme im israelischen Mannschaftsquartier und der folgenden gescheiterten Befreiungsaktion auf dem Fliegerhorst Fürstenfeldbruck sterben 17 Menschen. Das Entsetzen darüber läuft in Minutenschnelle rund um den Globus.

Auch in Österreich bleibt uns trotz Kreiskys palästinenserfreundlicher Politik nichts erspart: Da ist die Geiselnahme jüdischer Emigranten am Grenzbahnhof Marchegg (28. September 1973), das blutige OPEC-Attentat (21. Dezember 1975) und der Mord an

In der Armut und Verzweiflung riesiger palästinensischer Flüchtlingslager wächst der Terror jener Rechtlosen, die glauben, letztlich nichts mehr verlieren zu können.

Wiener Stadtrat Heinz Nittel (1. Mai 1981). Da ist aber auch das Synagogen-Attentat (29. August 1981) und der Terroranschlag am Wiener Flughafen Schwechat (27. Dezember 1985).

Issam Sartawi: Die Tragödie eines Friedensboten

Gerade diese Tragödien in Österreich enthüllen das ganze Spannungsfeld palästinensischer Wirklichkeit unter Yasser Arafat, in der letztlich alle Grenzen zwischen Gewalt und Friedenssehnsucht verschwimmen. Am Beispiel zweier Palästinenser, beide hohe Funktionäre der PLO, denen ich in jener Zeit schicksalhaft nahe bin, wird das Drama des palästinensischen Überlebenskampfes besonders deutlich: Hier Issam Sartawi, dort Ghazi Hussein. Ihr Schicksal bleibt ein wichtiger Teil der PLO-Chronik und auch der österreichischen Zeitgeschichte.
Issam Sartawis Lebensweg beginnt als Flüchtling und führt zunächst über den Irak in die höchsten Höhen der Medizin: In den USA wird er Chirurg – *„einer meiner Besten in der offenen Herzchirurgie"*, sagt der weltberühmte US-Mediziner und *Vater*

der Herzchirurgie, Michael Ellis De Bakey, über ihn. Bis Sartawi alles aufgibt, nach Jordanien fliegt und als Chef einer Guerillagruppe selbst auf Kampfeinsatz nach Israel geht – und auch für eine Flugzeugentführung verantwortlich ist. In der *El Fatah* und der PLO steigt er bald in hohe Funktionen auf, wird enger Berater Arafats und erkennt seinen Kampf plötzlich als einen Irrweg. Im Alleingang macht er sich ab der Mitte der 70er-Jahre auf den Weg zum Frieden – mit Yasser Arafat als unsicherem, zögerndem Freund im Hintergrund. Er hat nichts als eine Vision und einen unglaublichen Mut. Mehr Mut als alle anderen.

Issam Sartawi überredet Arafat, auch ohne wirkliche Rückendeckung der PLO, einen Kurs des Dialogs und der Mäßigung versuchen zu dürfen: Einen Dialog mit Europa und den USA, einen Dialog auch mit friedensbereiten Juden und Israelis – und Appelle zur Mäßigung der Palästinenser nach innen. Bruno Kreisky wird sein wichtigster Freund und Partner, zögernd folgen Willy Brandt und andere – auch wenn Sartawi wegen seiner terroristischen Vergangenheit viele Länder weiterhin nicht einreisen darf. Österreich wird sein Schicksalsland. Hier feiert er seine größten Erfolge: Die diplomatische Anerkennung der PLO, den Besuch Arafats in Wien und viele geheime Treffen zwischen der PLO, prominenten Europäern und Mitgliedern der israelischen Friedensbewegung. Den Sicherheitsbehörden in Wien ist er bald ein unersetzlicher Helfer: Die hier geplanten Mordanschläge auf den Ägypter Sadat, auf PLO-Chef Arafat und auch auf Bruno Kreisky können mit Sartawis Hilfe verhindert werden. Hier erlebt er aber auch seine größten Niederlagen: Mit ihren Attentaten wollen radikale Palästinensergruppen und ihre Hintermänner jene Friedensspur auslöschen, die Sartawi und Kreisky legen.

Irgendwann finden auch Sartawi und ich zusammen – und ich versuche, ihn und seinen Traum journalistisch zu unterstützen, so gut ich es kann. Immer wieder sind wir auf der Suche nach sicheren Plätzen für unsere Gespräche. Gut zwei Dutzend An-

Chirurg, Terrorist, dann Friedensbote: Kreiskys Kontaktmann Issam Sartawi.

schläge hat er schon hinter sich und irgendwann steckt auch eine Pistole in seinem Sakko. Und die Zeichen mehren sich, dass es für ihn kritisch wird, je mehr er in Friedensgespräche mit Israelis involviert ist: Als ihn Arafat Anfang 1983 nicht vor dem *Palästinensischen Nationalrat* (PNC) in Algier reden lässt, um die Gegner eines Verhandlungsfriedens mit Israel innerhalb der PLO nicht zu provozieren, tritt Sartawi empört als PNC-Mitglied zurück.

Zwei Tage später bittet er mich am Telefon, seine für Algier geplante Rede in Interviewform im *KURIER* abzudrucken – es wird eine bittere Abrechnung mit der PLO, vor allem aber mit ihren radikalen Flügeln. Sartawi möchte vor allem eine klare gemeinsame Linie, unter welchen Bedingungen die PLO-Führung zur Anerkennung Israels bereit wäre – und eine ebenso klare und gemeinsame Distanz aller PLO-Gruppen zum Chefterroristen Abu Nidal. *„Ich bin überzeugt, dass mein Freund Arafat unter der politischen Pornographie mancher Führer von Splittergruppen genauso leidet wie ich"*, sagt er diplomatisch, um nicht auch noch in eine Konfrontation mit seinem Chef zu kommen. Und er beschwört seine PLO-Gremien: *„Wir Palästinenser haben keine Zeit mehr. Wir brauchen rasch eine Heimstätte für unser Volk. Wir brauchen eine klare politische Vision der PLO. Wenn wir sie nicht finden oder nicht sagen wollen, dann marschiert unser Volk in ein neues Massaker."*

Ich versuche, ihm das Risiko dieses Interviews klar zu machen – er aber besteht auf einer Veröffentlichung. Kaum ist der Text erschienen und auf enormes internationales Interesse gestoßen, da heißt es, ein PLO-Tribunal unter Arafats Vorsitz habe Sartawi

wegen Hochverrats zum Tod verurteilt. Arafat lässt leidenschaftlich dementieren: Hier bereite der israelische Geheimdienst einen Anschlag vor und wolle ihn den Palästinensern vorbeugend in die Schuhe schieben, sagt er.
Drei Wochen später, im April 1983, beginnt im portugiesischen Kurort Albufeira ein Kongress der *Sozialistischen Internationale.* Kurzfristig ist er hierher verlegt worden – am ursprünglichen Tagungsort in Australien wollte der Premier keinen Auftritt Sartawis zulassen. Aber auch hier beginnt ein peinliches Ringen um den Auftritt des Palästinensers. Vor allem der Israeli Shimon Peres fürchtet persönliche Nachteile im bevorstehenden israelischen Wahlkampf, wenn er im selben Saal wie Sartawi gesehen wird. So bleibt Issam Sartawi tatsächlich von der SI-Tagung ausgeschlossen – jetzt soll er aus dem Hotelzimmer einen Brief an die Konferenz schreiben. Aber auch der wird dann nicht verlesen. Am letzten Konferenztag telefoniere ich mit einem verzweifelten Issam Sartawi. *„Jetzt ist alles aus – nicht einmal die Sozialistische Internationale will mir zuhören“,* sagt er zutiefst deprimiert. Es wird unser letzter Kontakt. Drei Stunden später liegt er tot in der Halle des *Hotels Montechoro* in Albufeira. Sechs Kugeln haben sein Gehirn durchschlagen. Nun steht die SI-Konferenz erschüttert auf und Willy Brandt verliest endlich den Brief Sartawis – als *„bewegendes Dokument“.* Für ein paar Stunden beklagt die ganze Welt, von Ronald Reagan über Yasser Arafat bis zu Israels Regierung, den Mord an einem *Friedenshelden.* Alle, die ihn im Leben abgelehnt haben, preisen ihn nun im Tod. Nur Abu Nidals Mördertruppe ist es *„ein Vergnügen, die Vollstreckung der Todesstrafe mitteilen zu können“.*
An diesem Abend halten wir auch in Wien eine Trauersitzung – zunächst nur mit Karl Kahane, dem jüdischen Großindustriellen und stillen Helfer aller nahöstlichen Friedensbemühungen, und dann auch mit Bruno Kreisky. Es ist ein gemeinsames Schweigen in Kahanes Villa. Anderntags sagt der Kanzler, er habe *„einen der*

In der Hotelhalle des portugiesischen Ferienorts Albufeira endet Sartawis Leben: Nach der Bluttat trauern Palästinenser, Israelis, Europäer und Amerikaner um ihn.

prächtigsten, intelligentesten und mutigsten Menschen verloren, die ich je kennen gelernt habe".

Ghazi Hussein: Täter, Mitwisser oder Opfer?

Und dann ist da der zweite hochrangige Palästinenser in Wien: Ghazi Hussein, Literaturdozent und zweifacher Doktor. Ein Vertriebener wie Issam Sartawi, seit 1977 in Wien und seit 1980 der erste offizielle Vertreter der PLO in Österreich. Verheiratet ist Ghazi Hussein mit einer Ostdeutschen, die er beim Studium in Leipzig kennen gelernt hat und von der es später heißt, sie sei dem DDR-Geheimdienst nicht ferne.

Ghazi Hussein ist einer von jenen zwei PLO-Botschaftern weltweit, die aus der pro-syrischen Palästinensergruppe *Saika* kommen – und das ist sein Unglück. Denn Syriens Hafez al-Assad und Arafat sind in diesen Jahren Todfeinde. Also ist auch Ghazi Hussein zwar in Wien der einzig rechtmäßige Vertreter der PLO, zugleich aber auch das *Schmuddelkind*, denn die Führung in Damaskus und die von ihr kontrollierten Terroristen der *Al Assifah* Abu Nidals gelten als Drahtzieher der Attentate in Wien. Bruno Kreisky redet deshalb exklusiv mit seinem Palästinenser-Freund Sartawi und lässt den PLO-Botschafter nie zu sich. Also sucht Ghazi Hussein andere Wege, um präsent zu sein, nimmt an vielen öffentlichen Diskussionen teil – und auch ich bin oft in seiner Wohnung und dann in seinem Haus in Wien-Lainz geladen.

Literaturdozent und PLO-Botschafter: Der undurchsichtige Ghazi Hussein.

Am 1. Mai 1981 wird der Wiener Stadtrat Heinz Nittel, Präsident der *Österreichisch-Israelischen Gesellschaft,* auf offener Straße ermordet. Einer, der die Bluttat am schärfsten verurteilt, ist Ghazi Hussein: *„Ich lehne politische Morde völlig ab – mit Fanatismus und Anarchie erreichen wir nichts, schon gar keinen Frieden",* sagt er. Zwei Monate später ist Issam Sartawi wieder einmal in Wien und bittet mich, mit ihm zu Ghazi Hussein nach Lainz zu fahren. Kaum sitzen wir drei beisammen, greift Sartawi in sein Sakko, holt die Pistole heraus und fragt unseren Gastgeber, wie man dieses neue Modell denn überhaupt entsichert. Auf der Rückfahrt frage ich Sartawi, was diese seltsame Waffenspielerei für einen Sinn gehabt habe. Der steigt auf die Bremse, schaut mir ins Gesicht und sagt über seinen PLO-„Bruder" Ghazi Hussein: *„Der Mann muss einfach wissen, dass ich eine Pistole habe!"*

In diesen Wochen werden insgesamt 18 PLO-Diplomaten in Europa von Abu Nidals Mördern erschossen. Auch Ghazi Husseins Name taucht auf Mord-Listen auf. Die Wiener Staatspolizei löst daraufhin einen gewaltigen Polizeischutz für ihn aus – mit viel Elektronik und einer Riesen-Wachmannschaft. Und als mir der PLO-Botschafter erzählt, die Polizei habe ihm zudem einen regelmäßigen Wohnungswechsel empfohlen, biete ich ihm eine private Unterkunft an. Nur Tage später, am 1. August 1981, geht es Schlag auf Schlag: Im Flughafen Wien-Schwechat werden zwei aus Beirut kommende Palästinenser mit einem kleinen Waffenarsenal erwischt: Maschinenpistolen, automatische Gewehre, Handgranaten und über 500 Schuss Munition. Einer der beiden Waffen-Transporteure galt peinlicherweise bisher als Abu Nidal-Informant der Staatspolizei. Ich frage mich: Wozu die Waffen? Ist am Ende Ghazi Hussein das nächste Opfer – und erneuere naiv mein Quartier-Angebot. Da aber kommt ein Anruf: Bruno Kreisky, gerade bei den Salzburger Festspielen, ist in eine Telefonzelle gehuscht und sagt mir sichtlich gut informiert – auch über mein Wohnungs-Angebot: *„Machen'S keinen Blödsinn, der Ghazi Hussein ist kein Opfer. Der hat die zwei Waffenschieber selber am Flughafen abgeholt und wollte das ganze Kriegsgerät als Diplomatengepäck durch den Zoll schmuggeln!"*

Drei Tage später schreibe ich enttäuscht an Ghazi Hussein, wie belogen und betrogen ich mich fühle. *„... Trotz allem aber habe ich meine Überzeugung nicht verloren, dass die palästinensische Sache ihre Verteidiger und ihre Anwälte braucht"*, steht da zu lesen, *„aber ich habe zur Kenntnis nehmen müssen, dass der Gegenwind für alle, die euch helfen wollen, schärfer und kälter geworden ist. Und ich habe die bedauerliche Überzeugung gewinnen müssen, dass du – auf eine vielleicht tragische Weise – bei dieser Entwicklung mitgewirkt hast."* Antwort kommt keine mehr.

Sieben Tage später fährt Ghazi Hussein, der erste PLO-Botschafter in Österreich, mit Ehefrau und 61 Kilo Gepäck *„auf Urlaub"* – und kommt nie wieder. *„Der Hussein war einer von ‚denen', da gibt es keinen Zweifel mehr"*, sagt später ein Regierungsmitglied – und meint mit *denen* die Leute um den Massenmörder Abu Nidal. Der Ägypter Anwar Sadat hat inzwischen seinen Österreichbesuch aus Bedrohungsgründen abgesagt und auch Bruno Kreisky wird

jetzt wie eine Festung bewacht. Aus dem PLO-Hauptquartier aber heißt es, Ghazi Hussein sei bei seiner Rückkehr nach Beirut verhaftet, verhört, ja geprügelt worden. *„Du Schwein, du bist der letzte Spitzel in unseren Auslandsvertretungen“*, soll ihm Yasser Arafat entgegen geschrieen haben.
Drei Jahre vergehen und ich bin wieder einmal in Damaskus. Im Coffee-Shop meines Hotels sitzt mir Ghazi Hussein gegenüber, jetzt wieder akademischer Lehrer, und erzählt seine Version des Dramas von Wien: Er sei kein Täter oder Mitwisser im Terrorgeschäft gewesen, beharrt er, sondern das Opfer in einem politischen Spiel – und die Waffen nur Requisiten in einer orientalischen Kabale Yasser Arafats, um ihn, seinen politisch unliebsamen *Zweigstellenleiter* in Wien, auf kurzem Weg loszuwerden. Die PLO-Spitze habe ihn ja aus Beirut zum Empfang der beiden Waffentransporteure nach Schwechat beordert und ihn dort bewusst auffliegen lassen. *„Ich bin in die Falle gegangen, weil ich politisch der falsche Mann für Wien, für Kreisky, für Sartawi und den geheimen Dialog mit Israelis war“*, sagt er in unserem langen Nachtgespräch.
Das Risiko, mit seiner Version nicht ernst genommen zu werden, trägt Ghazi Hussein jetzt ziemlich gelassen: *„Schlimmeres als damals kann mir ja kaum noch passieren. Und im übrigen ist meine späte Verteidigung ebenso sinnlos wie überflüssig: Sinnlos, weil keiner das Thema noch einmal anrühren will – und überflüssig, weil ich genau weiß, dass alle Beteiligten die Wahrheit ganz genau kennen. Auch die Österreicher …“*
Wo immer diese *Wahrheit* tatsächlich liegt? Mit Sicherheit belegt sie letztlich nur eine unumstößliche Tatsache: Die furchtbare Zerstrittenheit innerhalb der palästinensischen Bewegung.

≈

1994 – ein Jahrzehnt nach diesem Nachtgespräch in Damaskus – erhält PLO-Chef Yasser Arafat gemeinsam mit den beiden Israelis Shimon Peres und Jitzhak Rabin den Friedensnobelpreis.

Israel und die PLO haben inzwischen die Existenz des jeweils anderen anerkannt. *„Wir beide, wir werden die Stunde noch erleben, wenn unser Palästinenserstaat Wirklichkeit wird“*, hat mir Arafat schon in den Siebzigerjahren immer wieder gesagt. Und tatsächlich erlebe ich am 15. November 1988 um 2 Uhr früh in einem Strandhotel bei Algier den Jubel des *Palästinensischen Nationalrats* um die Ausrufung eines unabhängigen Staates *Palästina* und den demonstrativen Abschied der PLO von Terror, Kalaschnikow-Mystik und Bruderkämpfen. Nur: Beides ist ein schöner Traum geblieben. Der Terror aus dunklen Rändern der PLO geht weiter. Und den Staat gibt es bis heute nicht.
Die Beispiele von Issam Sartawi und Ghazi Hussein aber beleuchten das ganze Drama der palästinensischen Befreiungsbewegung: Zwischen Ölzweig und Maschinengewehr, zwischen heroischem Freiheitskampf und dumpfem Terrorimage, zwischen der Rechtmäßigkeit ihrer politischen Forderungen und der Fragwürdigkeit ihrer Kampfmittel. Bis zu seinem Ende ist Yasser Arafats Leben ein ununterbrochener Seiltanz, ständig gefährdet von inneren Rivalitäten, von Macht- und Flügelkämpfen arabischer Regime und von permanenter Neuaufladung palästinensischer Radikalität durch Israels Siedlungspolitik und Dialogverweigerung.
Es bleibt das unbestreitbare Verdienst Arafats, die PLO zum Sammelbecken praktisch aller Palästinensergruppen gemacht zu haben – es bleibt aber auch seine Schwäche, manche Gruppen nicht unter Kontrolle gebracht zu haben. Die Ereignisse von Wien und Österreich haben diese Sollbruchstellen deutlich aufgezeigt, darunter auch das tragische Talent der PLO, die besten Freunde der palästinensischen Sache, allen voran Bruno Kreisky, in politische Kalamitäten, ja in Lebensgefahr getrieben zu haben. So bleibt Yasser Arafat in der Erinnerung die zugleich schillernde und tragische Vaterfigur eines künftigen *Palästina*.

[7] AM **ARABISCHEN GOLF**

Sindbads Erben

IN DEN **HAUPTROLLEN**

Oman

Sultan QABUS BIN SAID

Sultan SAID BIN TAIMUR

Saudi Arabien

König FAISAL IBN ABD AL-AZIZ

Vereinigte Arabische Emirate

Emir ZAYID BIN SULTAN AL NAHYAN

Emir SHAKHBUT BIN SULTAN AL NAHYAN

Bahrain

Emir ISA BIN SALMAN AL-KHALIFA

Kuwait

FAHED AL-FAHED

sowie Fischer, Soldaten, Rebellen

Sie ist buchstäblich aus dem Nichts in den Lichtkegel der Weltpolitik und Weltwirtschaft eingetaucht: Die Wunderwelt der Königreiche, Sultanate und Emirate am Persischen Golf. Jener rund 1.000 km langen Meeresbucht, die Arabien selbstbewusst den *Arabischen Golf* nennt und der Westen kurz und diplomatisch-unpräzise den *Golf*. Nirgendwo sonst liegt so viel Erdöl – *Schwarzes Gold* – unter dem Sand endloser Wüsten und vor den Küsten versteckt wie hier.

Bis in die jüngste Vergangenheit gehörte die Region zu den Stiefkindern europäischer Geographiebücher, obwohl seit der Antike viele der großen Handelswege über die Arabische Halbinsel in den Süden führen – und über Indien weiter nach China. Der westlichen Welt aber galt das Herzland Arabiens und die Golfküste zugleich als geheimnisvoll und romantisch, aber lebensfeindlich. Abenteurer berichteten bis ins 20. Jahrhundert hinein von einem *„Meer der Flüche, das von 77 Teufeln beherrscht wird"* – und von Wüsten, *„in denen jedes Lebewesen, das in einen Sandsturm gerät,*

Festungen bewachen den Hafen der omanischen Hauptstadt Muskat: Einst schützten sie gegen Piraten und den Fortschritt - heute sind sie Tourismus-Attraktionen.

Sandstein-Paläste auf der Arabischen Halbinsel: Bis vor wenigen Jahrzehnten bewohnt, heute eine rar gewordene architektonische Erinnerung an versunkene Zeiten.

auf der Stelle erstickt – und der Körper verfault sofort". Noch 1929 schrieb ein Reisender aus England: *„Im Sommer wird die Oberfläche des Meeres im Golf so heiß, dass man die Hand nicht hineintauchen kann."*

Tatsächlich war die Region über Jahrhunderte hinweg von Piraten und Sklavenhändlern beherrscht, bis die Kolonialmacht England, aus Sorge um ihren Zugang nach Indien und später zu den Ölquellen, der Willkür als *Schutzmacht* ein Ende setzte. Die Präsenz der Briten versteinerte aber jene willkürlichen Grenzen, die irgendwann durch Stammeskriege entstanden waren. So können sich bis in die jüngste Gegenwart winzige Stadtstaaten am Golf erhalten, deren Größe nicht einmal mit europäischen Zwergfürstentümern des Mittelalters vergleichbar ist. Erst der enorme Ölreichtum, die Angst vor Revolutionen und vor dem Zugriff der Sowjetunion und Chinas haben die Fürsten am Golf zu politischen Zusammenschlüssen gezwungen, ohne aber ihre innere

Nächste Doppelseite: Szenen aus dem Sultanat Oman aus den frühen 1970er-Jahren. In den vergangenen vier Jahrzehnten hat sich das riesige Land völlig verwandelt

Unabhängigkeit und ihre feudalen Herrschaftsstrukturen aufzugeben. Ehe sich Großbritannien 1971 endlich aus seinen Kolonien östlich von Suez zurückzog, ersetzte London noch rasch die obskursten und fortschrittsfeindlichsten Herrscher am Golf durch aufgeklärte Familienmitglieder.
Was dann geschah, ist bekannt: Aus ihrer Bettelarmut stürzten die winzigen Scheichtümer praktisch über Nacht in ein Zeitalter unvorstellbaren Reichtums, modernster Technologien und märchenhafter Touristik. Genau in diese dramatische Zeit des Übergang – des Umstiegs vom Kamel in den Straßenkreuzer – fielen meine ersten Reisen in die Golfregion.

Wo Autos und Brillen verboten waren!

Unterwegs in den tiefen Süden des Golfs öffnet sich im Spätherbst 1971 schon vom Flugzeug der Blick in eine andere Welt. Mit mir sind nur noch ein englischer Diplomat und ein Japaner unterwegs, den Rest der kleinen Maschine füllen Golf-Araber in ihrer weißen bodenlangen *Dischdascha.* Ein knappes Dutzend von ihnen tragen auf einem Lederhandschuh ihren Jagdfalken bei sich. Tief verschleierte Frauen begleiten sie, nur die Augenpaare und der Ansatz der Nasen sind vom Faltenwurf ihrer schwarzen Kleider ausgenommen. Das Sultanat Oman, Ziel meiner Reise und bis vor wenigen Monaten das letzte Bollwerk des Mittelalters im Kampf gegen den neuen Ölreichtum,

Jagdfalken – für stolze Golf-Araber ein wichtiges Statussymbol, auch wenn das 21. Jahrhundert längst begonnen hat.

Kanonen vor dem Palast - auch für die Herrscher der kleinen Golf-Emirate ein Zeichen der Macht. Im Hintergrund ein Windturm - Klimaanlage von einst.

ist eben dabei, seine Vergangenheit abzuschütteln. Bis 1970 hat der alte Sultan Said Bin Taimur einen Verzweiflungskampf gegen die herandrängende Moderne gefochten: Radios und Brillen waren verboten – aus Angst, das Virus einer neuen Zeit könnte in die Köpfe und Herzen der Omanis eindringen. Auch Autos gab es keine – der Sultan fürchtete, sie könnten feindliche Stämme allzu rasch an seinen Palast heranführen. Und nach dem Donner einer Kanone wurden täglich bei Sonnenuntergang die schweren hölzernen Stadttore seiner Hauptstadt Muskat geschlossen – niemand durfte die von Türmen und Festungen geschützte Stadt vor dem nächsten Morgen betreten. Seinen von den Briten erzogenen Sohn Qabus hat der alte Sultan Said mit einer Sammlung von Bach- und Beethoven-Schallplatten aus Angst vor *neuen Ideen* unter Hausarrest gestellt und sich in den gut tausend Kilometer südlich gelegenen Sandsteinpalast von Salalah zurückgezogen. Aber der Widerstand gegen seine Herrschaft war nicht mehr aufzuhalten: bei den eigenen, kampffreudigen Bergstämmen und bei

In Omans Süd-Provinz Dhofar kämpft eine linke Volksfront von 1962-1975, um im Welterdölzentrum Fuß zu fassen - der Sultan besiegt sie mit einer Söldnertruppe.

den aus dem Südjemen eindringenden linken Revolutionären. Drei Viertel seiner Grenzprovinz Dhofar hatte der alte Sultan Anfang 1970 bereits verloren – sogar die Blumen in seinem Palastgarten verdorrten, weil die *Volksfront für die Befreiung des Arabischen Golfs* (PFLOAG) bereits die Wasserversorgung kontrollierte. Jetzt machten die Briten ernst, flogen den störrischen Despoten ins Londoner Exil im noblen *Dorchester Hotel* – und setzten den Sohn an seine Stelle. 500 Sklaven und 150 Frauen im Palast von Salalah erhielten die Freiheit.
Vor diesem Hintergrund erlebe ich ein Jahr später ein Wunderland des Übergangs: Begegne Beduinen im Schatten erster Satellitenstationen – und Mädchen, die schon westliche Diplomatenkoffer als Schultaschen wie Wasserkrüge auf dem Kopf balancieren. Das vorerst einzige, inzwischen überfüllte Hotel in Muskat hat meine Reservierung zwar akzeptiert, aber in der Nacht müssen noch ein amerikanischer Fotograf und ein französischer Öltaucher als Mitschläfer in meinem Zimmer untergebracht werden.

„Hoch die PFLOAG – nieder mit Qabus!"

Den jungen Sultan Qabus erwartet indes eine Herkulesarbeit: Das omanische Volk will jetzt einen ähnlichen Wirtschaftsaufschwung sehen, wie ihn die ölreichen Nachbar-Emirate bereits genießen. Zugleich aber tobt noch im tiefen Süden des Sultanats der marxistisch finanzierte Kleinkrieg, den Qabus erst vier Jahre später mit Hilfe einer internationalen Söldner-Armee aus Persern, Jordaniern, Indern, Pakistani und britischen Militärberatern ersticken kann. Kaum jemand in Europa weiß damals wirklich um diesen Krieg – umso erstaunter bin ich, als ich bei einer Studentendemonstration in Graz (es ist die Zeit des Vietnam-Konflikts) den Kampfruf *„Hoch die PFLOAG – nieder mit Qabus!"* höre. *„Nieder mit ihm!"*, rufen die Mitmarschierer ebenso solidarisch wie ahnungslos ...

Seit 1970 ist er an der Macht – und hat sein Land tiefgreifend umgestaltet: Omans britisch erzogener Sultan Qabus.

≈

Gut zehnmal bin ich in den folgenden Jahren entlang des Golfs unterwegs – immer wieder auch in den Wüsten und Gebirgen des Oman. Mit dem jungen Sultan fliege ich im Hubschrauber in die letzten Kampfgebiete der Provinz Dhofar – und bin eines Abends zum gemeinsamen Genuss von Mozart-Schallplatten und zu einem großen Interview beim Herrscher geladen, der den Südeingang des Golfs und damit die Schiffspassage von mehr als 90

Atemberaubender Übergang: Aus den mittelalterlich geprägten Emiraten (hier Dubai mit seinem Naturhafen) entwickeln sich zunächst wohlhabende Stadtstaaten ...

Prozent der Erdölversorgung Europas kontrolliert. Mein Chefredakteur von damals ist an dem Exklusiv-Gespräch zunächst gar nicht interessiert. Erst als ich den Text – aus schlechtem Gewissen gegenüber dem Sultan, der mit einer Veröffentlichung unseres Gesprächs rechnet –, den Nachrichtenagenturen schicke und dann sogar die *New York-Times* auf Seite 2 größere Auszüge aus dem Interview zitiert, findet mein Text auch in der eigenen Zeitung seinen Niederschlag ...

≈

Fasziniert erlebe ich in diesen Jahren den atemberaubenden Aufstieg dieses ältesten Seefahrervolks am Arabischen Meer – auch Sindbad war, so heißt es, ein Omani – zur stabilen Wohlstandsoase mit einer ganz außergewöhnlichen Bedachtnahme auf Natur- und Umweltschutz. Der Sympathie des Sultans verdanke ich in jenen frühen Jahren auch ein recht beispielloses Erlebnis: In einem Sonderflugzeug Seiner Majestät, begleitet von seinem

… und zuletzt weltweit beispiellose Wirtschafts- und Wohlstands-Oasen mit Wolkenkratzern, die den Vergleich mit New York schon bald für sich entscheiden.

Onkel, werde ich 1975 die knapp 1.000 km von Salalah nach Muskat geflogen, wo ich – mit Handgepäck und Schreibmaschine – verwundert eine Ehrenkompanie abschreiten und den salutierenden Soldaten ein arabisches *„Danke"* zurufen darf. Mein Stolz dauert nicht lange: Minuten später tadelt mich die Stewardess der Anschlussmaschine nach Dubai – die Passagiere an Bord des Linienflugs hätten nahezu 20 Minuten auf mich warten müssen. Nie wieder wird mir der ständig wechselnde Status eines Journalisten so deutlich wie in diesen Minuten.

Kopfsprung in die Zukunft

Wer heute als Urlaubsreisender oder geschäftlich am Golf unterwegs ist, kann die *Welt von gestern*, die hier erst wenige Jahrzehnte zurückliegt, kaum noch entdecken. Wo einst – zwischen Bahrain und Oman – Mensch und Tier verdursteten, da plätschern heute Springbrunnen. Grün wächst, wo nie eines war. Der alte Duft nach Fisch und Meerwasser wird vom Smog ungezählter luxuriöser Autos aufgesogen. Die Stille der Wüste ist längst dem Getöse der weltgrößten Baustelle gewichen. Statt dürrer Palmen strecken sich unzählige Geschäftshochhäuser in den Himmel. Schon in wenigen Jahren wird es nirgendwo sonst auf dem Globus, New York eingeschlossen, so viele Wolkenkratzer mit mehr als hundert Stockwerken geben – Meisterwerke der Architektur und Monstrositäten nebeneinander. Immer neue Autobahnen durchschneiden Wüsten und bizarre Felslandschaften. Palmeninseln mit Luxusvillen wachsen ins Meer hinaus. Ganze Städte mit ihren von goldglänzenden Kuppeln verzierten Palästen und Nobelhotels, Moscheen und Museen wirken so, als wären sie erst an diesem Morgen aufgestellt worden. Ein modernes Wirtschaftsmärchen aus 1001 Nacht, in dem letzte Rückzugsreste der Armut unter den hunderttausenden Fremdarbeitern freilich noch immer mit Karton-Paravents vor fremden Augen abgedeckt werden.

Ein noch jugendlicher Autor 1971 bei Dubais großer Gründergestalt, Scheich Rashid bin Makhtoum.

Vorbei ist heute die Zeit, in der die österreichische Botschaft in Saudi-Arabien noch über die Postadresse *Straße nach Medina, Kilometerstein 4* erreichbar ist. Vorbei die Zeit, in der Dubais gewiefter Emir Rashid bin Makhtoum noch nicht zwischen Privatvermögen und Staatsbudget unterscheiden muss – und zugleich Chef seines Staates und größter Unternehmer ist. Jeden Morgen fährt er inkognito durch seine Stadt, entdeckt alle Mängel und Nachlässigkeiten seiner Verwaltung – und verteilt beim abendlichen Zusammensitzen mit Ministern, Beratern und Bittstellern jeder Art sein Lob und seinen Tadel. Einen Tag begleite ich ihn und bin fasziniert von dieser Form *autokratischer Basisdemokratie.*

Palastszene aus einem Golf-Emirat: Im luftigen Vorhof warten Wächter und Bittsteller auf den Herrscher.

Wo die Mäuse vom Geld lebten

Vorbei ist auch die Zeit, in der Abu Dhabis alter Emir, Shakhbut Bin Sultan, zutiefst misstrauisch gegenüber allen Bankgeschäften, die ersten Öleinkünfte seines Emirates in seinen Lehmpalast bringen und sich dort die Dollarnoten noch Schein für Schein vorzählen lässt, ehe er sie in eine Kiste unter sein Bett legt. In den folgenden Jahren beginnt er überall im ganzen Schlafzimmer seines Wüstenforts zu stapeln, bis es schimmelt. Britische Berater wollen ihn zu Investitionen im Scheichtum oder zu einer sicheren Geldanlage in Europa überreden – Shakhbut aber lässt einen Keller graben, um den Ein-

Zu Seiten 274-277: Erinnerungen an die „alten Zeiten" in den Emiraten am Golf: Eine Welt der Beduinen und Wasserträger, der Händler und Perlenfischer. Mit dem Ölsegen unter den Wüsten und vor den Küsten bricht bald eine neue Ära an. Aber noch transportieren Eselkarren die Ölkanister - Beginn der großen Wende.

BP
BP

künften aus dem Ölsegen auch weiterhin nahe zu sein. Erst als er entdeckt, dass Mäuse einen großen Teil seines Reichtums weggeknabbert haben, lässt er die Geldscheine auf eine Londoner Bank transferieren. Noch viele Jahre nach seiner Entmachtung durch seinen jüngeren Bruder Zayed, erzählen mir Männer in Abu Dhabi, der alte Scheich sei keineswegs ein geiziger Mann gewesen. Er habe nur ein instinktives Misstrauen gegen jede Veränderung gehabt. Und er sei einfach nicht überzeugt gewesen, dass Geld die Beduinen glücklich mache und dass Autos wirklich schneller seien als Kamele.

≈

Für Journalisten – vor allem aus Österreich, das am Golf den Ruf eines Freundes und kleinen Paradieses hat – sind die ersten Jahre des Öl-Booms die Zeit eines unwiederbringlichen Zaubers. Noch werden Besucher, die sich bemühen, die arabische Sprache, Kultur und Lebensart ein wenig zu verstehen, mit Freundschaft und Freigiebigkeit überhäuft. Noch verstecken sich die Herrscher nicht in ihren Palästen, sondern freuen sich über Gäste. Schon 1969 sitze ich dem asketischen, tief religiösen Saudi-König Feisal Ibn Abdel Aziz Ibn Saud gegenüber, Herrscher über nahezu die ganze arabische Halbinsel (so groß wie Deutschland, Frankreich, Italien, Spanien, Portugal und Großbritannien zusammen) und *Wächter über die Heiligen Stätten von Mekka und Medina*. Da ist kein Satz Feisals, in dem das Wort *„Allah“* fehlen würde – und

المدينة المنورة
جريدة يومية جامعة
تصدر عن
مؤسسة المدينة للصحافة
ت: الادارة ٢٨٤٦-٥٥٣٨
ت: المطابع ٢٣١٩-٣٢١٩
س ١٤ صفر ١٣٨٩ هـ • ١ مايو (ايار) ١٩٦٩ م • ١١ الثور ١٣٤٧ شمسية • السنة السادسة

الرياض – استقبل جلالة الملك المعظم يوم امس الوفد الصحفي النمساوي الذي يزور المملكة هذه الايام بدعوة من وزارة الاعلام ويرى جلالته في الصورة وهو يستمع الى حديث احد اعضاء الوفد .

Audienz beim Saudi-König Faisal für drei Medienvertreter aus Österreich: Arabiens Medien berichten darüber.

Der riesige „Nassariah"-Gästepalast in Saudiarabiens Metropole Riad:
Für den UNO-Generalsekretär Kurt Waldheim und vier Begleiter gibt es 170 Diener.

doch sagt er etwas, das später eher in Vergessenheit gerät: *„Weder im Islam, noch im Christentum gibt es Grundsätze, die gegen eine Zusammenarbeit und eine Verständigung von Ländern und Religionen wirken!"* Ein schon fixiertes Wiedersehen mit Feisal sechs Jahre später scheitert – der König ist am Vortag von einem Verwandten erschossen worden.
Jahre später bin ich auch mit UNO-Generalsekretär Kurt Waldheim in der Saudi-Hauptstadt. Im *Nassariyah-Gästepalast* sind wir, insgesamt nur fünf Besucher, von 170 Dienern umsorgt. Einen ähnlichen Luxus erlebe ich dann nur noch bei einem 40-Stunden-Besuch Bruno Kreiskys im Wüsten- und Öl-Königreich.

Der geschenkte Gaul

Mein wiederholter Versuch, mich durch ein wenig Arabisch in die Herzen orientalischer Hoheiten zu schmuggeln, hat bisweilen aufregende Wirkungen. Eine spektakuläre Reaktion erlebe ich in den frühen 70er-Jahren im Golf-Emirat Bahrain. Emir Isa bin Salman al-Khalifa, 38 lange Jahre (1961-1999) der Alleinherrscher

Bahrains Scheich Isa bin Salman liebt es, wenn Europäer ein wenig Arabisch lernen - und zeigt sich sehr großzügig.

über 33 Inseln vor der saudi-arabischen Küste, ist bei einem gemeinsam verbrachten Abend – gegen alle Realität – so beeindruckt von meinen Sprachbemühungen, dass er mir in einem spontanen Glücksgefühl ein besonders großzügiges Geschenk machen möchte: ein arabisches Rassepferd! Gemeinsam marschieren wir in seinen Stall, wo ich mir – *„jetzt sofort“* – mein Lieblingspferd aussuchen soll. Ratlos und wohl auch verzweifelt über diese unerwartete Gabe gehe ich an den Kojen entlang – jeder Hengst ist noch prachtvoller als der vorher. Nur: Weder kann ich den Transport nach Europa finanzieren, noch das edle Tier standesgemäß einquartieren und versorgen. Vor allem: Ich bin kein Reiter.

Also zögere ich meine Entscheidung hinaus, in der Hoffnung, der Himmel möge sich öffnen und mir eine Eingebung schicken, die meinen Gastgeber nicht beleidigt. Irgendwann aber muss ich meine Entscheidung treffen – und tue es. Der Emir wirkt irritiert, möglicherweise habe ich ungewollt sein bestes Pferd ausgewählt. Meine Hoffnung wächst, seiner Großzügigkeit doch noch entrinnen zu können. Leicht genervt fragt er mich, wie ich mir den Transport ins ferne Österreich vorstelle. In diesem Augenblick kommt – gerade noch rechtzeitig – die Eingebung: *„Majestät“*, sage ich, *„es gibt keinen besseren Platz für mein Pferd als in Ihrem Stall!“* Glücklich umarmt mich der Emir und findet das *„eine großartige Idee“*. Jahre später darf ich in Bahrains Hauptstadt Manama *mein* Pferd noch einmal besuchen. Ob es wirklich noch dasselbe ist? Ich weiß es nicht.

≈

Mit dem Außenminister der Arabischen Emirate – dem Zusammenschluss der sieben kleinen Scheichtümer am unteren Golf - bin ich über Jahr hinweg in besonderer Weise verbunden. Eines Tages hat er in Beirut zu tun und lädt mich ein, ihn zu begleiten. Unser Privatjet ist nobel, der Minister eine eindrucksvolle Gestalt mit seinem gepflegten Bart, seiner Adlernase und seiner feinen Kleidung, der weißen, knöchellangen *Dischdascha*, der *Kofia* (Kopftuch) und dem goldbesetzten Umhang, der *Abaya*. Kurz vor der Landung entschuldigt er sich, um sich für Beirut zurechtzumachen. Welche Enttäuschung, als er den Waschraum in weißen Jeans und einem karierten Sporthemd verlässt. Der ganze Zauber des arabischen Südens ist im Handgepäck verschwunden ...

Die Nacht des Ramadan mit Perlfischern

Im Rückblick fällt mir die Entscheidung schwer, wo ich in den Fürstentümern am Golf die schönsten, auch erfahrungsreichsten Stunden verbracht habe: In den Palästen der Herrscher oder bei

Fischerei und das Tauchen nach Perlen - jahrhundertelang sind es die wichtigsten Einnahmequellen für die Bewohner an den Küsten des Golfs. Die Küsten waren für ihren besonderen Fischreichtum bekannt.

den einfachen Menschen – Beduinen, Wüstenpolizisten, Händlern, Fischern ...? Im Fastenmonat Ramadan nehmen mich Perlfischer in Bahrain eines Nachts mit hinaus aufs Meer. Als die Sonne im braunen Dunst am Horizont versinkt, wird das Festmahl zugerichtet: Kräftige Stücke rohen Fisches, mit einer dunkelroten Soße und Fladenbrot-Stückchen vermischt. Auf einer Sisalmatte legen die Fischer Äpfel, Orangen und seltsame kleine Früchte zwischen gelb und braun dazu. Der glutheiße Nachmittag auf schwankenden Schiffsbrettern war für meine Gastgeber ein einziges Hindämmern und Warten, bis sie im Fastenmonat essen und trinken dürfen. Erst als von der Küste der harte Knall einer Kanone herüberdröhnt, als die Vögel aufkreischen und der Nacht entgegen stürzen, erst dann greifen in den Häusern, Palästen, Bretterbuden und auf den Schiffen zehntausende Menschen zur vollen Schüssel.

Fischerboote im Golf. Die harte Arbeit vor den Küsten der Emirate beginnt mit dem Einbruch der Dunkelheit.

„Du hast uns erzählt, du hättest schon unseren König Feisal getroffen“, sagt der Jüngste an Bord, ein Saudi. *„Ist sein Tisch auch so reichlich gedeckt wie der unsere – mit Obst und Fisch und Brot und Gemüse?“* Ein alter Saudi-Fischer an Bord mag solche Reden nicht hören. *„Du musst schon entschuldigen“*, sagt er mir, *„er ist noch sehr jung und weiß nicht, wie groß unsere Wüste und wie trocken unser Land ist.“* Dann sagt er zum Jungen: *„Wo, glaubst denn du, wo nimmt König Feisal in seinem Haus, so weit weg vom Wasser, solche Fische her?“*

Arabiens Zerrissenheit in der Hilton-Bar

Der Duft getrockneter Fische ist längst vom Fahrzeug-Smog abgelöst und Öltanker verschmutzen das Meer.

Mit dem Emirat Kuwait, der ältesten der Wohlstandsoasen am Golf, verbinden mich viele bleibende Erinnerungen. Drei davon sollen hier Erwähnung finden.

Im Herbst 1973 finde ich mich eines Abends im *Hilton-Hotel* mit fünf Arabern an einem Tisch. Vergangenheit und Gegenwart des arabischen Raums spiegeln sich in ihren Schicksalen. Der Zufall hat sie zusammengetragen – und gemeinsam feiern wir das Ende des Fastenmonats Ramadan. Da ist zunächst der untersetzte, freundliche Iraker, der vor seinem Regime aus Bagdad flüchtete, in Deutschland Familie und Firma gründete – und nach Jahren bitterer Enttäuschung beides wieder verlor. Jetzt sucht er hier in Kuwait einen neuen Startplatz für sein verpfuschtes, heimatlos gewordenes Leben. Da ist der alte, steinreich gewordene Kuwaiti mit einem Bündel Banknoten, das lose in der großen Tasche seines langen weißen Kleides steckt – und mit seinem libanesischen Sekretär, der seinem Herrn die Zigaretten anraucht, aus mitgebrachten Plastiksäckchen den verbotenen Whisky hervorzaubert, die Drinks mixt und seinen betrunkenen Gebieter nach Stunden sorgsam stützend nach Haus bringen wird. Mit jedem Glas wächst die müde Traurigkeit des alten Kuwaiti: *„Als ich ein Kind war“*, sagt er, *„war alles noch einfach. Wir hatten kein Geld, aber Familie und Nachbarn, die uns halfen, wenn Vater für sechs oder acht Monate draußen beim Perlfischen war. Heute schwimmen wir in Geld, die Perlen liegen nicht mehr draußen vor der Küste. Unsere*

Häuser haben zwanzig Zimmer und mehr – aber wir finden nichts mehr. Nicht mehr die Nachbarn, nicht mehr die Familie, oft nicht einmal uns selbst …"

Zwei Generationen der Golf-Araber: Vom Zeitalter bitterer Armut zur Ausbildung an Elite-Universitäten.

Da sitzt auch noch der große, dunkelhaarige Palästinenser am Tisch, eine Mischung aus Schwermut und Fanatismus. Wenn man seinen Erzählungen glaubt, dann hat er eine lange Leidensgeschichte in israelischen Gefängnissen hinter sich. Fast stolz zeigt er die Narben auf seiner Brust, die ihm dort zugefügt worden seien. Mit einem seltsamen Lächeln löscht er vor uns ein brennendes Zündholz nach dem anderen auf seiner Zunge. *„So haben sie es gemacht"*, sagt er. Den Whisky des Irakers verweigert er als einziger in der Runde, er ist nüchtern und betrunken zugleich. Gegen ein Schlagzeugsolo der Tanzkapelle im Saal schreit er in mein Ohr: *„Können Sie mir nicht einen gefälschten israelischen Pass besorgen. Ich muss zurück. Ich muss mit falschen Papieren in meine echte Heimat!"*

Neben ihm sitzt noch ein junger Kuwaiti, der nach sieben Jahren Studium in den USA und seiner Heirat mit einer Amerikanerin zutiefst gespalten ist. Als die Musik ins Orientalische wechselt, springt er auf, tanzt hinaus aufs Parkett und vollführt in seiner langen, weißen *Dischdascha* seltsame Verrenkungen, die sehr an ägyptischen Bauchtanz und den Kriegstanz der Derwische erinnern. Erschöpft kehrt er an unseren Tisch zurück und meint: *„Als Amerikaner war das völlig idiotisch. Als Kuwaiti war es Ausdruck meiner Freude über diesen Abend; war es, wenn Sie so wollen, die*

Stimme meines Herzens. Es ist nicht leicht, den Weg zwischen diesen beiden Teilen meines Ichs zu finden." Und dann sagt er noch, hinter einer dichten Wolke von Zigarrendunst: „*Ich weiß, dass die Amerikaner herrliche Menschen sein können. Ich habe viele liebe Freunde dort, auch Juden an meiner Universität. Komisch, gerade sie haben mich oft besser verstanden als andere. Jetzt aber bin ich wieder zuhause und kämpfe irgendwie mit – gegen Amerika und gegen Israel. Ich tue es sogar mit einem sehr guten Gewissen. Ist das nicht alles Wahnsinn?*"

Ein Minister als „Verteidiger des Terrors?"

Im März 1978 bin ich als einziger Journalist mit Österreichs Außenminister Willibald Pahr in Kuwait. Es ist der Tag, an dem palästinensische Terroristen bei Tel Aviv 43 Menschen töten. Von palästinensischen Journalisten einer großen Nachrichtenagentur wird Pahr in Kuwait spontan gefragt, ob auch er diesen Überfall als Aktion „*im Rahmen des heldenhaften Befreiungskampfes der Palästinenser*" verstehe. Der Außenminister formuliert unglücklich differenziert: Natürlich gebe es „*Zusammenhänge zwischen diesem Überfall und der Verweigerung des Rechts der Palästinenser auf Selbstbestimmung*". Aber: „*Österreich ist gegen jede Art von terroristischer Gewalt*". Ob ich mit seiner Antwort zufrieden gewesen sei, fragt mich Willibald Pahr später. Nicht ganz, sage ich: Ich

Mit Außenminister Pahr am Golf – arabische Medien sorgen für einen politischen Skandal in Österreich.

hätte zunächst die klare Ablehnung des Terrors formuliert und erst dann – wenn überhaupt – auf das Schicksal der Palästinenser verwiesen. Das Massaker sei einfach zu schrecklich, um nach Rechtfertigungen zu suchen.
Noch am selben Tag fliegen wir nachhause – und werden in Wien-Schwechat von einem Riesentrupp österreichischer Journalisten erwartet. Arabische Medien haben von Pahrs Erklärung erwartungsgemäß nur den für sie angenehmen Teil zitiert, nicht aber die Verurteilung. In Österreich ist deshalb die Hölle los: Der Außenminister als *Verteidiger des Terrors*! Ein Karikaturist zeichnet Pahr gemeinsam mit PLO-Chef Arafat schon als mordlüsternes Duett – mit blutigen Messern im Mund! Angesichts des enormem Mediendrucks bittet mich der Außenminister noch am Flughafen, vor laufenden Mikrofonen und Kameras zu zitieren, was er in Kuwait tatsächlich gesagt hat. Minuten später erfahre ich von Kollegen, dass meine eigene Zeitung ohne jede Rücksprache mit mir bereits in Schlagzeilen den Rücktritt des Außenministers fordert.
In den folgenden 24 Stunden geht es mir redaktionsintern nicht gut: Ich habe, so heißt es, das eigene Blatt widerlegt. Wahrheit ist Wahrheit, sage ich. Stunden später erreicht mich der Anruf des Außenministers, der von meiner misslichen Lage gehört hat: Er suche ohnedies einen Pressesprecher, sagt er – ob ich nicht kommen wolle? *„Ein ehrendes Angebot“*, antworte ich, *„und sicher gut gemeint. Aber: Falls überhaupt, dann sicher nicht jetzt – und nicht nach dieser Geschichte!“*

„Hände hoch!“ in Kuwait

Weit dramatischer ist mein zweites Kuwait-Erlebnis. Am Golf herrscht seit 1980 Krieg zwischen Khomeinis Iran und Saddam Husseins Irak, der blutigste Krieg in der Dritten Welt seit 50 Jahren. Furchtbare acht Jahre wird er dauern – mit entsetzlichen

Schatt-el-Arab, Zusammenfluss von Euphrat und Tigris – und Front zwischen Kuwait und Iran: Schauplatz eines aufregenden Militäreinsatzes samt Verhaftung.

Opfern: Eine Million Tote, hunderttausende Verwundete und Kriegsgefangene und unendliche Zerstörung. Im Jänner 1987 treten die Könige, Präsidenten und Regierungschefs aus 44 Ländern zum großen Islam-Gipfel in Kuwait zusammen, um dem *„sinnlosesten und schmutzigsten aller Kriege unter Brüdern"* ein Ende zu bereiten. Auch ich bin als Beobachter mit dabei. Die Sicherheitspanik der Kuwaitis ist angesichts der Weltprominenz riesengroß. Trotzdem explodiert schon am ersten Konferenztag vor unserem Hotel eine Bombe – ohne größeren Schaden.

Tags darauf erklärt sich ein junger österreichischer Außenhandels-Vertreter in Kuwait bereit, in seinem Diplomaten-Auto mit mir möglichst nahe an die Kriegsfront heranzukommen. Sie liegt am *„Schatt el Arab"*, dem Zusammenfluss von Euphrat und Tigris und in unmittelbarer Nähe der irakisch iranischen Grenze. Wir fahren durch eine lähmend uninteressante Landschaft von Wüste und Ölinstallationen, passieren kuwaitische Armeekontrollen, die uns durchwinken – und verirren uns irgendwann im Gewirr menschenleerer Sandpisten. Plötzlich, am Rand eines Öl-Tanklagers, sind wir offenkundig am „Ende der Welt".

Also steigen wir aus, um uns zu orientieren. In diesem Moment rasen Militärfahrzeuge von allen Seiten auf uns zu. Kuwaitische Soldaten umstellen uns, drängen meinen Gastgeber, seinen kuwaitischen Chauffeur und mich mit ihren Gewehren an einen Gitterzaun und brüllen *„Hände hoch!“* Irgendwann verliere ich die Kraft in den Armen, lasse sie sinken und merke in dieser Sekunde, wie ernst die Lage ist: Alle Gewehrmündungen sind auf mich gerichtet.

Inzwischen wird ein Armeekonvoi zusammengestellt und Funkbefehle aus dem Hauptquartier besiegeln unser weiteres Schicksal als vermeintliche Agenten: Zunächst ein erstes Verhör, dann der Transport in ein Militär-Camp, dann ein neues Verhör, um mögliche Zusammenhänge zwischen unserer Fahrt durch verbotenes Grenzgebiet und dem Islam-Gipfel zu klären, ehe eine lange Militärkolonne unseren österreichischen Dienstwagen zur nächsten Kaserne eskortiert. Bald ist klar: Den jungen Außenhandels-Vertreter schützt sein diplomatischer Status; gefährdet bin zunächst ich, vor allem aber unser kuwaitische Fahrer – er hat keinerlei Schutz. In einem unbeobachteten Augenblick stecke ich ihm sicherheitshalber meine Visitenkarte mit der Telefonnummer meines Hotels in Kuwait zu – in Panik isst er sie auf.

Es wird eine lange, dramatische Nacht: In der Kaserne serviert man uns – jetzt ganz britisch – bis zum Beweis unserer Schuld ein bemerkenswert gutes Abendessen. Inzwischen sind die Bilder aus meiner Kamera ausgearbeitet und zeigen Aufnahmen, die ich in der Sperrzone gemacht habe. Der Verdacht gegen mich scheint damit bestätigt zu sein. Sehr spät abends landen wir vor dem Staatssicherheitsgefängnis in Kuwait City. Unser Chauffeur wird getrennt fortgebracht, der Handelsdelegierte nachhause geschickt – und ich komme *„in Untersuchungshaft“*. Aus nahen Zellen höre ich Schreie. Das Warten erscheint mir endlos – und irgendwann sitze ich in einem grell neonbeleuchteten Zimmer mit einem großen Decken-Ventilator. Eine Lampe ist auf mich gerichtet und ein untersetzter Kuwaiti schreit mich an: Wer meine

Auftraggeber seien und was meine Ziele – und woher ich eigentlich komme. „*Aus Österreich*", sage ich verschreckt. „*Falsch*", sagt der Kuwaiti, „*eine Lüge! Österreicher spionieren nicht bei uns. Österreicher sind unsere Freunde.*" Natürlich weiß mein Gegenüber inzwischen alles über mich – und mehr und mehr vermute ich, dass sich hinter seiner Dramatik vielleicht auch eine Posse verstecken könnte. „*Wieso wollen Sie alles zerstören, was unsere Länder an Freundschaft verbindet?*", ruft er, „*Sie wissen doch, wie wir Waldheim lieben. Sie wissen doch, wie wir Kreisky lieben. Warum dann spionieren?*"
Plötzlich springt meine Seelenlage um – von panischer Angst in totale Zuversicht. Und tatsächlich: Es ist schon nach Mitternacht, als mir der Herr in Weiß plötzlich zuruft: „*Gehen Sie, aber schnell. Draußen wartet der österreichische Botschafter mit seinem Auto.*" Und tatsächlich: Erleichtert nimmt mich das Botschafter-Ehepaar an der Torwache in Empfang. Natürlich wissen ausländische Diplomaten um das Alkoholverbot in Kuwait – aber etwas *gegorener Fruchtsaft* findet sich in dieser Nacht doch noch, um meine *Heimkehr* zu feiern.
Was noch anzufügen ist: Einige Monate später lädt mich der kuwaitische Botschafter in Wien zum Mittagessen. Er bringt einen Gast aus seiner Heimat mit, sagt er geheimnisvoll. Und dann stehe ich tatsächlich meinem „*Vernehmungsbeamten*" aus der Staatssicherheitszentrale gegenüber: Es ist Fahed al-Fahed, Kuwaits höchster Sicherheitschef. Lächelnd essen wir miteinander – und keiner sagt, was er vom Anderen weiß ...

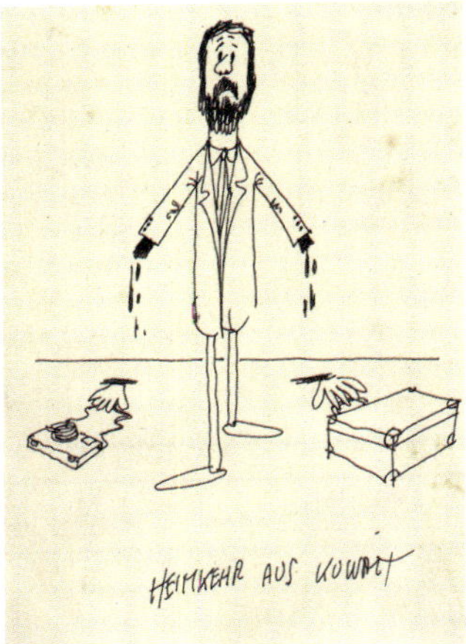

Heimkehr aus der Haft in Kuwait – Kurier-Karikaturist Angerer zeichnet, was gottlob nie passierte.

[7] IN PERSIEN

Vom Kaiserreich zum Gottesstaat

IN DEN **HAUPTROLLEN**

Schah MOHAMMED REZA PAHLEVI
Ein kaiserlicher Botschafter

AYATOLLAH RUHOLLAH MOUSSAWI KHOMEINI
Ein Revolutions-Botschafter

sowie
Generäle, eine Studentin,
ein Tankschiff-Kapitän
ein deutscher Buch-Verleger
und KURT WALDHEIM

Gibt es ein anderes Land auf unserem Globus, das – von der kommunistischen Welt abgesehen – in den vergangenen Jahrzehnten einen ähnlich tief greifenden Wandel durchlebt hat wie der Iran? Vermutlich nicht. Erinnern wir uns: Aus dem allmächtig scheinenden *Kaiserreich Persien* wurde die *Islamische Republik Iran*. Aus der Herrschaft des *Schah-in-Schah (König der Könige*) auf dem Pfauenthron ein letztlich undurchschaubarer Machtapparat greiser schiitischer Mullahs. Aus dem engen Verbündeten der USA und Europas ein weltweit gefürchteter *Gottesstaat* im Zentrum der *Achse des Bösen* (George Bush jun.). Aus dem einst gehätschelten *Polizisten im Welt-Erdölzentrum* der vielgeschmähte *Terrorpate Iran*. Eines freilich ist über allen Wandel hinweg weitgehend unverändert geblieben: Die gnadenlose Gewaltherrschaft mit Foltergefängnissen, politischen Hinrichtungen und einem schlimmen Mangel an Meinungsfreiheit für die inzwischen 75 Millionen Bürger.
Diesen dramatischen Weg von einer kaiserlichen in eine religiöse Diktatur habe ich als Journalist aus einer Nähe miterlebt, die am Beispiel Iran vielleicht noch größer war als bei anderen in diesem Buch beschriebenen Ländern. Verantwortlich dafür war vor allem jener Faktor Zufall, der – ich habe es schon erwähnt – über der Arbeit jedes Journalisten liegt. Blicken wir noch einmal in die 70er-Jahre des vergangenen Jahrhunderts zurück – in die Zeit also, in der Schah Mohammed Reza Pahlevi als selbsternannte *Sonne der Arier* über Persien herrschte.

Des Kaisers Märchen aus 1001 Nacht

Es ist, sagt der Schah im Oktober 1971 selbstbewusst, *„das größte und wunderbarste Fest, das die Welt je gesehen hat“*. Von einem *„Märchen aus 1001 Nacht“* schreiben auch die Medien. Der Kaiser hat die Könige und Sultane, die Fürsten und Staatspräsidenten aus aller Welt, dazu noch eine Handvoll erlesener Freunde und

1971 lädt Persiens Schah die Großen aus aller Welt in die Ruinenstadt Persepolis – und spricht vom „größten und wunderbarsten Fest, das die Welt je gesehen hat".

Journalisten aus aller Welt in die Ruinen der alten Königsstadt Persepolis geladen. Nach Jahren der Vorbereitung wird jetzt spektakulär gefeiert: *2500 Jahre persisches Kaiserreich.*
Die Szenerie, über die ich berichten soll, ist kaum adäquat beschreibbar: Da tanzen Wasserfontänen mitten in der Wüste. Da rollen Feuerlawinen wie glühende Lava von den Bergen und unzählige Feuerwerkskörper zeichnen orientalische Fantasiegebilde

in den Nachthimmel. Da verwandeln riesige Blumenteppiche das dürre Land in einen Paradiesgarten. Die eigentliche Botschaft aber hat der Kaiser dem Festzug anvertraut: Tausende Reiter in den Uniformen vergangener Epochen des Kaiserreiches, ungezählte Pferde und Kamele, alte Streitwagen und Kriegsschiffe sollen vergessen machen, dass dieses Persepolis seit 331 v. Chr. in Trümmern liegt. Dass Persien durch mehr als zwei Jahrtausende der Fremdherrschaft hindurchgegangen ist – durch Griechen und Araber, Mongolen und Türken. Bis Reza Khan, der Vater des amtierenden Kaisers, vom Eseltreiber zum Kosakenoberst aufgestiegen, im Jahr 1921 in einem blutigen Handstreich die Macht an sich riss und schließlich zum Herrscher über das persische Riesenreich wurde.

In Persepolis wird die 2.500-jährige Geschichte des Kaiserreichs in historisch originalgetreuen Kostümen nachgestellt.

Eine Minute lang verneigt sich Schah Mohammed Reza Pahlevi jetzt im nahen Pasargadae, der *„Stadt der Toten"*, vor dem Grab des persischen Gründungskönigs Kyros des Großen – es ist der stille Höhepunkt eines politischen Drehbuchs, das bis in alle Winkeln der Erde verstanden werden soll: Hier, auf historischem Boden, ist das alte Weltreich der Perser wiedergeboren. Jetzt!

Im Schatten der alten Palastanlagen – und bewacht von Minengürteln, Bunkern und MG-Nestern – hat der Kaiser eine Zeltstadt für die Mäch-

Schah Mohammed Reza Pahlevi, umgeben von den Generälen seiner Armee: Der Iran präsentiert sich als die Wirtschafts- und Militärmacht im Ölparadies.

tigen dieser Erde errichten lassen, die in diesen unvergesslichen Tagen seine Gäste sind. Österreich – das Land, das Schah Mohammed Reza Pahlevi gerne seine *„zweite Heimat“* nennt – ist bei diesem Fest recht ungewöhnlich vertreten: Professor Karl Fellinger, der kaiserliche Leibarzt aus Wien und Vertraute vieler orientalischer Monarchen und Präsidenten, ist in Persepolis in den Rang der Staatsoberhäupter aufgestiegen. Auch Kardinal Franz König ist gekommen, verzichtet aber als Ehrenvorsitzender eines parallel einberufenen internationalen Iranologen-Kongresses auf ein Festzelt und wohnt lieber im nahen Schiraz im Hotel. Und ich, der junge Zeitungsmann, ziehe unter 700 Journalisten das große Los und bin mit einer handvoll Kollegen aus aller Welt auch beim Gala-Diner in Persepolis mit dabei.
„Kein Perser wird diesen Tag je vergessen können“, hat mir der Schah unmittelbar vor Beginn des Festes in einem Exklusivgespräch gesagt und dabei auf die vielen Schulen, Spitäler, Straßen, Fabriken verwiesen, die in diesen Tagen im ganzen Reich eröffnet werden.

Der Zeitpunkt des Festes ist gewollt – und brisant: Die Briten, jahrhundertelang die großen Schutzherren der Fürstentümer am Persischen Golf, werden sich in wenigen Wochen – mit 1. Dezember 1971 – aus dem Welt-Erdölzentrum zurückziehen. In den kleinen Scheichtümern am anderen Ufer des Golfs, aber auch in den Machtzentren der großen Industriestaaten, geht jetzt die Angst um: Wer wird das Machtvakuum am Golf nützen? Unruhen, Revolutionen und Umstürze könnten drohen. Genau in diesem Moment will der Herrscher über Persien, das die gesamte Ostküste des Golfs kontrolliert, den versammelten Großen dieser Welt zu verstehen geben: Er ist ab jetzt der *„starke Mann“* am Golf.
Und tatsächlich: Der Aufstieg des Iran zur fünftgrößten Wirtschafts- und Militärmacht der Erde scheint unaufhaltsam zu sein. Auch die Festgäste aus Moskau und Washington durchschauen, wie nahe jetzt in Persepolis unvorstellbarer Prunk und nüchterne Politik beieinander liegen. Also wird der Kaiser noch im Schatten des Festes drei winzige, aber strategisch höchst wichtige arabische Inseln am Südeingang des Golfs besetzen, um so das Welt-Erdölzentrum noch besser kontrollieren zu können. Und er wird seine Fischereizone eigenmächtig noch weiter ins offene Meer ausweiten.

Auf zahllosen Statuen in ganz Persien ist Schah Mohammed Reza gegenwärtig.

Das grandiose Fest in den Ruinen von Persepolis deckt zugleich viele der Schwächen dieses Kaisers zu: vor allem sein beinhartes Vorgehen gegen politische Gegner und die überbordende Korruption und Vetternwirtschaft der persischen Elite. Stattdessen lobt die Welt seine *Weiße Revolution* und ihre Ziele:

Mehr Bildung, Entmachtung des Großgrundbesitzes und massive Industrialisierung, genährt aus den sagenhaften Einkünften der ölreichsten Nation der Erde.

≈

Noch während der großen Tage von Persepolis erlebe ich hautnah, wie das Schah-Regime funktioniert. Eine bildhübsche iranische Studentin wird mir als Begleitung beigegeben. Abends will sie mir noch unbedingt, alter persischer Tradition entsprechend, aus dem Kaffeesatz die Zukunft deuten – in meinem Zimmer. Ich lehne dankend ab. Während der folgenden Nacht wird prompt die Türe aufgerissen – und unbekannte Männer fotografieren ins Dunkel herein. Sie haben Pech, da ist niemand außer mir.

Mit Geistermatrosen kann man nicht sprechen

Kaum ist der Zauber dieses angeblich teuersten Festes der Weltgeschichte vorbei, gehe ich auf große Fahrt: Mehr als vier Wochen lang umrunde ich den Golf, treffe Emire und Fürsten, Diplomaten und Militärs, Ölarbeiter, Beduinen und Perlfischer. Mein Interesse gilt der Zukunft des Welt-Erdölzentrums nach dem Abzug der Briten – und damit auch der Zukunft der Weltwirtschaft.
Schon bald stehe ich auf der persischen Ölinsel Kharg, weit draußen vor der Küste, und beobachte, wie die großen Tankschiffe jene gewaltigen Treibstoffmengen laden, die dann in Tokio, Liverpool, Bosten, Bremen und anderswo aus ihrem Bauch gepumpt werden. Noch ist der Suezkanal durch die Verwüstungen des jüngsten Nahostkrieges von 1967 nicht benutzbar und bleibt bis 1975 gesperrt. Der Seeweg nach Westen führt also um ganz Afrika herum. Zwischen die auf ihre Ölladung wartenden Schiffe auf Kharg-Island hat sich an diesem glutheißen Spätherbsttag 1971 auch ein Tanker unter der Flagge Liberias gemischt: die *Coral Sea.* Der Name fesselt meine Aufmerksamkeit. War da nicht erst zu Jahresanfang eine kurze Meldung auf meinem Schreib-

In Persiens größtem Ölhafen entdeckt: Tankschiff „Coral Sea“ mit einer Ölladung für das feind iche Israel.

tisch gelandet: Palästinensische Guerillas hätten an der schmalen Landenge des *Bab el-Mandeb* (*Tor der Tränen*) zwischen Arabien und Afrika den Tanker *Coral Sea* mit Ölnachschub für Israel in Brand geschossen und erheblich beschädigt? Ist dies hier am Ende dasselbe Schiff? Liefert der iranische Kaiser – ohne jede Rücksicht auf islamische Solidarität – dem israelischen Feind geheim Erdöl?

Spontan versuche ich mein Glück und spreche einen Matrosen mit einigen Brocken Hebräisch an, die ich irgendwann in Israel aufgeschnappt habe. Und tatsächlich – er antwortet auf Hebräisch. In diesem Augenblick läuft ein Sicherheitsoffizier herbei, schreit – und bestätigt damit unfreiwillig meine Vermutung: *„Was wollen Sie? Sie können nicht mit Matrosen eines Schiffes sprechen,*

Die persische Ölinsel Kharg vor der Golfküste des Kaiserreichs Iran – und ein Schiff, das der vielfach beschworenen „islamischen Solidarität“ widerspricht.

das es gar nicht gibt, das längst in Brand geschossen und versunken ist. Das hat ‚Radio Kairo' gemeldet – also muss es stimmen. Gespräche mit Geistermatrosen sind sinnlos." Mit klopfendem Herzen sehe ich mich einer großen Geschichte auf der Spur.

„Österreich? Das sind doch meine Freunde!"

Wenige Tage später bin ich in Persiens Metropole Teheran und bekomme Zutritt zu einer kaiserlichen Pressekonferenz für westliche Korrespondenten. 500 Meter über dem Stadtzentrum ist die Kühle von Wald, Wiesen und Wasser zum Greifen spürbar. Hinter dicken Gartenmauern und uralten Bäumen versteckt liegt der *Saadabad-Palast*, das weiße Herrschaftshaus des persischen Kaisers. (Fast auf den Tag genau 20 Jahre später werde ich im selben, inzwischen etwas ramponierten Gebäudekomplex dem Präsidenten der *Islamischen Volksrepublik Iran*, Haschem Rafsandschani, gegenübersitzen.). Jetzt aber zieht der Schah selbstbewusst die Bilanz seiner großen Tage von Persepolis, erläutert – jetzt ganz Demokrat – seine große Bildungs-, Sozial- und Landreformen und appelliert an die Industriestaaten, mit den Energievorräten sparsamer als bisher umzugehen.

Irgendwann melde auch ich mich zu Wort: Ob es denn sein könne, frage ich, dass im iranischen Kaiserreich etwas geschieht, wovon Seine Majestät nichts wisse? Nein, sagt Mohammed Reza Pahlevi mit kaum unterspieltem Stolz. Als füge ich keck hinzu: *„Aber ich habe auf Kharg ein israelisches Öltankschiff gesehen – liefern Sie denn Erdöl an Israel?"* Jetzt wird der Kaiser ungnädig – und die Militärs auf den goldenen Stühlen ringsum sind solidarisch ergrimmt. Was das denn soll, will der Schah wissen. Wer denn hier seine Solidarität mit dem palästinensischen Volk in Zweifel stellen und ihm etwas ans Zeug flicken wolle? *„Alles zionistische Lügen – und kein Wort wahr!"*, schimpft er. Meine Lage ist prekär.

Als die Pressekonferenz zu Ende geht, möchte ich dem Kaiser den Handschlag ersparen und versuche, mich still aus dem Raum zu entfernen. Aber da sind Generäle, die mich im Auftrag Seiner Majestät am Verlassen des kaiserlichen Salons hindern: ich möge warten, bis die anderen Journalisten gegangen sind. Mir ist mulmig zumute, als der Schah auf mich zukommt. Woher ich denn komme, fragt er argwöhnisch – und glaubt mir meine Antwort zunächst nicht: *„Aus Österreich – das gibt es doch nicht. Dort sind doch meine Freunde!"* Und er nennt sie alle, vom Bundespräsidenten bis zum legendären Wiener Polizeipräsidenten Holaubek. Als er hört, dass ich viele der eben von ihm Genannten persönlich kenne, ändert der Kaiser behutsam seinen Ton, redet über das Skifahren am Arlberg – und belehrt mich schließlich, wie Ölgeschäfte heute abgewickelt würden: Da gehe es um internationale Tanker, deren Frachtziel bei der Ladung oft noch unklar sei, sagt er. Schiffe könnten unterwegs ja auch ihren Kurs wechseln usw. usw. – das wisse ich doch sicher auch. Plötzlich bin ich von einem

„Aus Österreich - das gibt es doch nicht. Dort sind doch meine Freunde!"
Der Schah bei einem Wien-Besuch mit Kaiserin Farah und Präsident Schärf.

„zionistischen Lügner" zu einem *„Nahost-Experten"* geadelt. Der *König der Könige* zeigt sich an meinen Erfahrungen betont interessiert und bittet, von den Erkenntnissen meiner eben begonnenen Golf-Rundreise erfahren zu können. Und überhaupt: Man könne doch in Kontakt bleiben ...
So bin ich in den Jahren 1972 bis 1975 mehrfach Gast des persischen Kaisers: bei seinen Besuchen im Wiener *Hotel Imperial,* im schweizerischen St. Moritz und anderswo. Zweimal fliege ich auch nach Teheran. Und meine Zeitung bekommt in dieser Zeit mehr kaiserliche Interviews, als uns zustehen würden; Interviews, in denen Mohammed Reza Pahlevi wenig gute Worte an europäischen und amerikanischen Politikern lässt, um seine politische Unabhängigkeit unter Beweis zu stellen. Den westlichen Staatsmännern fehle es schlicht an Führungsqualität, sagt er – und lässt spüren, dass er diese Qualität bei sich selbst jedenfalls beheimatet sieht. Manchmal glaube ich, meinen Ohren kaum trauen zu können: *„Lasst uns doch miteinander wetteifern und in 25 Jahren schauen, wer es in der Demokratie weitergebracht hat, ihr oder wir Perser. Ich sage Ihnen: Wir werden keinen Vergleich zu scheuen haben!"*

Nie wieder werde ich den Kaiser sehen ...

Mein Kontakt zum persischen Kaiser endet abrupt, als der französische Autor Gerard de Villiers im Jahr 1975 ein sehr kritisches Buch über den Kaiser und seine Familie veröffentlicht – und sich mein damaliger Chefredakteur Gert Leitgeb zum Abdruck dieses Buches im KURIER entschließt. Der Titel unserer Serie heißt: *„Der Schah – Ölgott, Playboy und Diktator"*. Ich habe mir zwar vorbehalten, den Buchtext jeweils mit einem persönlichen Kommentar zu begleiten und bisweilen auch zu korrigieren, trotzdem ist der Teufel los. Die Redaktion wird von 300 Protestbriefen österreichischer Unternehmer und ihrer Standesvertretung überrollt.

Der Schah

Ölgott, Playboy und Diktator

Savad Kouhi, der kleine Eseltreiber, wird mit 48 Jahren Reza Schah Pahlevi. Er ist Kaiser wie vor 2500 Jahren Kyros und Darius, die legendären Könige der Könige im antiken Persien. An diesem 25. April 1926 steht ein kleiner Junge in Uniform neben dem neugekrönten Kaiser: Mohammed Reza Pahlevi, heute Schah von Persien. Völlig überraschend hatte sein Vater mit 2500 Kavalleristen die Macht in Persien an sich gerissen.

3. Teil

Vater Reza mit Mohammed und Shams

Der alte Schah mit all seinen Kindern

Eine kritische KURIER-Serie sorgt 1975 für massive Interventionen aus Politik und Wirtschaft – und für ein schnelles Ende der Gespräche mit dem persischen Kaiser.

„Wenn das so weitergeht", schreibt ein prominenter Unternehmer, *„dann wird sich Österreich mit seiner Pressefreiheit noch zugrunde richten!"*

Auch der damalige österreichische Außenminister Erich Bielka-Karltreu erkundigt sich persönlich bei mir, ob ein Abbruch der kritischen Serie denkbar sei. Es gehe immerhin um Milliarden-Aufträge, sagt der Minister am Telefon. Und: Auch der deutsche Kanzler Willy Brandt habe beim Magazin *Der Spiegel* erreicht, die Attacken auf den Schah einzustellen...

Besonders bemerkenswert aber ist in diesen Tagen das Verhalten des persischen Botschafters in Wien, von dem es heißt, er sei an Österreichs Geschäften mit dem Iran finanziell beteiligt. Im Stunden-Abstand bietet er mir in sichtlicher Panik zunächst ein Exklusivinterview mit dem Schah, dann auch ein „bequemes Sonderflugzeug" für die Anreise, später auch einen Buchvertrag für ein von mir geschriebenes Schah-Buch an – und schließlich auch Materielles. Erst Jahre später entdecke ich zufällig in Akten des deutschen Außenamts, dass derselbe persische Diplomat schon 1953 – damals noch Presseattaché an der *Kaiserlich Iranischen Gesandtschaft* in Köln – die Streichung einer deutschen Kabarett-Nummer über seinen Monarchen verlangt und dabei an den vorübergehenden Abbruch der Beziehungen zwischen Persien und Frankreich erinnert hatte. Der Anlass dieser Krise zwischen Teheran und Paris ist nicht uninteressant: Bei einer französischen Katzenausstellung war einer Perserkatze mit dem Namen „Schah" ganz ehrfurchtslos der erste Preis zugesprochen worden …

Nachdem die vierte Fortsetzung der KURIER-Serie erschienen und kein Abbruch in Sicht ist, verstummt plötzlich auch der Botschafter. Und obwohl ich nicht Autor dieser Serie bin, stehe ich plötzlich im Iran auf der *Schwarzen Liste.* Nie wieder werde ich Seine Majestät persönlich sehen.

≈

Was ab Ende 1978 in Persien passiert, ist große Zeitgeschichte: Der Kaiser wird gestürzt, muss flüchten und stirbt im Juli 1980 in Kairo an Krebs. Der greise schiitische Geistliche Ruhollah Moussawi Khomeini aber kehrt am 1. Februar 1979 aus der Verbannung triumphal nach Teheran zurück. *„Das Ungeheuer ist weg – jetzt kommt der Engel"*, skandiert das Volk bei Khomeinis Ankunft. Bald schon errichtet er seinen *Islamischen Gottesstaat,* der auch mehr als 30 Jahre später das persische Riesenreich regiert.

Und wieder einmal spielt der Zufall Regie: In den Tagen der Heimkehr Khomeinis meldet sich ein in Wien lebender Teppichhändler bei mir und belegt seine familiäre Verbindung mit dem iranischen Revolutionsführer. Für einen höheren Geldbetrag will er mir und meiner Zeitung das biographische Dunkel um seinen Großonkel Khomeini erhellen. Bald aber entdecken der Teppichhändler und ich eine gegenseitige Sympathie und einigen uns auf den Nulltarif.

Schon fünf Tage, nachdem Teheran im Khomeini-Jubel ertrinkt,

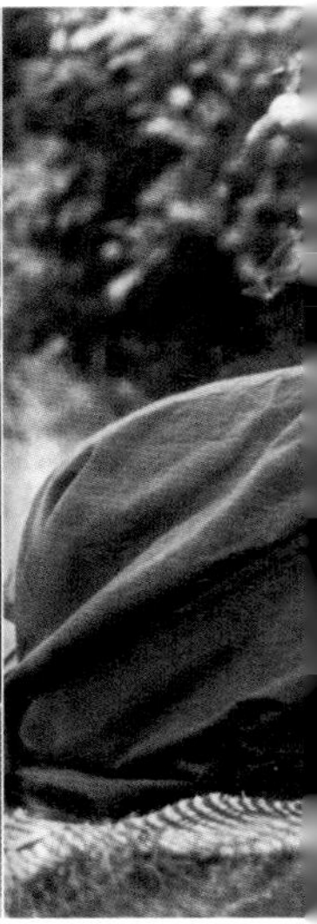

1979 endet das Kaiserreich Persien durch die islamische Revolution – der exilierte greise Geistliche Khomeini erzwingt mit seinen Tonband-Predigten die Revolution. Und Mullahs mit Revolvern erschrecken die westliche Welt.

beginnt am 6. Februar 1979 meine Serie über Herkunft und Gedankenwelt des neuen geistlich-politischen Machthabers im Iran. Bald ist auch ein deutscher Großverleger zur Stelle, er will meinen Khomeini-Report auch als Buch veröffentlichen; als eine Mischung aus Familiengeschichte des Revolutionsführers, meinen eigenen Iran- und Schah-Erfahrungen und aus Blitzrecherchen bei Islam-Wissenschaftlern und Kontaktleuten in Europa, Nahost und im Iran. Ein Zwölf-Tage-Arbeitsmarathon beginnt, dann ist das Buch geschrieben. Sein Erfolg auf dem Buchmarkt erklärt sich vor allem aus dem fassungslosen Staunen der Welt über die Vorgänge in Teheran – und aus der Angst vor einem radikalen, gewaltbereiten Iran. Selbst in Japan und China erscheinen Buch-Übersetzungen.

Polizeieinsatz in Wanderkleidung

Was dann geschieht, gibt dem Iran-Kapitel in meinem Leben eine ganz neue, ja dramatische Wendung: Genau ein Jahr nach Erscheinen meines Buches *(Khomeini – Revolutionär in Allahs Namen*) schickt der Verlag eine Neuauflage in die Buchhandlungen und verändert dabei ohne mein Wissen den Buchtitel (jetzt heißt es *Anarchie in Allahs Namen);* verändert aber auch die Inhalte, um Khomeini zum *„Synonym des Abscheus“* zu machen. Und tatsächlich ist dieser iranischen Religions-Diktatur ja schon in den ersten Monaten viel Schlimmes zuzuschreiben – *Anarchie* aber ist sie sicher keine. Im Gegenteil: Khomeini und sein Umfeld hassen jede unkontrollierte Volksbewegung. Also versuche ich, den Verlag zu einem Neudruck mit verändertem Titel zu bewegen – vergeblich. Wissend um die politischen Folgen dieses provokant-falschen Titels, lasse ich den Verkauf meines eigenes Buchs verbieten und storniere auch meine geplanten Lesungen in Deutschland. Aber der Verleger ist irgendwie schneller als ich

Erfolgsbuch über Khomeini – und der falsche Titel einer Neuauflage, der zu einer geheimnisvollen Begegnung im Wald auf dem Kahlenberg bei Wien führt.

und verkauft das Buch blitzartig zum Sonderpreis in Billig-Buchläden.

Die Folgen waren zu erwarten: Jetzt setzt mich das Khomeini-Regime auf die *Schwarze Liste.* Wieder einmal bekomme ich Einreiseverbot – und diesmal auch sehr handfeste Drohungen. Mit merkwürdigen Folgen übrigens: Eines Tages kommt ein Anruf aus der iranischen Botschaft in Wien. Ein ranghoher Vertreter Khomeinis in Österreich wünscht sich ein Treffen unter vier Augen – aber nicht in der Botschaft und auch nicht in irgendeinem Wiener Café, sondern ausgerechnet auf einer Rastbank hinter einem bekannten Ausflugslokal auf dem Wiener Kahlenberg. Sicherheitshalber verständige ich die Staatspolizei – und als ich am vereinbarten Tag etwas ängstlich den seltsamen Treffpunkt erreiche, sehe ich altbekannte Polizei-Gesichter in Wander-Adjustierung unauffällig an mir vorbeimarschieren. Der persische Revolutions-Diplomat kommt, setzt sich neben mich –

und beginnt unerwartet, mir unter dem Siegel der Verschwiegenheit allerlei Schreckensgeschichten über seine neue politische Führung in Teheran zu erzählen. Meine Angst samt Polizeieinsatz waren unnötig.

≈

Ja, da ist noch etwas, das vielleicht Erwähnung verdient: Immer wieder höre ich in den folgenden Jahren von Exekutionen im Iran – auch Menschen, die ich gekannt habe, sind dem Vernehmen nach darunter. Einer von ihnen ist der schon erwähnte frühere persische Botschafter in Österreich, heißt es, der 1975 mit allerlei Nachdruck – und wohl nicht ohne Eigeninteresse – die kritische Zeitungsserie über seinen Monarchen verhindern wollte. Wie überrascht aber bin ich, ihm eines Tages auf der Wiener Kärntnerstraße zu begegnen. *„Herr Botschafter“*, sage ich, *„wie froh bin ich, Sie lebend zu sehen!“* Ausführlich erzählt er mir von seiner Flucht auf Pferderücken über die damals iranisch-sowjetische Grenze und weiter bis nach Österreich. Mitleidsvoll frage ich ihn, in welchem Flüchtlingslager er Aufnahme gefunden hat. *„Ach nein“*, sagt der frühere kaiserliche Spitzendiplomat, *„ich habe ein ganz kleines Zimmerchen im Hotel Imperial, ganz klein nur!“* Immerhin die teuerste Absteige in Wien. Und fügt hinzu: *„Ich handle jetzt ein wenig mit Teppichen ...“*
Um diese Geschichte zu Ende zu erzählen: Anfang 1984 bin ich mit Bundespräsident Rudolf Kirchschläger auf Staatsbesuch unterwegs in den USA – es ist die erste österreichische Staatsvisite seit Gründung der Vereinigten Staaten. Im noblen *San Francis-Hotel* in San Francisco sind die in Kalifornien lebenden Auslands-Österreicher zum Bundespräsidenten-Empfang versammelt. Unter ihnen sehe ich ein etwas orientalisch-gegerbtes Gesicht – es ist der oben erwähnte frühere persische Botschafter in Österreich. Meine Überraschung wandelt sich schnell in Verblüffung: *„Ach“*, sagt der Mann aus Teheran, *„so spielt das Leben: Ich bin jetzt Heurigenwirt im kalifornischen Napa-Valley ...“*

Die ganze Welt zittert 1980 um die 52 im Iran festgehaltenen US-Geiseln – und UNO-Vermittler Kurt Waldheim entgeht in Teheran nur knapp der Lynchjustiz.

Wiedersehen mit einem fremden Land

Jahre später, im Juni 1991, fährt Bundespräsident Kurt Waldheim auf Staatsbesuch in den Iran – und ich als Leiter seiner Presseabteilung und als sein Sprecher mit ihm. Es ist für uns beide eine von Erinnerungen schwer belastete Reise: Als UNO-Generalsekretär war Waldheim zu Jahresanfang 1980 in den revolutionären Iran geflogen, um seinen Beitrag zur Befreiung der in Teheran festgehaltenen 52 US-Botschaftsgeiseln zu leisten. Für ihn eine unvergesslich frustrierende Reise, die ihm im Iran wilde Massenproteste und in den USA massive Kritik wegen seiner Erfolglosigkeit eingetragen hatte. Auf dem Teheraner Revolutionsfriedhof *Behest-e Zahra* entging Waldheim damals nur knapp der öffentlichen Lynchjustiz – ein Hubschrauber rettete ihn aus der tobenden Menge.

Aber auch für mich ist diese Reise ein seltsames Wiedersehen mit einem wohlbekannten Land. Waldheim muss vor Beginn des

Besuchs mächtig intervenieren, um mein Einreiseverbot aufzuheben. Gemeinsam – und jeder auf seine Weise gedankenschwer – stehen wir beide bei diesem Staatsbesuch vor dem Mausoleum des 1989 verstorbenen Revolutionsführers Ruhollah Moussawi Khomeini.

≈

Jahre nach dem *Fest des Jahrhunderts*, zu dem der letzte Schah 1971 nach Persepolis geladen hat, wandere ich wieder durch das Ruinenfeld der alten persischen Residenzstadt. Noch immer beeindrucken die gewaltigen Säulen alter Paläste und die großartigen Reliefs der Völker des Orients, die hinauf zum *Tor aller Länder* ziehen – unzerstörbare Zeugen einer 2500-jährigen persischen Geschichte. Nichts freilich ist hier in Persepolis von jenem pompösen Glanz geblieben, den Schah Mohammed Reza Pahlevi damals in diese weite Ebene gezaubert hat. Und die neuen islamischen Machthaber haben seit ihrer Revolution 1979 wenig dazu beigetragen, um Menschen aus anderen Kulturkreisen für diese Wunderwelt einer versunkenen vor-islamischen Hochkultur zu interessieren. Hirten ziehen mit ihren Herden über die Ruinen einer Metropole, die in Stille und Einsamkeit ihrer nächsten Wiederentdeckung entgegen dämmert.

Vielleicht ist gerade Persepolis ein guter Platz, um sich als Journalist an den langen Atem der Geschichte zu erinnern – und an die unvermeidbare Kurzatmigkeit der eigenen Profession. Vieles, was sich auch in meinem Leben und in meiner beruflichen Arbeit als *große Geschichte* zu präsentieren versucht hat, ist im Rückblick nur eine Episode geblieben. Bisweilen aber, im Glücksfall, ist hinter scheinbar kleinen Episoden und zufälligen menschlichen Begegnungen ein Hauch von Größerem spürbar gewesen. Die letzte Entscheidung darüber, was bleibt, liegt nicht in unserer Hand.

Zum Schluß

Es war ein Wintertag in den österreichischen Bergen. Der Außenminister hatte das Diplomatische Corps zu einem Skiwochenende geladen – und eine handvoll Journalisten zog gemeinsam mit Botschaftern aus aller Welt ihre Schwünge in den Skihang. Da stoppte ein Kollege neben mir und sagte unvermittelt: *„Weißt du eigentlich, dass wir den schönsten Beruf auf Erden haben?!“* Dieser Satz hat mich lange begleitet – als Frage und als Gewissheit. Geblieben ist die Gewissheit.

Ein Leben als außenpolitischer Journalist – im Rückblick war es ein Wechselbad von Palästen, Luxushotels und Strohhütten; von Sonderflugzeugen und Verhaftungen, von Verlockungen und Bedrohungen. Immer wieder war ich glücklich, aufbrechen und Grenzen überwinden zu dürfen. Glücklich auch, mit dabei sein zu dürfen, wenn irgendwo der erste Rohentwurf der Zeitgeschichte geschrieben wurde. Und doch war ich oft auch unzufrieden – hätte gerne mehr Zeit zum Verarbeiten und Vertiefen gehabt; mehr redaktionellen Platz, um das Erlebte beschreiben und kommentieren zu können; mehr Überzeugungskraft, um gegen latente Engstirnigkeit und Gefühllosigkeit ankämpfen zu können.

„Journalismus ist Friedensarbeit“, hat mir einmal ein Leser geschrieben – und hinzugefügt: *„Bitte nicht nur über Konflikte berichten – sondern aktiv zur Versöhnung beitragen!“* Wer kann als Journalist vor einem solchen Auftrag bestehen?

Unzählige Menschen – Mächtige und Ohnmächtige, Friedenspropheten und Krieger – sind mir begegnet. Nicht immer waren es die Großen und Berühmten dieser Welt, die mich menschlich berührt und fasziniert haben. Freilich: Der Journalismus tut sich schwer mit jenen, die niemand kennt.

Immer wieder aber bin ich gefragt worden, wer mich letztlich am stärksten beeindruckt, ja vielleicht auch ein Stück geprägt hat. War es der Dalai Lama oder Václav Havel? War es Jordaniens König Hussein oder Mutter Teresa, die – wie so viele, die ich getroffen habe – in diesem Buch gar keinen Platz gefunden hat? Ich bin kein Freund von Ranglisten – sie sind immer subjektiv. Trotzdem möchte ich der Frage nicht ausweichen: Wer waren und sind die Vorbilder, an denen ich mich zu orientieren versucht habe, wann immer im beruflichen Alltag verlässliche Leitplanken gefordert waren?
Ich nenne vier Namen von Menschen, die mir menschlich besonders nahe und in ihrer Haltung wichtig sind und waren. Alle vier sind Österreicher. Alle vier finden in diesem Buch nur kurz Erwähnung. Und doch haben sie mir – mehr als viele der hier genannten Staatsmänner und Revolutionäre – ein wichtiges Stück Weltoffenheit vorgelebt; jeder in seinem ganz eigenen Metier. Es sind Kardinal Franz König, Hermann Gmeiner, Heinrich Harrer und Hugo Portisch.

Kardinal König hat diesen großen, alle Begrenzungen überwindenden Weltgeist geatmet – in seiner mitmenschlichen Weite und spirituellen Tiefe. Jeder religiöse Kreuzzug war ihm zutiefst fremd. Über alle Unterschiede hinweg prägte ihn seine Ehrfurcht vor dem *Wunder Mensch.*

Hermann Gmeiner hat wie kein Zweiter in unserer Zeit den Auftrag zu globaler Solidarität und Nächstenhilfe in die Tat umgesetzt und mit seinen SOS-Kinderdörfern das größte private Sozialwerk der Erde begründet. Sein Werk umspannt heute die Welt.

Heinrich Harrer hat mit seinen Forschungsreisen in Millionen Menschen die Neugier für andere Völker und den Respekt vor ihren Kulturen geweckt – und seinen Leserinnen und Lesern die Angst vor dem Fremden genommen.

Und Hugo Portisch hat uns, seinen Schülern, die drei Prinzipien eines weltoffenen, verantwortungsbewussten Journalismus mitgegeben, die grenzenlos gültig sind: Aus der Geschichte lernen. Gegen Vorurteile kämpfen. Und zur Toleranz erziehen.

Journalisten und Leser, die sich vom Geist dieser vier Persönlichkeiten begeistern lassen, könnten mithelfen, die Welt von Morgen friedlicher und gerechter zu machen als jene, die in diesem Buch beschrieben ist.

So warb
der KURIER ...

Namensregister

Kursivzahlen verweisen auf ein Bild

Fotonachweis

Foto Heinz Nußbaumer
18, 19, 24, 25, 27, 28, 29, 32, 33, 34, 35, 36, 37, 38, 40, 65, 72, 74, 76, 85, 105, 125, 132, 136, 137, 142, 143, 144, 146, 153, 154, 155, 156, 158, 159, 160, 161, 162, 169, 185, 190, 199, 205, 206, 207, 211, 217, 214, 226, 227, 229, 240, 251, 262, 263, 264, 265, 267, 268 re., 270, 273, 276, 277 u., 279, 280, 281, 282, 283, 287, 295, 296, 298 o.
Privatarchiv Heinz Nußbaumer
14, 15, 21, 23 (RANG), 31, 39, 41, 42, 47, 53, 54, 55, 56, 59, 63, 81, 82, 83, 84, 86, 88, 89, 107, 113, 131 (RANG), 133, 145, 147, 176, 177, 202, 210, 219, 220 (RANG), 223, 230, 231, 232, 234, 243, 244, 245, 266, 268 li., 269, 272, 278, 284, 285, 289 (RANG), 293, 294, 314, 315
KURIER 94, 96, 97, 99, 101, 103, 111, 114 li., 120, 135, 140, ,149, 152, 160 li. o. außen, 172, 175, 212, 213, 236, 237, 277 o., 298 u.
KURIER / Kristian Bissutti 171
Lajos Percze 50
Photo Report Wien 58
Bill Fitz-Patrick, The White House 60, 61
Official White House 75, 78, 80
Photo Hofer 79, 186, 188, 189
ORF / Thomas Ramerstorfer 139
Keystone 304 li.
UPI 183, 209, 253, 255, 304 re., 305, 308
Richard Röder 256
Basch Ewen 300
APA 119
APA/Rudi Blaha 115 r.
APA/Franz Neumayer 115 li.
APA/Robert Jäger 246
Melde Press/SZ-Photo/Picturedesk.com 100
ullstein bild - AP / Ullstein Bild / picturedesk.com 128
Schlesinger, Robert / Action Press / picturedesk.com 271
Annemarie Fenzel 314

Autor und Verlag bedanken sich für die freundlichen Abdruckgenehmigungen. Die Rechtslage bezüglich der einzelnen Bildvorlagen wurde sorgfältig geprüft. Eventuelle berechtigte Ansprüche werden bei Nachweis vom Verlag in angemessener Weise abgegolten.

3.–